U1005890

国家自然科学基金项目
教育部博士点基金项目
陕西省重点教改项目

REN DE YINGJI GUANLI YU SHENGMING ANQUAN JIAOYU YANJIU

# 人的应急管理与生命安全教育研究

## ——来自大学校园的观察与实践

李红霞　田水承　等著

西北工業大學出版社

**【内容简介】** 本书结合课题组多年的科研成果，以人的应急管理与生命安全教育研究为主线，对大学生应急教育、应急管理、应急能力测评和生命安全教育等方面的内容进行了较为全面系统的介绍。本书在陕西省14所高校的应急教育、应急管理和大学生应急能力现状调研基础上，总结出影响大学生应急能力的六大因素，构建了高校应急管理能力评估指标体系，提出了基于行为科学的高校应急教育与应急管理“321”模式，给出了提升大学生应急能力的建议。

本书对提升大学生突发危机事件应急能力、加强应急管理和行为安全管理与教育，以及高校应急管理能力评估均具有较好的参考价值。

**图书在版编目(CIP)数据**

人的应急管理与生命安全教育研究：来自大学校园的观察与实践/李红霞，田水承等著.
—西安：西北工业大学出版社，2015.6
ISBN 978-7-5612-4403-6

Ⅰ.①人…　Ⅱ.①李…②田…　Ⅲ.①大学生—安全教育—研究②大学生—生命哲学—教学研究　Ⅳ.①G645.5②B083

中国版本图书馆CIP数据核字(2015)第116762号

**出版发行**：西北工业大学出版社
**通信地址**：西安市友谊西路127号　　邮编：710072
**电　　话**：(029)88493844　88491757
**网　　址**：www.nwpup.com
**印 刷 者**：兴平市博闻印务有限公司
**开　　本**：787 mm×1 092 mm　1/16
**印　　张**：10
**字　　数**：237千字
**版　　次**：2015年10月第1版　　2015年10月第1次印刷
**定　　价**：40.00元

安全有道
道不远人
辛卯年冬

# 序

人若没有高素质，没有安全应急意识与能力，就没有个体安全，也没有公共安全。

2009 年 12 月 9～10 日，在有关专家、同仁的支持下，西安科技大学安全管理研究所（暨创新团队）在西安宾馆成功召开了中日首届安全管理理论与实践研讨会。会上日本人因工程及安全管理专家井上枝一朗提出了人的因素和安全管理研究与实践面临的 6 个维度的问题——人的触感的丧失，机器设备的“黑箱化”，人际关系稀薄化，价值观的变化，个体人往往自以为是、唯我独尊，“唯作业手册之人”。这契合了多年来我们一直倡导加强人的生命安全教育、安全应急意识和应急能力培养的重要性和必要性。

安全是人在生产、学习和生活中永恒的主题。谁安全谁生存，谁安全谁发展，谁安全谁幸福。那么什么是安全呢？日本安全专家青岛贤司认为，安全是从物质的危险和精神的恐慌中解放出来所获得的自由。我国安全科学专家刘潜教授认为，安全是人的身心免受外界不利因素影响的存在状态（即健康状况）及其保障条件。

大量的研究表明：由工作、学习、经济、家庭等压力所导致的紧张，不但对人的身心健康造成极大的伤害，而且是引发突发危机事件或事故发生的原因之一。越来越多的事故与人的心理、工作压力、情绪等因素有关。但传统的大学教育包括安全教育却很少涉及人的心理因素和应急意识及能力的提升，往往侧重品德和守纪守规教育。

近几年来发生的突发踩踏事故，究其主要原因是有关组织领导思想麻痹，严重缺乏公共安全风险防范意识，对重点公共场所可能存在的大量人员聚集风险未作评估，预防和应对准备严重缺失，事发当时预警不力、应对措施不当。人既是预防事故、实现安全的生力军，又往往是引发或制造事故的肇事者，也是事故的受害者。这让人想起 2001 年“9·11”事件发生前，笔者刚刚完成答辩的博士学位论文《第三类危险源辨识与控制研究》，其中第三类危险源指的就是组织问题（不安全行为预防管控不到位，安全文化氛围、安全管理制度不健全或失效，安全沟通不到位等）。“人是很容易犯错误的动物”，因此加强安全培训、安全文化氛围熏陶，就是对人“去动物化”的过程。2014 年 5 月面对中央电视台记者，笔者又重复自己认识和观察指出，没有受过良好安全培训、应急教育的人，在有的条件下会成为危险源甚至是重大危险源，大学生也是如此。

综观国内外历史上发生的踩踏事件，轻则造成人心惶惶、交通混乱，重则严重影响社会治安秩序，甚至酿成重大伤亡事件，造成极坏的社会影响。2001 年 4 月 8 日，陕西省华阴市玉泉院赶庙会的群众因拥挤踩踏，造成 16 人死亡、6 人受伤的重大事故。2014 年 12 月 31 日晚 23 时 35 分许，上海市黄浦区外滩陈毅广场发生人群拥挤踩踏事故，致 36 人死亡，48 人受伤……血淋淋的教训还历历在目，突发踩踏事件为何还时有发生，是人的素质使然还是应急教育缺失？是人逃跑的本能还是因恐惧而“慌不择路”？是人际冷漠还是公共应急管理缺位？显然，群体踩踏等危机事件发展为事故，不是单一因素就能形成的，往往是综合因素叠加而成的，其背后是人的素质、安全应急素养及应急管理问题。虽然各类突发危机事件有不同的原因和致因模式，但悲剧往往都是一样的。一幕幕残酷的场景，一位位悲痛欲绝的亲人，一个个支离破碎的家庭，突发危机事件不仅给人们的心理带来如山崩海啸般的冲击、无尽的悲痛和惋惜，也给我们安全管理研究者和实践者提出了严峻的挑战。惨痛的事故督促我们对事故根源和防治对策孜孜以求；悲惨的流血伤亡事故一再提醒我们，要以追求真理的科学精神，认真科学开展不安全情绪和不安全行为的预防、控制和疏导；痛失亲人的哭声鞭策我们客观对待事故，向事故学习、探索事故规律及防治之道，努力将事故消灭在萌芽状态。

近年来大学校园发生的突发危机事件，凸显了在当前应试教育体制下，对大学生生命教育、安全教育、应急教育、应急演练与管理等方面的忽视，大学生的安全意识和应急能力的短板以及大学生应急管理与生命安全教育的重要性。因此，加强人的应急管理与生命安全教育研究，对提升大学生突发事件应急能力、高校应急教育与应急管理水平具有重要意义。

本书的基础理论背景课题是国家自然科学基金面上项目(71271169，71273208)和高等学校博士学科点专项科研基金项目(20126121110004，20116121110002)，直接支持课题是陕西省高等教育教学改革研究重点项目《基于行为科学的陕西省大学生突发事件应急能力与应急教育研究》。本书由西安科技大学安全管理与风险控制研究所暨安全管理创新团队的教师和学生共同完成。具体编写分工如下：序、第 1 章、第 5 章由李红霞、田水承编写；第 2～4 章由薛建文编写；第 6 章由李广利、寇猛、王莉编写；第 7 章由王莉、高瑞霞(中国人民武装警察部队学院)、范永斌、张芸编写；第 8 章由沈剑、李琰编写；第 9 章由孙庆兰、袁晓芳、李琰、沈剑编写；第 10 章由袁晓芳、李磊、肖泽元编写。参加问卷调研、数据处理和文字校对等工作的硕、博士生等还有汪琪、艾飞成、石琳、盖玺、高坤、蔡林美、王珊、安晴雯、魏莹等。没有上述这些课题研究，没有团队成员的通力协作，是不可能完成本书撰写工作的。在此，特向支持资助本书研究工作的所有单位以及参与或支持本书撰写的个人表示衷心的感谢！

本书在编写过程中还得到许多同行的支持与帮助，也参考了相关专家的文献及成果，在此特表示感谢。鉴于笔者学术水平所限，书中难免存在不妥之处，敬请广大读者批评指正，期待同行学者指教。

最后，需要特别指出的是，突发危机事件、事故是可以避免的，但不是轻而易举就可以避免的；需要相关方面付出持续的、艰苦的和共同的努力，才可以避免，突发危机事件、事故的发生也是有其客观规律的。让我们共同努力，探索认识事故发生和防控的客观规律，辨识和防控造成伤害的隐患和短板，做到“补齐短板，堵塞漏洞”，培育优良的安全文化和氛围，创造条件让人人做到“四不伤害”(不伤害自己，不伤害别人，不被别人伤害，保护别人不受伤害)，那么大学校园乃至全社会就会越来越接近或实现“零事故”或“零伤害”！让我们共同期待！

田水承　李红霞

2015 年 3 月

# 目　录

# 第1章 绪 论

## 1.1 研究背景与研究意义

### 1.1.1 研究背景

随着科学技术的迅猛发展和互联网技术的普遍应用，各种新思想、新观念、新事物不断涌现，受到各种纷繁复杂的社会因素影响，近年来高校突发事件呈现多样化、频繁化和新型化等特点。频繁发生的高校突发事件引起了社会各界的广泛关注，如2004年云南某高校发生的马加爵杀人事件；2008年11月上海某高校发生火灾，4名女学生因自救不当跳楼身亡事件；2010年10月西安市发生的药家鑫事件；2012年西安某高校的出血热事件；2013年4月上海某高校研究生黄洋中毒事件等。这些触目惊心的惨剧本可以避免，但由于我国目前的应试教育模式忽视了对大学生进行灾难教育、应急教育、安全教育、应急演练等，大学生对突发事件没有清楚准确的认识，自救常识和技能严重匮乏，缺乏足够的安全意识和应急能力，灾后自我心理疏导能力有待提高。加之，我国高校长期处于相对封闭的环境，对可能出现的突发事件，特别是校园内的“隐蔽性”突发事件缺乏防范意识，高校校园应急管理存在主体的单一性、时间的滞后性、范围的局限性和机制的应付性四大普遍缺陷，对校园突发事件缺乏全面的审视，对管理机制与策略缺乏深入系统的研究。一旦面临突如其来的火灾、中毒、地震、骚乱、自杀等突发事件，容易表现出群体无意识，自主能力不足，产生普遍的恐慌、焦虑、失控等现象，一心求生却方法不当，最终酿成惨剧。

高校突发事件造成了大量青年的永久性残疾和早亡，不仅给家庭带来痛苦和不幸，而且给社会、政府及学校造成巨大的负担和损失。因此，为使大学生更好地适应社会发展的需要，为了大学生的健康成长，重视和加强大学生应急教育与应急管理工作，全面提高身心健康和应急能力，是时代赋予高校的新任务，高校教育者必须重视校园应急管理和大学生应急能力的培养。

### 1.1.2 研究意义

校园突发事件造成的人员伤亡，给高校的社会形象带来了恶劣影响。因此，为有效预防和控制大学生突发事件，尽量减少由突发事件造成的人员伤亡和财产损失，达到保护和发展人才资源的目的，对提升高校应急教育、应急管理水平及大学生应急能力进行系统研究具有重要的理论价值和现实意义。

(1)有利于高校重视大学生应急教育与应急管理工作。大学生应急教育与管理是高校大学生管理的一个薄弱环节，尚未引起高校的高度重视。近年来，高校发生的突发事件屡见不鲜。本书系统分析了陕西省高校应急教育与管理的现状，找出其薄弱环节，为高校突发事件管理敲响了警钟。因此，本研究有利于促进高校重视大学生应急教育与应急管理工作。

(2)有利于提升高校应急教育与应急管理水平。本书以行为科学理论为指导，深入分析了大学生应急能力影响因素、高校应急教育与管理能力评估体系等，并从组织、群体、个体三个层面构建了高校应急教育与管理的"321"模式，为高校应急教育与管理工作提供了一种范式，有利于高校应急教育与应急管理水平的提升。

(3)有利于提升大学生的应急能力。本书从教育与管理两个方面保障大学生应急能力的提高，同时注重群体(班级、学生会、社团)对个体的影响作用，在提升大学生应急能力的工作上贴近实际，注重理论与实践结合。

## 1.2 国内外研究综述

### 1.2.1 高校突发事件的研究现状

#### 一、国外研究现状

国外对高校突发事件、危机问题的研究最初源自公共关系学领域，近三十年来，已经总结出了大量的研究成果。

Lerner 等(1978)编写了《校园危机反应实战指南》，该书针对美国校园中出现的一些"急性精神创伤"(如滥用药物、自杀暴力、车祸幸存、怀孕试婚、骚扰等)进行了对策研究和教育培训[1]。

Coombs(1985)研究了 20 世纪 80 年代高等教育的危机，将高校危机的研究带入正式研究领域[2]。随后，学者对于高校突发事件的研究逐渐深入和扩展。

Judie(2001)认为高校校园危机事件是一种比较复杂的、对社会有很大影响的事件，要让学校领导、老师、学生家长、社会媒体、专家、医生等都参与到高校校园危机事件处理过程中[3]。

Michael(2001)从一位校长总结他的学校一年经历的众多悲剧的处理经验出发，通过学校环境调查，提出安全计划、对危机管理团队的培训以及列出相关的书籍资源能够有效提高管理者对于校园危机的处理能力[4]。

Sandoval(2002)将校园灾难这一重要的校园危机事件分为两个类别：自然灾难(如龙卷风、洪水和火灾等)和人为灾难(主要是恐怖活动)[5]。

Williams 等(2003)提出针对校园突发事件的管理，学校应把发生的突发事件上报应急部门并编制相应的突发事件数据，用来记录校园突发事件发生频率、学生对应急知识的掌握情况、学校的相关应急措施、老师以及学校医务人员的应急素质、学校的设施环境以及监管力度等[6]。

若井弥一(2004)认为学校的危机管理应该包括学校保健、学校环境管理、学校安全教育和安全管理、学校事故责任等内容[7]。

Christina(2005)认为大学生最常见的心理健康问题及其相关的心理症状也是值得关注的校园危机事件之一，包括抑郁、睡眠障碍、药物滥用、焦虑障碍、进食障碍、冲动的行为、性滥交、自残和自杀等，并且提出要解决这些问题需要学校、家长、学生三方面共同努力[8]。

近年来，世界各国都针对高校突发事件进行了研究，并且提出了相应的应对策略。美国在校园危机管理中运用国家危机管理体制，借鉴国家威胁预警系统将校园的危机状态分为 5 类，并且形成相应的危机应对策略；日本为了培养学生应对地震和火灾等突发事件的能力，学校经常组织学生进行火灾的防护演习等。

综上所述，国外学者大多从宏观角度研究应对高校突发事件的策略；对突发事件应急能力的研究大多是从评估和评价的角度进行研究的，而从大学生自身影响因素的角度来分析大学生应急能力提升的研究比较少。

**二、国内研究现状**

国内对高校突发事件的研究始于20世纪80年代，尚处于起步阶段。一直到SARS爆发后，学者们才真正重视校园突发事件的危害，并且进行了系统性研究。近年来，越来越多的高校突发事件引起了社会、学校的极大关注，对于高校突发事件的研究也逐渐增加。

周贝隆(1994)提出“中国教育的危机”，探讨校园危机事件的预防和应对，较早提出正视教育突发事件。在其文章中他认为，我国教育存在严重的质量和效益问题[9]。

简敏(2006)从大学生应对各类校园突发事件的预警能力、控制能力和干预能力着手，形成由预警能力培养，干预能力培养和恢复能力培养组成的大学生应急能力体系，达到全面系统培养大学生应急能力的目的[10]。

何能(2009)认为由于我国高等院校大规模扩招以后，高校基础设施、教师队伍以及后勤保障和服务能力等建设相对滞后，加之社会问题对高校学生有极强的感染和影响，引发了高校学生突发事件，需要有相应的对策[11]。

李秀、张利先(2011)认为合理预防和有效处置大学生突发事件需建立由指挥调度、处置实施、资源保障、信息管理和决策辅助五大系统组成的科学有效的应急管理体系[12]。

刘德海等(2012)认为校园突发事件是指发生在学校内，或虽未发生在学校，却与学校中的人或事有很大联系的、突然爆发的、波及面广的、可能会造成重大后果的公共事件。他们以传统的校园安全观认为，校园突发事件一般包括自然灾害、治安安全、大学生心理问题、学校管理等几种类型[13]。

国内的研究起步比国外晚，2003年以后才逐渐重视对校园突发事件的研究。目前对校园突发事件的研究主要集中在校园突发事件的定义、原因、应急管理、处置策略等方面，但是大多是根据研究需要从不同侧重点进行研究，尚处在初步研究阶段，未深入研究高校突发事件，尚未形成完善的高校突发事件理论体系。

### 1.2.2 应急能力的研究现状

**一、国外研究现状**

Bryan(1995)对美国人紧急疏散的性别差异进行研究，总结出六方面的不同：寻找火源、帮助他人、对安全区域的评估、报警、寻找灭火器以及自身的保护。这些差异表明，男性倾向于灭火，女性更喜欢帮助别人[14]。

Robert等(2001)在对和平解决冲突和暴力预防课程的评估中指出，此课程对于意图使用暴力的学生有着正面的短期效果[15]。

Earl等(2004)对美国中西部大学生的安全信念和安全行为进行了研究，结果显示，性别和年龄对大学生安全行为和安全信念的影响是比较大的，女性与同龄男性相比更有安全信念和安全行为，事故发生率比较低。而学校对于安全信念的多方位、主动的培养能够影响学生的安全行为[16]。

Adini 等(2006)提出了应急能力的“金字塔理论”,他们认为完整的应急能力应该包括计划和政策、设备和基础设施、人员的知识和能力以及培训和演练四方面。其中,计划和政策是最基础的、不可或缺的能力[17]。

Monica(2008)在对因暴力武装冲突引起的紧急事件的研究中,认为人们在应对这种情况的应急能力与粮食、水等生活必需品,健康状况以及国际提供的救援有很大的关系[18]。

Nancy 等(2010)认为通过教育学习可以提升知识积累,从而可以提高医院里放射科医生和技术人员的应急反应能力,并且通过考核测验的形式进行了验证[19]。

Karen(2011)采用自我报告调查表调查了南澳州公共医院急诊部门护士的应急能力,认为适当的灾难教育和专业培训对卫生专业人员应对突发急救工作能力的提高十分必要[20]。

Dennis(2012)在调查中发现规模小的学校不太参与高校应急管理的调查,说明学校缺乏专业的应急管理人员,或者是其责任人不热衷于参与学校应急管理的专业组织。学校参与应急管理与否取决于他们对应急事件重要性的判断[21]。

Ben 等(2012)认为在紧急情况下,人们被要求在一个不熟悉、不完全信息的环境中做事,他们是在一个压力的环境中,并且他们的行为极容易受到自然环境的阻碍[22]。

国外对于应急能力的研究比较早,对应急能力的构成和影响应急能力的因素进行了相关研究。国外的研究更强调宏观的应急处置,而从个体角度的研究比较少。

**二、国内研究现状**

国内对于应急能力的研究比较多,包括应急能力的构成、应急能力的影响因素与研究方法、应急能力评价等。

孟惠平、栾天宇等(2005)认为影响应对突发事件能力的因素有认知、心理准备状态、性格和环境等[23]。

郭强、丁晓琴(2005)提出人类社会进入了风险社会,认为风险社会与社会公众的知识状况相关联,并进一步提出了知识评估、知识预测和知识普及三方面的公众应对风险的知识化策略[24]。

张培良(2005)在构建公务员应急能力模型的研究中,将公务员应急能力的核心内容概括为掌握信息、快速反应,掌控局势,协调各方,应急决策、有效处置等四项能力[25]。

简敏(2006)根据应急能力的体系结构和素质要求,提出大学生应急能力包括大学生的预警能力、干预能力、恢复能力,认为传统的应试教育培养模式导致学生的抗挫折能力、应急反应能力等缺失。学校对于学生的危机教育、防范意识教育、灾难教育等普遍忽视,并且学校缺乏对学生进行突发事件的心理训练和危机演练,这导致大学生应急能力较弱[10]。

阎卫东等(2006)通过研究提出受不同层次起点的影响,大学生在发生火灾人员疏散过程中的心理和行为反应不同。层次起点比较高的学生存在较弱的恐惧心理,其重返心理、相互救助心理和行为都比较强,能实现就近逃生,并且其消防意识强,掌握的消防知识比较多,当火灾发生后,一般不采取灭火的行为[26]。

董晓梅等(2006)通过对不同地区大学生对突发灾害的认知和应变能力的调查研究,得出各地大学生对突发灾害的认知相对欠缺,应变能力明显不足,培养大学生安全意识是提高应对灾害能力的重点[27]。

苏筠等(2008)通过问卷调查的方式对北京高校大学生的自然灾害知觉现状及特征进行分

析，结果显示其自然灾害知觉中存在不安全心理特性：①对自身灾害知识和经验存在过高估计的乐观偏差，对灾害抱有一种否认、侥幸心理，进而对自身的应灾能力盲目乐观而缺乏防灾意识；②在灾害预期中表现出悲观的心理噪声效应使得大学生心理上形成无助感和悲观心态使之对生还机会、灾害控制缺乏信心；③面对自然灾害多数出现消极情绪而出现过度恐惧、惊慌等心理特征，可能导致大学生茫然不知所措、听天由命甚至一些冲动行为；④防灾减灾过程中对政府行为依赖性、服从性高。面临自然灾害，在严重行为局限和剧烈精神压力下，大学生表现出一种盲从心理和不作为决策[28]。

谌宝华、石立平等(2008)通过研究发现许多大学生在面对不断增长的心理压力时容易产生心理危机，极易引发自伤、自杀和伤人、杀人事件。心理的健康情况和抗压程度对于大学生有效处理心理危机有着重要的影响[29]。

李玲等(2009)通过对四川大学在校大学生进行问卷调查来了解汶川地震后大学生自然灾害应急能力及灾后志愿服务参与情况。其研究结果表明性格和年级是影响大学生灾害认识水平的重要因素，逃生训练和灾害课程是影响大学生灾害知识运用的重要因素。据此提出高校灾害教育需要加强和创新[30]。

王敏达、刘超等(2009)在大学生群体事件的研究中指出学校、社会环境、学生自身都对大学生的行为产生影响。学校管理体制和沟通机制、管理人员水平素质、学生工作队伍、对于学生的思想动态关注等学校因素，大学生的价值观和生活方式、心理问题、学习和就业压力等学生自身因素，学校周边社会环境、国际国内社会热点、焦点问题、网络的普及等社会环境因素使得大学生极易受到影响而参与一些群体性事件[31]。

邵峰(2009)认为监狱人民警察的应急处置能力是在政治素质、文化素质、心理素质、业务素质与身体素质基础上的充分整合[32]。

栾文波(2009)通过对行车调度员应急处置能力的分析，认为：①良好的信息沟通能够为应急处置提供正确的方向；②应急处置需要依据现场情况和事件的性质对可能造成的后果做出正确的预判[33]。

武淑平等(2009)在构建城市燃气系统应急能力评价指标体系时，对城市燃气应急能力进行了分析，认为居民是突发事件现场最先的参与主体，居民的应急能力会直接影响整个事件的处理结果，并且对居民的应急反应能力作了描述，居民的应急反应能力包括报警意识、燃气灾害自救能力、燃气安全知识的掌握能力和灾害心理承受能力[34]。

邢卓(2010)认为大学生应培养的应急能力有心理、知识、沟通和应急管理机制组建与协同行动的能力，在其研究中指出目前大学生应急管理意识淡薄是影响其应急能力的主要因素，并且指出曾经受过危机培训并具备一定应急能力的学生具备更强的危机应对意识[35]。

周兰胜等(2011)对大学生突发事件的诱因进行总结分析，认为大学生特殊的心理阶段、现代社会环境的不稳定、学校安全管理的不到位、学生家庭教育的缺失、互联网产生的负面作用等因素是造成大学生突发事件的主要原因，这些因素对大学生的行为产生了极大的影响[36]。

刘小龙、赵雯(2011)在对大学生应急管理系统的研究中提出，高校大学生应急行为能力由应急意识、行为能力和心理因素三方面构成，并针对这些方面构建了大学生行为反应子系统来评价大学生的应急能力[37]。

王绍玉、孙研(2011)从公众对风险知识和灾害防御技能的掌握程度、参与防灾减灾活动的态度两个维度构建了城市公众应急反应能力评价指标体系。这两个维度包括灾害风险认知情况、灾害知识认知情况等 7 个指标[38]。

方铭勇等(2012)对领导干部应急管理能力的构成要素进行了详细阐述,包括逻辑思维及反应、鉴别能力、沟通能力等八种能力,并提出领导者个人的知识水平和道德修养以及体制、设备、物资等所构成的领导环境都会影响其应急管理能力[39]。

邓丽红等(2012)把应急能力分为一般能力(认知能力)和特殊能力(迅速反应能力、应对能力、心理调节能力)[40]。

辛斯等(2012)以大学生消防应急能力的调查研究为基础,总结得出大学生在重大突发事件面前缺乏良好的应对策略和应对能力,主要是由于大学生对突发事件的应急意识淡漠、应急知识缺乏、应急行为不当、高校对大学生应急能力建设工作不到位等[41]。

国内对于应急能力的相关研究比较多,尤其集中在 2003 年以后。国内的研究主要是从突发事件发生的原因、应急能力的现状、应急能力的评估或者建立应急能力评价体系、对突发事件的处置等角度来进行研究的。另外,研究的方法也比较多样,但在很多研究中都是使用问卷调查作为数据获取的主要手段。

### 1.2.3 与大学生相关研究中的量表的应用现状

**一、国外研究现状**

从整体上看,量表是一种比较成熟的方法。国外很多学者将量表应用于对大学生的相关研究,从而为其进一步研究提供帮助。

Ting - Toomey,Oetzel(2001)根据面子协商理论(Face Negotiation Theory)编制了颜面行为/冲突方式量表(Facework Behaviors Questionnaire/Conflict Styles Questionnaire)来研究大学生冲突方式,测量大学生在具体冲突情境中的冲突管理方式,其研究结果表明具体冲突情境会激发大学生表现出不同的冲突管理方式[42]。

Earl 等(2004)运用量表方法获取调查数据来研究美国中西部大学生安全理念和安全行为的关系,研究年龄、性别、年级以及地域差异对安全理念和安全行为的影响,并进一步比较了 1993—2002 年美国中西部大学生的安全理念和安全行为水平变化[43]。

Sahin 等(2009)基于性别和心理控制来研究大学生认知学习策略和计算机态度的变量,其研究使用了认知学习策略量表、计算机态度量表和内-外心理控制量表作为获取调查数据的主要手段[44]。

Ritesh 等(2012)为了研究尼泊尔西部某一医学院学生中流行的自杀意念及其影响因素,使用预先验证过的量表对 206 名随机选取的学生的社会-人口因素、其他冒险因素以及自杀意念进行研究,采用 SPSS 对搜集的数据进行分析,得出有近十分之一的人有自杀意念,而影响因素是其学术表现、处在临床学期、有药物滥用的历史等与自我相关的因素以及被父母忽视的感觉等与家庭相关的因素[45]。

**二、国内研究现状**

量表是一种测量工具,它最大的特点是对测量指标或问题答案做量化处理,以便进行数学运算和统计分析,使调查结果精确化。量表是测定智力、能力、情绪、态度等心理特征和价值取向的最有效、最常用的方法,国内学者在与大学生这个群体的相关研究中,较多采用量表方法来获取数据。

陈栩(2007)修正并使用 Pollock 编制的健康相关坚韧性量表对大学生健康坚韧性现状以及健康坚韧性与生活事件、应对方式等的关系进行了研究，认为大学生健康坚韧性存在性别、年级、城乡、是否独生女的差异，而且不同健康坚韧性水平大学生的应对方式成熟度存在差异性[46]。

吴晓伟、娜日等(2009)构建了大学生网络信息素养能力量表，并对量表进行效度和信度分析，发现该量表具有良好信度，对大学生在该方面能力评价具有一定参考价值，也对研究大学生的其他能力另辟蹊径[47]。

徐志等(2011)以主观量表和心电仪等实验心理学手段对其所设置的情景模拟的应急疏散环境的有效性进行了验证。从其对量表数据的分析结果得出，观看与应急事件有关的视频录像对被试者的紧张情绪有显著意义[48]。

李新秀(2011)通过问卷调查和因子分析，构建了大学生安全价值观结构模型，并通过验证性因子分析验证大学生安全价值观维度构想，据此编制了大学生安全价值观量表来分析大学生安全价值观，并证明该量表具有良好的信度和效度，可作为测量大学生安全价值观的有效工具[49]。

杨宏飞、赵贞卿(2012)编制量表对浙江省 11 个地区的居民抽样调查，分析他们对突发事件的应对能力，并进行了不同突发事件、不同地域、性别、年龄、职业等的应对能力比对，认为受到培训的居民的应急能力明显优于未受训者[50]。

方星等(2012)采用应对方式量表、社会支持评定量表和自我和谐量表对 4 所高校的 416 名上海世博会志愿者进行突发事件的应对方式和影响因素研究，并在研究中指出危机意识和应变能力、活动前的培训是影响应急成熟程度的普遍因素[51]。

马绍壮、朱益宏等(2012)在研究我国大学生就业能力维度结构和测量时，引进编制预测量表，通过对施测数据进行因子分析、相关性分析和多因变量方差分析，得出和验证了大学生就业能力维度和测量量表，并证明量表具有较好信度和效度[52]。

衣庆泳(2012)在对大学生公共安全素质研究中，以发放问卷和走访调查确定了包括安全体质、安全技能、安全意识和安全心理四个因子在内的 24 个题目，以此编制量表，并通过验证性因素分析验证了量表与构想模型拟合较好，量表具有很好的结构效度[53]。

光裕等(2012)以冲突方式量表为基础，制定了大学生宿舍冲突管理方式量表，对 580 名大学生进行测试，并运用结构方程模型对量表进行验证性因素分析，以自我构念量表为效标检验量表的效标效度。结果表明，该量表结构信度和效度良好，对大学生宿舍冲突管理能力提高具有重要指导意义[54]。

综上所述，国内外学者在很多研究中都将量表作为获取数据的手段之一，并且在不断的研究中将量表的信度、效度不断提高，使量表具有可操作性，但是在应急能力测量方面的应用较少。

## 1.3　研究的出发点

国内外对于高校突发事件以及应急能力都有着多方面的研究，但是仍存在一些问题。

(1)就高校突发事件的研究而言国内外都给予了重视，但是国外的研究较早，国内的研究起步较晚，大都集中在 2003 年 SARS 爆发之后，且多集中在突发事件的诱因、应急能力评价研究和高校应急管理和处置的角度，研究的内容丰富但杂乱，各学者是根据不同的研究需要从不同方面进行阐述，并没有形成统一定论。

(2)从应急能力影响因素的研究方面可以看出，研究人员从学校、社会环境、学生自身等多个角度进行了研究，但大部分研究主要针对某一方面或某几方面的影响因素进行分析，目前尚缺少对各影响因素综合性、系统性的分析。学者们的研究更多是从宏观角度进行研究，目的是对高校的应急处置或者是应急管理提出建议，从大学生个体角度研究的比较少，其研究结果也缺乏实践性和可操作性。

(3)虽然量表作为一种成熟的方法已经被学者广泛应用于实际研究中，但是研究中用量表进行应急能力测量较少，因此将量表的方法引入大学生应急能力的测量是亟须进一步研究的问题。

基于此，本书以大学生的应急能力为研究对象，分析大学生应急能力的现状以及大学生应急行为的一般模式，结合高校突发事件的特点、类型以及事故案例总结影响大学生应急能力的因素；按照系统的量表开发流程，根据上述影响因素和开放式问卷结果，形成大学生应急能力影响因素条目池，对条目进行筛选后，编制初始量表。然后通过两次施测进行因子分析和信度效度检验，最终获得有效的大学生应急能力测量量表。

## 1.4 研究的内容

本书以行为科学理论为指导，以大学生的个体行为、高校的组织行为为切入点，在前期个体人和组织人的不安全行为研究的基础上，从行为科学的角度入手，分析影响大学生应急行为能力的内外部因素，构建大学生应急能力影响因素概念模型，并以陕西省 14 所普通高校大学生为研究对象，对大学生应急能力的影响因素进行实证分析；在对陕西省高校应急教育现状调研及原因分析的基础上，对高校应急教育与应急管理水平做出评估，构建基于行为科学的高校应急教育与应急管理新模式。具体研究内容如下：

1. 陕西省高校应急教育、应急管理和大学生应急能力现状分析

以调查问卷的方式对西北大学、西安交通大学、西安电子科技大学、西北政法大学等 14 所普通高校进行调研，分析陕西省高校应急教育与应急管理、大学生应急能力现状及存在的问题，为进一步研究提供依据。

2. 构建基于行为科学的大学生应急能力影响因素概念模型

通过对高校突发事件(事故)统计和大学生应急行为的分析，结合文献梳理，总结出基于行为科学理论的影响大学生应急能力的个体因素(生理、心理等)、环境因素(应急教育、管理、家庭等)等，进而构建大学生应急能力影响因素概念模型，为进行大学生应急能力、高校应急教育与管理的研究提供理论基础。

3. 大学生应急能力实证分析

依据大学生应急能力多层次概念模型，设计多维度(应急知识、安全意识、个人特质、高校应急教育和应急管理等)的大学生应急能力调查问卷，对陕西省大学生进行调研，并运用 SPSS 统计分析工具、结构方程模型(SEM)等对应急能力影响因素进行实证分析，并找出其主要因素。

以行为科学理论为指导，结合前期研究，采用开放式问卷、国内外相关理论研究和高校突

发事件案例分析,从个体因素和环境因素两方面总结出影响大学生应急能力的因素;据此编制问卷项目,形成大学生应急能力测量初始量表,并运用 SPSS17.0 和 AMOS17.0 软件对初始量表进行项目分析、因子分析,确定每个分量表的因子结构,以期最终形成大学生应急能力测量正式量表,为进一步测试大学生应急能力总体状况提供基础。

4. 高校应急教育与应急管理实证分析

在现状调研和分析的基础上,选取陕西省某高校为研究对象,运用突变理论对高校的应急教育与应急管理能力做出评估,为进一步提出高校应急教育与应急管理新模式奠定基础。

5. 构建基于行为科学的陕西省高校应急教育与应急管理新模式

基于前期研究,明确影响大学生应急能力的关键因素,以及高校应急教育与应急管理水平提升的工作要点,构建基于行为科学的高校应急教育与应急管理新模式。

## 1.5 研究的技术路线和方法

### 1.5.1 技术路线

本书通过对陕西省 14 所普通高校进行应急教育、应急管理和大学生的应急能力现状调研分析,指出目前高校应急教育、应急管理与大学生应急能力存在的问题。依据行为科学理论对大学生的应急能力进行了实证分析。运用突变理论,以陕西某高校为例对高校应急教育和应急管理能力进行评估,进一步利用系统动力学方法研究提升大学生应急能力的培养途径,运用结构方程模型验证应急演练对于大学生应急能力提升的重要性,最终提出高校提升应急教育和应急管理水平的具体措施和新模式,并以西安科技大学为试点进行验证。

### 1.5.2 研究方法

本书综合运用各种理论研究与实证分析方法,展开基于行为科学理论的陕西省大学生应急能力与应急教育的研究。主要采取以下研究方法:

(1)文献分析法:通过资料检索,搜集相关研究资料。对国内外已有的研究成果进行分析,对其作进一步的整理,理清线索,发现不足,为本研究提供思路和理论准备。

(2)比较研究法:查阅国内外有关大学生应急能力培养与高校应急教育的相关资料,开展对比研究,归纳、比较、借鉴其经验,以期对我国高校应急教育模式的创新提供借鉴意义,为构建科学合理的高校应急教育平台提供依据。

(3)走访调查法:为了更真实地呈现陕西省高校应急教育现状,本书以发放调查问卷为主、结合走访等方法,更加细致地摸清大学生应急能力现状,以及对应急教育的需求、意见和建议。

(4)统计分析法:对通过调查问卷等方法获取的资料进行统计,为制定科学合理、切实可行的高校应急教育与应急管理新模式提供依据。

(5)验证法:①理论验证:为使制定的"高校应急教育与应急管理新模式"更加切实有效、更加具有可操作性,研究中广泛征求专家和教学管理岗位人员的意见,尤其是征求教务处、高教研究室等部门领导的意见。②实践验证:将本书研究成果在西安科技大学管理学院部分专业模拟实施,并验证其效果。

# 第 2 章　陕西省高校应急教育、应急管理和大学生应急能力现状分析

本章在对陕西省 14 所普通高校进行走访和问卷调查的基础上，分析目前陕西省高校应急教育、应急管理和大学生应急能力的现状，并探究其存在的问题与不足，为高校应急教育和应急管理新模式的研究提供依据。

## 2.1　问卷基本情况分析

课题组为了更加细致、准确地了解陕西省高校应急教育、应急管理及大学生应对突发事件应急能力的现状，在广泛阅读文献的基础上设计了调查问卷。问卷内容主要由两大部分构成：一部分是针对陕西省高校应急教育与应急管理现状的调研，包括应急课程设置，应急培训的频次、内容、授课方式，应急演练的规模、频次、效果，应急机构设置，应急师资队伍建设等方面；另一部分是从应急知识掌握、应急技能、安全意识等方面对陕西省大学生应急能力现状的调研。问卷分为打分题、选择题、开放式问题三种类型。

本次调研问卷发放对象选取了包括西北大学、西安交通大学、西安电子科技大学、西北政法大学等在内的陕西省 14 所普通高校在校本科生和研究生（见表 2－1）。共发放问卷 750 份，实际回收 666 份，回收率为 88.8%。剔除空白问卷、无效问卷，实际有效问卷 616 份，有效率为 92.5%，问卷具体回收情况分析如图 2－1 所示。

**表 2－1　调研对象**

| 调研对象 | |
|---|---|
| 西安交通大学 | 西安科技大学 |
| 西安电子科技大学 | 西安工程大学 |
| 西北工业大学 | 陕西科技大学 |
| 陕西师范大学 | 西安建筑科技大学 |
| 西安邮电大学 | 西北政法大学 |
| 长安大学 | 西安理工大学 |
| 西安外国语大学 | 西北大学 |

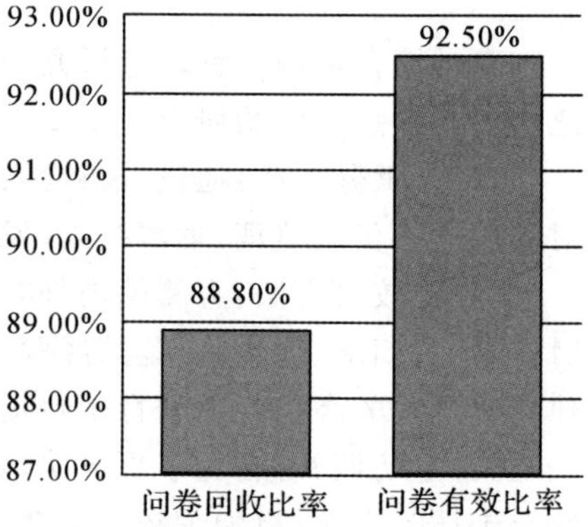


图 2－1　问卷回收情况

从性别、年级、专业三个角度对 616 份有效问卷进行结构分析（见图 2－2）。从性别来看，其中男性 301 人，占 48.86%，女性 315 人，占 51.14%；从年级构成来看，大一学生 206 份，占 33.44%，大二学生 155 份，占 25.16%，大三学生 140 份，占 22.73%，大四学生 29 份，占 4.71%，研一学生 50 份，占 8.12%，研二学生 26 份，占 4.22%，研三学生 10 份，占 1.62%；从专业结构来说，文科类 183 份，占 29.71%，理工科类 433 份，占 70.29%。

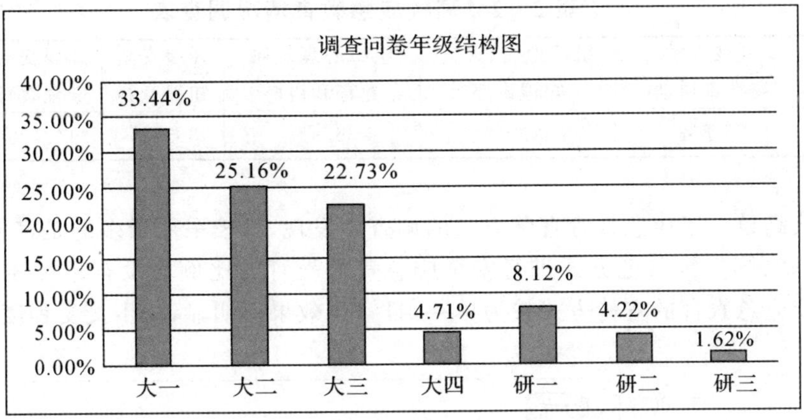


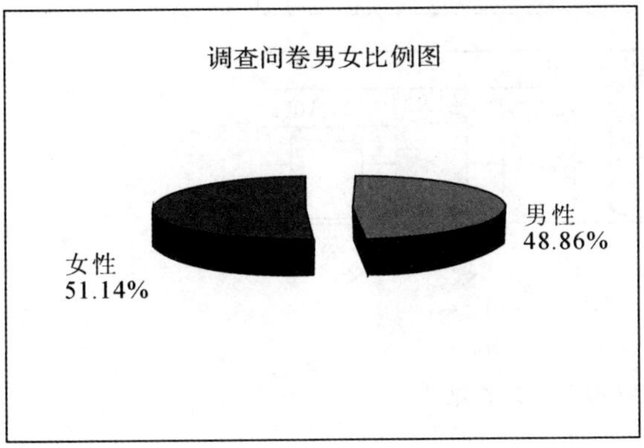


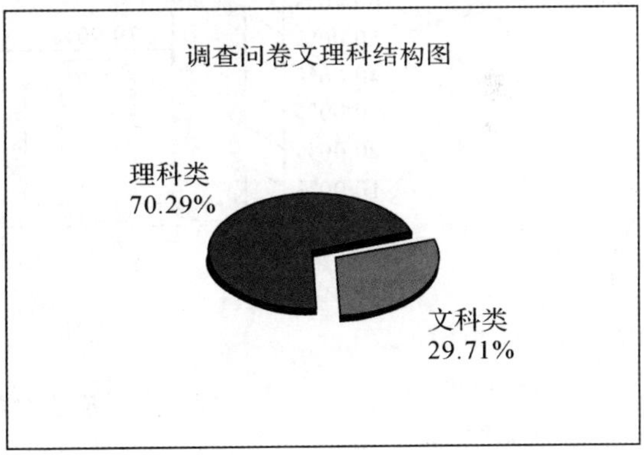


图 2-2　问卷结构分析图

## 2.2　陕西省高校应急教育和应急管理现状

### 2.2.1　陕西省高校应急教育现状

通过对陕西省 14 所高校的走访和对调查问卷分析发现，陕西省高校在应急教育方面已经做了一定的工作，总体水平有所提升。首先，部分高校已经意识到应急教育的重要性，例如西北大学、西安交通大学设立了“陕西省应急管理培训基地”，将应急教育真正作为一项重要工作来做；其次，某些高校也在调整学校应急教育的内容和方式，例如因为电梯事故的频发，学校增加了电梯故障应急演练等。但是整体看来，陕西省高校的应急教育还存在以下问题：

1. 高校应急培训不全面，宣传方式单一化

通过对问卷统计分析（见表 2-2），可以看出大多数高校较好地落实了新生入学的安全教育培训工作，并且对地震、火灾等常见自然灾害和心理健康等问题的培训比较频繁，但是对于交通安全、急救等的应急培训和教育却少之又少。大部分高校的应急培训内容有限，且培训方式单一，主要以讲座形式为主。

**表 2-2　高校应急教育情况调查表**

| 选项 | 开展入学安全宣讲会 | 组织地震、火灾知识讲座 | 组织心理健康教育和讲座 | 开展安全知识竞赛 | 开展交通安全教育 | 开展急救培训 |
| --- | --- | --- | --- | --- | --- | --- |
| 选择比例 | 75.8% | 47.9% | 36.9% | 35.1% | 14.4% | 13% |

另外从高校对于应急教育宣传方式的调查中发现，学校采用最多的是宣传栏和讲座，而利用课堂、网站、图书等其他方式进行安全应急宣传教育的比例均没有超过 30%（见图 2-3）。反映了学校应急教育的宣传方式较为单一，且宣传效果不明显，学生接受程度较低。

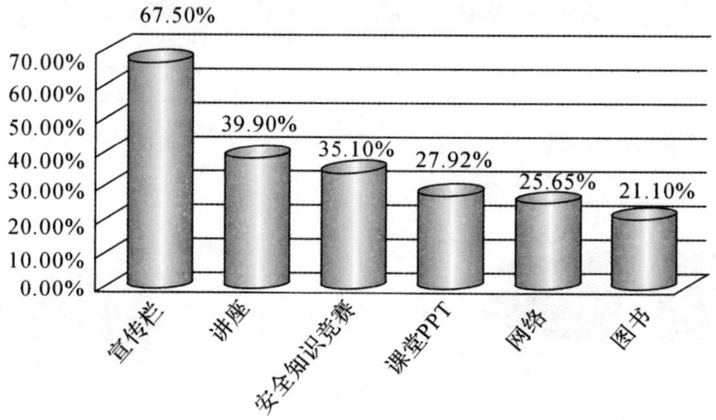


图 2-3　应急教育宣传方式调查结果

2. 应急课程设置单一，授课方式老化

通过问卷统计发现在 14 所高校中只有 30.2% 的学生选择“本校有大学生应急课程”，如大学生安全教育、心理健康教育等课程；而剩余 69.8% 的学生选择了没有开设或者填写了不知道，说明大多数的学校没有开设应急教育课程或者这些课程没有在所有学生中普及（见图 2-4）。此外，随着互联网技术的发展，网络安全知识的缺乏也成为影响高校稳定发展的重要因素，而大学生网络安全防范意识相对淡薄。在走访的陕西省 14 所高校中，绝大多数学生反映学校并没有开设相关网络安全课程，这反映出目前高校应急教育的缺失和滞后性。

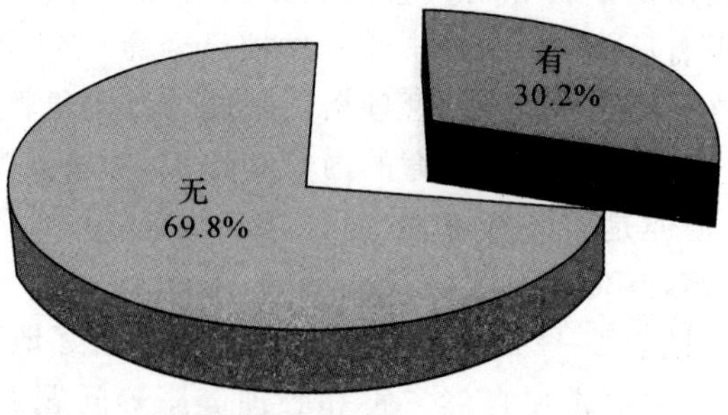


图 2-4　陕西省高校应急课程开设情况统计

此外，从调研中发现，开设应急课程的学校采取的授课方式主要为多媒体课堂教学，占 57.5%，其次是案例教学和视频教学，分别占 44% 和 39.78%，而实际技能操练方式只占 18.3%（见图 2-5）。这些数据反映出高校应急教育的授课方式单一，缺乏多样化，而且重理论教育，轻实践能力教育。

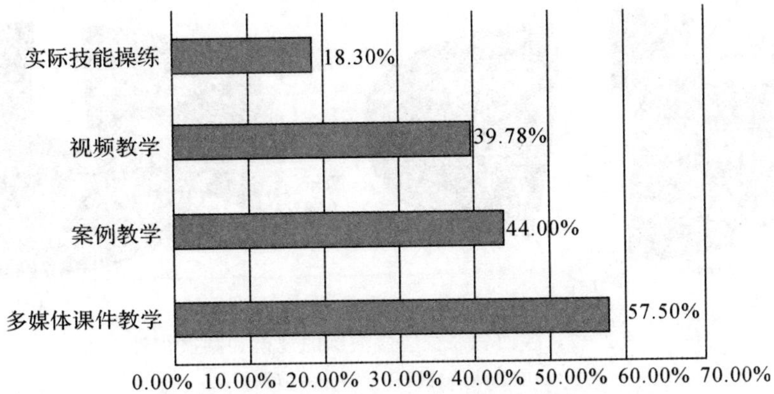


图 2－5 陕西省高校应急教育课程授课方式统计

应急教育作为大学生掌握基本应急自救技能的必修课，在大多数高校中并没有得到推广和普及，广大学生没有良好的途径去系统地学习应急知识和技能。

3. 应急演练的项目局限、规模小、频次少，亟待加强

高校的应急演练是应急教育的一个重要方面，也是培养大学生应急能力的重要途径。大学生能够通过应急演练加深记忆，提高应急技能的操作性，从而实现更好的安全应急教育效果。在调查统计中发现，80.03％的学生选择“进行过应急演练”，其中火灾和地震演练的比例最大，分别为 55.8％和 48.3％，其他突发事件（如水灾、食物中毒、溺水急救等）学生选择的比例均没有超过 9.4％（见图 2－6）。

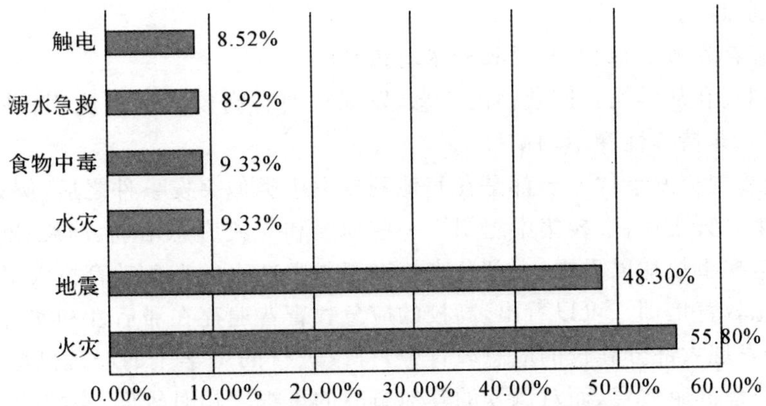


图 2－6 陕西省高校开展应急演练的种类统计

从应急演练的规模来看，49％的学生反映是个别院系开展的，而选择“所有在校师生”和“联合其他部门进行过大规模演练”的学生均不足 16％，可以看出陕西省高校应急演练开展的规模较小，主要是院系内部自己组织。从应急演练的频次来说，48.9％的学生选择“学校一年开展一次应急演练”，选择两年半及以上的学生也占到了 29.4％（见图 2－7）。

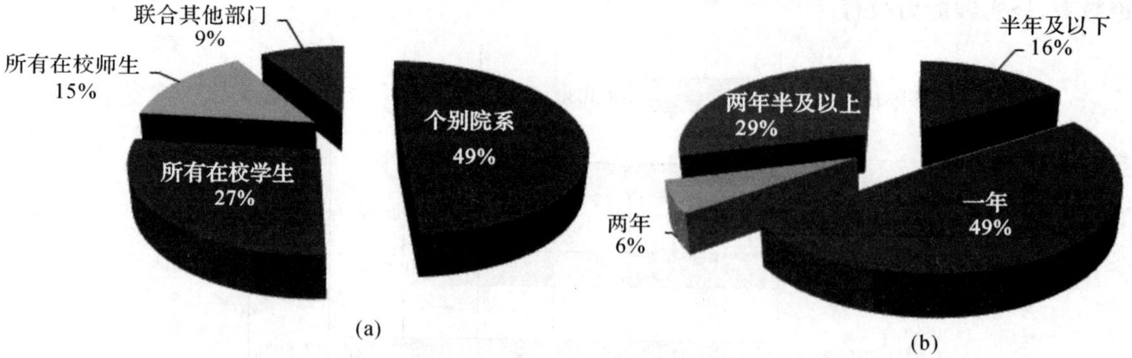


图 2-7 陕西省高校应急演练的规模和频次统计

(a)应急演练规模； (b)应急演练频次

以上数据反映出陕西省一些高校没有或是较少开展应急演练，对于应急演练没有足够的重视。而在开展的应急演练项目中，以火灾和地震这两种较为常见的突发事件为主，而针对其他校园突发事件开展的应急演练较少或几乎没有，且规模和频次也都有待提高。

4. 高校师资队伍不足，教学效果不明显

通过走访，发现大部分高校的应急教育主要是由高校负责学生管理工作的教师承担的，如辅导员、保卫处人员等。这两类师资存在一个共同的特点，他们均不是专业的安全与应急教育教师或专家，且其传授的多是理论知识，授课方式以说教为主，部分进行案例讲座等；偶有少数安全专业方面的教师开设应急课程选修课，但是覆盖范围有限，授课内容理论多于实践。高校专业应急教育师资队伍紧缺，导致一些全校性的应急辅导、应急课程并没有引起足够的重视，教学效果得不到保障。

5. 应急教育存在滞后性、非持续性和不均衡性

结合走访调查和从学校官网获得的信息，发现陕西省高校的应急演练、讲座、培训等应急教育存在滞后性、非持续性和不均衡性。

首先，学校重视突发事件一般都是在其他院校发生类似突发事件之后，例如在汶川地震和上海商学院发生火灾之后，学校集中组织了一些地震和火灾应急培训、演练；2013 年电梯事故频发之后又对电梯事故加以重视；大部分高校对于入学新生的应急教育投入多，对高年级学生缺乏持续的应急教育培训。可以看出，高校的应急教育普遍存在滞后性和非持续性。

其次，调研发现大部分高校的应急教育中，持续进行的是学生的心理健康教育，学校更加关注常规性的心理健康教育，而对偶发的其他事故的重视度相对较低；高校的应急教育更多的是注重理论教育，实践教育较为缺乏，这些都表现出了高校应急教育的不均衡性。

通过问卷统计分析可以看出，陕西省高校应急教育在总体上有所发展，但还有较大的提升空间。

### 2.2.2 陕西省高校应急管理现状

高校应急管理是高校应急工作的一大组成部分，极大地关系到应急教育和大学生应急能力的提升。高校应急管理包括高校对于应急工作的师资配备、应急机构设置、应急设施建设、应急预案编写等方面的内容。从陕西省 14 所高校的调研结果看，陕西省高校应急管理主要存

在以下几方面问题：

1. 应急设施设置不合理，安全隐患颇多

在走访中发现，很多高校应急设施的设置都存在一定的问题，如灭火器、消火栓等设置比较隐蔽，甚至一些院校为了美观和防盗将消火栓放置在比较牢固的围栏中，以至于消火栓成了人们休息的座椅。在关于高校安全检查和设施维护的调查中发现，只有47.6%的学生反映学校开展了相关安全检查，38.1%的学生反映学校定期检修学校的安全设施，这反映出高校对于安全隐患排查的注重程度不够。

2. 专门的应急机构设置匮乏，责任不清

问卷统计结果显示，32.95%的学生选择所在的学校设置了专门的突发事件应急管理机构，但是在进一步的询问中却不能说明学校的应急管理机构有哪些。通过走访发现，陕西省大部分高校的确设置了应急管理机构，但是，是由其他部门兼管的，每个部门只负责一部分。这样导致高校一旦遇到突发事件不能够迅速进入应对状态，而且在应急处理之中容易发生责任不清的情况。

3. 应急预案内容缺乏针对性、可操作性差

从开放式问卷中发现，大多数学生认为应急预案是高校应对突发事件必不可少的部分，但是同时他们也表示对于自己学校的应急预案不是很了解。从走访中发现，高校虽然都制定了形式上的应急预案，但是应急预案的内容缺乏针对性、可操作性差。应急预案更多的是束之高阁，其存在对于高校的应急管理并没有发挥应有的作用。

4. 应急沟通不便利，影响效率

应急沟通是解决突发事件的一大影响因素。由于高校的应急管理机构设置问题，各部门之间需要良好的配合，而在走访中发现，高校的各部门之间位置分散、各司其职，如果有突发事件发生，部门之间的沟通成为影响应急处理的一大障碍。同时从问卷调查统计结果中发现69.5%的学生认为与学校的沟通存在障碍，不能及时地将他们的意见反馈到学校。例如，当学生发现学校有安全隐患时只能向辅导员或代课老师反映，由辅导员和代课老师将这些信息层层传递上去，在这期间也许已经造成了不可挽回的损失。

整体来说，从问卷统计结果可以看出绝大部分学生对于高校的应急管理持悲观态度，高校对应急管理的建设方面应引起更多的关注。

## 2.3 陕西省大学生应急能力现状

大学生是应对高校突发事件的主体之一，大学生应急能力的提高将大大减少突发事件造成的损害。但在调研的陕西省14所高校中，仅有42.2%的大学生认为自己应对突发事件的总体能力比较强，其中315名女生中，32.7%认为应急能力较强，301名男生中，52.5%认为应急能力强。整体来看，大学生的整体素质是不断上升的，但是大学生应对突发事件的能力总体情况却不太乐观。

从应急知识、应急技能、安全意识和个人特征四方面分析，大学生应急能力存在以下几方面的不足。

1. 大学生应急知识和应急技能有待进一步加强

通过问卷统计分析发现只有28.1%的学生选择了解高校突发事件的种类和基本知识，

49%的学生选择一般了解，而22.9%的学生选择不了解。具体情况分析见表2－3。

**表2－3　高校突发事件类别认知状况**

| 突发事件类别 | 认知比例 | 突发事件类别 | 认知比例 |
|---|---|---|---|
| 校园盗窃、打劫、打架斗殴 | 73.1% | 抑郁、自杀 | 50.8% |
| 食物中毒 | 66.4% | 聚众喝酒闹事 | 42% |
| 地震、火灾、水灾 | 55.4% | 非典、甲流 | 41.6% |

从具体知识掌握情况分析来看，有近一半的学生表现出不能很好地处理突发事件。例如，40.3%的学生选择使用泡沫灭火器或者液体二氧化碳灭火器来扑灭书籍引起的火灾；42.5%的大学生选择忍让、看情况处理或直接制止校内盗窃、外来人员骚扰等校内事件；51.8%的学生认为室内狭小空间、坚固家具旁或承重墙脚是地震时最不安全的地方。这组数据充分表明大学生应急知识的匮乏。

2.大学生安全意识淡薄，存在侥幸心理

安全意识是反映大学生应急能力强弱的重要指标之一。安全意识越强的人实际生活中会注重自己的言行，多汲取应急知识，培养自己的应急能力。经过统计后发现35.1%的学生在平时的学习生活中会主动学习应急知识；64.1%的学生不会刻意学习或是进行强迫式的学习；25.3%的学生甚至认为安全问题是学校应该重视的问题和自己的关系不大；22.4%的学生在单独外出时不会将自己的行程告知家人、朋友；43.3%的学生会在无人看守的情况下将手机等电子设备放置在宿舍充电。对陕西省高校学生的安全意识调查具体情况见表2－4。

**表2－4　陕西省高校学生安全意识调查统计**

| 事件 | 比例 |
|---|---|
| 在平时的学习生活中不会主动学习应急知识 | 64.1% |
| 安全问题是学校应该重视的问题，和自己的关系不大 | 25.3% |
| 在单独外出时不会将自己的行程告知家人、朋友 | 22.4% |
| 会在无人看守的情况下将手机等电子设备放置在宿舍充电 | 43.3% |
| 参加大型室内活动时不会关注安全出口的位置 | 25.6% |
| 不能在第一时间找到校保卫科和校医室的电话 | 42.5% |

以上数据表明，大学生的安全意识亟待加强。大学生认为小事不必关注，大事遇到再说，没有从细微处培养安全意识，给自己和学校带来极大的安全隐患。

3.大学生抗挫折能力弱，身心素质有待提高

身心健康也是大学生在新的时期所面临的一个重要问题。大学生正处于众多抉择时期，人生观和价值观处于形成期之前的波动阶段，心理、生理、环境都会对其产生很大的影响。大学生在面临困难与挫折时的态度和做法很大程度上取决于其心理承受能力。一些心理承受能力较差的学生在困难挫折面前缺乏一定的自信心和抗压能力，有可能会做出一些极端的行为。根据对陕西省高校学生的调查研究发现，20.9%的学生选择在紧急情况下会不知所措；16.6%的学生认为自己比较“随大流”，没有什么主见；32.1%的学生认为自己在遇到障碍和干扰时会

不由自主的紧张，感觉压力大；44％的学生认为在学校、感情、家庭出现问题时会影响对事情所做的判断。

在面对压力和挫折时，不同的学生表现出了不同的应对方式，如图 2－8 所示。

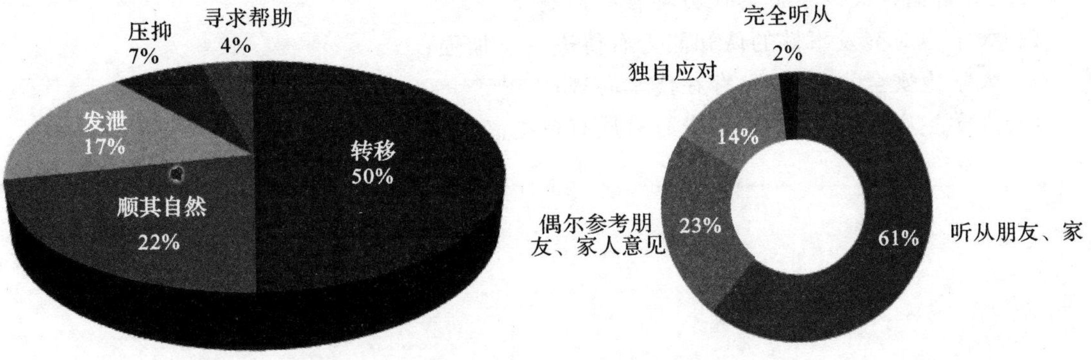


图 2－8　陕西省大学生压力与挫折的应对方式

(a)应对压力方式；(b)应对挫折的方式

从图 2－8 可以看出，面对压力的时候，极少一部分人会寻求解决途径和帮助，一半的人选择转移注意力，较多的人选择寻找发泄渠道或是顺其自然。这充分显示出大学生面对压力时大多数会采取消极的、被动的方法逃避或是把压力化为消极情绪释放出来。而在面对挫折的调查中，61％的学生选择听从家人或朋友的意见，也反映出大学生心理脆弱，缺乏抗挫折能力。

通过对大学生身体素质的调查发现，只有 40.1％的学生认为自己身体素质好，能够迅速撤离危险地方。而在开放式问卷调查中发现大部分大学生都有运动的习惯，但是运动频次少，运动方式比较单一，仅限于跑步、球类运动，而且一般选择是有空闲时间的情况下才运动，没有持续性。从这些结果可以看出，大学生缺乏相关的体育训练，而身体素质的好坏在大多数突发事件发生的时候会直接影响个体受伤害的程度。

可以说，大部分大学生的身心素质都需要给予更多的关注，并且使他们做到身心平衡发展。

## 2.4　本章小结

本章以陕西省 14 所普通高校为调研对象，总结了陕西省高校应急教育与应急管理水平、大学生的应急能力存在的问题。

1. 陕西省高校应急教育存在的问题

(1)高校应急培训不全面，宣传方式单一化；

(2)应急教育课程设置单一，授课方式老化；

(3)应急演练规模小、频次少，亟待加强；

(4)师资队伍不足，教学效果不明显；

(5)应急教育存在滞后性、非持续性和不均衡性。

2. 陕西省高校应急管理存在的问题

(1)应急设施设置不合理，安全隐患颇多；

(2)专门的应急机构设置匮乏,责任不清;

(3)应急预案内容缺乏针对性,可操作性差;

(4)应急沟通不便利,影响效率。

3.陕西省高校大学生应急能力存在的问题

(1)大学生对突发事件的认知能力有待进一步加强;

(2)大学生安全意识淡薄,存在侥幸心理;

(3)大学生心理承受力弱,且身心素质有待提高。

# 第3章 基于行为科学的大学生应急能力分析

从全国范围内频发的高校突发事件以及对陕西省高校实际调查数据可以看出，大学生应急能力亟须提高。只有从根源上找到影响大学生应急能力的因素，并且加以合理培养、扬长避短，才能更好地提升大学生应对突发事件的能力。本章主要依据行为科学的理论，根据事故分析和文献总结提炼出影响大学生应急能力的因素，并提出相关假设和构建初始模型，最后通过实证分析对模型进行验证。

## 3.1 行为科学理论

行为科学是一门新兴的科学，它是运用心理学、社会学、人类学等多种学科知识研究人的行为规律，以及如何正确处理人群关系，激发人的积极性的一门科学。它不仅研究人的个体行为和领导行为，还研究人在社会中的群体行为和组织行为。行为科学有广义和狭义之分，广义的行为科学是研究人类行为的一般规律；狭义的行为科学则是行为科学的一般理论在各个具体领域中的应用，如组织行为学、消费行为学、行政行为学等。

### 3.1.1 行为科学的起源

行为科学起源于20世纪30年代美国的企业管理研究。早期的古典管理理论学家如泰勒、法约尔、韦伯等人都把人只看成是“经济人”，即工人只是为了追求最高工资，应该用严格的科学方法来进行管理。如泰勒主张用“科学管理”的方法，首先要按科学方法制定生产标准，然后由工程技术人员设计科学的操作方法和工具，最后通过管理人员对工人的严格监督和控制加以实施。“泰勒制”强调了管理的科学性、精密性，提高了劳动生产效率。但是当时的管理者对人的认识极其片面，他们把工人看成机器的附属品。因而，古典管理理论在提高劳动生产率方面虽然取得了显著的成绩，却激起了工人、特别是工会的反抗，使得欧美等国的统治阶级感到单纯用科学管理等传统的管理理论和方法已不能有效地控制工人，不能达到提高生产率和利润的目的，必须有新的企业管理理论来缓和矛盾，促进生产率的提高。在这种情况下，促使管理学家去探讨新的管理理论。

1924年，美国哈佛大学教授、管理学家梅奥参加了美国国立研究院在西方电气公司的霍桑工厂进行的物理条件对生产率影响的实验。在实验中，梅奥发现影响工人积极性的不只是物质条件，更重要的是工人和工人、工人和管理人员的关系，即社会因素，从而创立了人际关系学说。这就是著名的霍桑实验。据此，梅奥提出了自己的观点：工人是“社会人”而不是“经济人”；企业中存在着非正式组织；新的领导能力在于提高工人的满意度。梅奥创立的人际关系学说是行为科学的早期发展。

梅奥创建的人际关系学说引起了许多社会学家、人类学家、心理学家、管理学家等诸多学者的兴趣，从20世纪40年代起，美国的一些大学先后建立了人际关系研究中心。同时，科学家看到了现代科学由分化走向综合的趋势，探索如何综合运用有关学科的知识来研究人的行为。1949 年在美国芝加哥的一次跨学科会议上，正式提出了行为科学这一名称，行为科学本身并不是完全独立的学科，而是心理学、社会学、人类文化学等研究人类行为的各种学科互相结合的一门边缘性学科。这样，行为科学的研究内容包括了人的态度、动机、信念、希望、志愿、个性，以及群体、集体、组织、文化等方面对人的行为影响的研究。

早在 20 世纪 40 年代，我国著名社会学家费孝通教授就翻译了行为科学创始人梅奥的著作《文明社会中人的问题》一书，介绍西方的行为科学。但是一直到 1978 年以后，为了适应我国现代化建设的迫切需要，行为科学才在我国真正引起重视并发展。1981 年和 1983 年两次召开全国性的行为科学学术讨论会。1984 年底经中国社会科学院正式批准，建立了中国行为科学研究会。

### 3.1.2 行为科学的研究对象和内容

#### 一、行为科学的研究对象

行为科学理论以人的行为及其产生的原因作为研究对象。具体来说，它主要是从人的需要、欲望、动机、目的等角度研究人的行为规律，特别是研究人与人之间、个人与群体之间的关系，并借助于这种规律性的认识来预测和控制人的行为，以实现提高工作效率，达成组织的目标。

#### 二、行为科学的研究内容

行为科学是一门综合性的学科，行为科学的研究内容主要有以下几方面：

1. 人性假设是行为科学管理理论的出发点

各个时期管理者对管理对象的认识可以分为六种基本类型：工具人假设、经济人假设、社会人假设、自我实现人假设、复杂人假设、决策人假设。不论是哪一种假设，与其相对应的管理理论都有其合理性的一面，也具有一定的积极意义。而人的本质不是单个人所固有的抽象物。在其现实性上，是一切社会关系的总和。

2. 个体行为是行为科学的核心部分

个体行为主要是对人的行为进行微观的考察和研究。行为科学理论认为，人的各种行为主要与其动机、需要、激励、挫折、态度等有关：①人的行为是由动机支配的，产生行为的直接原因是动机。在很多情况下，不同的动机常常联合起来构成一个人的行为基础。②人们的动机是受到需要制约的。当外部条件不变时，内在的需要是一个人产生动机的根本原因，即需要使人产生欲望和驱动力。③任何人从事某项工作的积极行为，必有一种或几种激励因素在起作用。行为科学认为，激励是对实现需要动机的强化，是联结需要与目标之间的桥梁。④行为科学家认为，成功与挫折是个体行为两种可能性的结果。目标达成，要积极引导；继续前进，遭受挫折，应保护人们的积极性，不要产生消极对抗情绪。⑤研究和实践都证明，态度对于一个人的行为影响具有很重要的作用，它不仅会影响一个人的知觉与判断，还会影响一个人的工作和学习的速度与效率。同时，它还可以帮助人们决定是否加入某一群体，选择某一职业或者坚持某种生活信念等。

个体行为的研究中主要的理论是行为激励理论，具有代表性的理论有马斯洛的“需求层次理论”、麦格雷戈的“X 理论- Y 理论”、赫兹伯格的“双因素理论”、斯金纳的“强化理论”等等。

尽管这些理论从不同的角度对个体的行为进行了不同程度的分析和研究，但本质上都是从人性的本质和人的需要、动机规律的角度研究如何调动人的积极性、主动性和创造性。

3. 群体行为理论是研究人和人之间的社会关系的理论

群体行为理论主要有卢因提出的“群体动力论”、梅奥在霍桑试验中发现的“正式和非正式群体理论”以及“冲突理论”。群体有着共同的价值观念和行为准则，不是某一个人或某一个小团体的力量所能随心驾驭的。在整个工作过程中，个体应该以群体的共同目标和准则为依据，将群体内部人与人之间的关系最大化地利用起来，注重强调集体意识和团结意识，在友好、互助的人际关系基础上，最大程度的实现管理目标；在社会生活中，人们的彼此交往形成了各种社会关系，在一定的社会关系基础之上结合成不同的群体。行为科学中研究群体行为主要是研究群体行为的特征、作用、意义、群体内部的心理与行为、群体之间的心理与行为、群体中的人际关系、信息传递方式、群体对个体的影响、个人与组织的相互作用等。

群体行为对于个体行为起着直接的作用。个体行为总是受到多数人的影响，随波逐流。这种现象就是行为科学所称的从众行为。影响个体从众行为的因素是错综复杂的，归纳起来主要有两方面：①情景因素，包括群体的凝聚力、个人在群体中的地位、群体外的社会网络等；②个性特征，主要包括价值观、人际关系、自我概念、情绪的稳定性等。

4. 行为科学理论认为人与组织相互影响

行为科学理论认为人人都生活在一定的组织中，人们的心理活动、个性特点、行为特点都会受到组织的影响；同时，个人的心理特点以及其行为方式也必然会对他们所在的组织产生影响。行为科学研究组织行为，主要是研究组织变革的策略与原则、变革的力量及其成就的衡量方法等。

### 3.1.3　行为科学理论对人的行为的一般模式研究

#### 一、人的行为的一般模式

行为科学认为，人的行为既是人的有机体对于刺激的反应，又是人通过一连串的动作实现其预定目的的过程。人的行为一般可以通过图 3－1 表述。

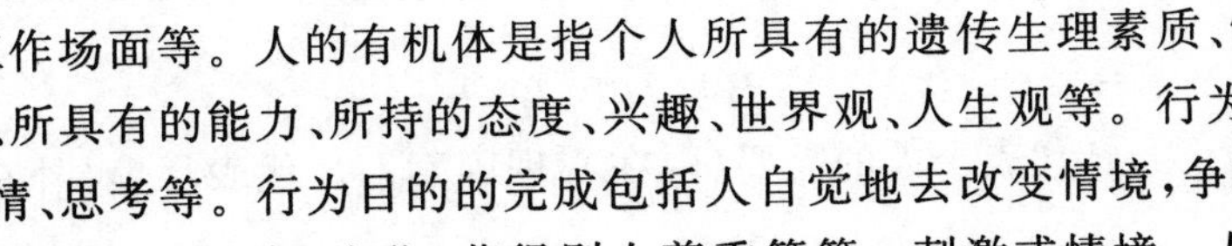


图 3－1　人的行为一般模式

行为科学理论认为刺激可以是一定的事物，如钢针、冰块等，也可能是一定的社会情境，如课堂上的学生、工作场面等。人的有机体是指个人所具有的遗传生理素质、情绪的成熟程度、学习的文化知识、所具有的能力、所持的态度、兴趣、世界观、人生观等。行为反应就是人的身体运动、说话、表情、思考等。行为目的的完成包括人自觉地去改变情境，争取生存条件、逃避危险、灾害和他人的攻击、与别人交往、获得别人尊重等等。刺激或情境—人（有机体）—行为反应—行为目的达到，这几个环节相互联系、相互作用，构成了人的千差万别的行为。人的行为虽然有所差别，但是从因果关系上看存在两个共同点：①相同的行为来自不同的刺激；②相同的刺激会引起人的不同行为。

## 二、影响人行为的因素

人的行为有不同的表现形式和特点。不同时代的人或同一时代的不同的人，其行为具体表现也是不一样的。这种差异性受到多种因素的影响。可以概括为两大类：

1. 内在或主观因素

影响人的行为的内在因素主要包括生理因素、心理因素等。

(1)人的生理结构是个人行为的物质基础。人与人之间在生理特征上具有很大的差异性，不仅表现在内外的感受器官和效应器官上，更重要的是表现在人脑和神经系统的活动特点上。而且对同一刺激，人的反应强度和速度也是不同的，有强弱、快慢之分，表现为各不相同的智力活动和情绪活动特征。

(2)影响人的行为的心理因素包含人的情绪、气质、能力、性格等。情绪是人的心理生活中的重要组成部分，渗透到人的生活的方方面面，并对人的事件活动发生深刻的影响。气质是人所固有的一种典型而稳定的心理特征。人的气质能表现心理活动的动力方面的特点，即人的心理活动的速度、强度、稳定性、指向性等。心理学认为，能力是个人顺利完成某种活动所必需的并直接影响个人活动效率的个性心理特征。人的能力有多种，包括观察能力、记忆能力等一般能力，也包括如音乐工作者的辨音能力等特殊能力。性格是一个对人对己对事物的稳固的态度和习惯化了的行为方式。性格是一个人心理活动和行为方式最复杂的一面。它不但表现在人活动的目的性上，也表现在人达到目的的行为方式上。

2. 外在或客观因素

影响人的行为的外在因素主要包括自然环境、社会环境和文化环境等。

(1)自然环境包括了宏观和微观的自然环境。在不同的自然条件下，人的行为会表现出不同的特征。不同地域的人会有不同的性格、心理特点等，进而产生不同的行为。另外，具体的生活环境、工作环境对人的生理、心理和行为也会产生直接的影响。

(2)社会环境也包括了宏观和微观两方面。从宏观上说，主要是受到社会文化传统、社会道德传统、风俗习惯等的影响；从微观上说，家庭、学校、邻里、亲戚、朋友等都会对人的行为方式产生直接的影响。

(3)文化环境是影响人的行为的更为深刻的因素。人的一生，时刻感受着自己的民族文化的熏陶。民族文化影响人的价值观念、道德意识和审美情趣等，进而对人的行为发挥影响作用。

人的行为不仅与个体的身心状况有关，而且也与个体所处的周围环境有很密切的关系。心理学家勒温认为：人的行为取决于内在需要和周围环境的相互作用。内在因素是根本，外在因素是条件。二者相互作用的结果产生了行为。勒温根据这一事实提出了一个著名的行为公式：

$$B=f(P,E)$$

式中，$B$ 代表行为；$P$ 代表个人的需要(内在心理因素)；$E$ 代表环境(外在因素的影响)；$f$ 代表函数。

## 三、人的行为的研究方法

人的行为确实是个复杂的过程，但并不是不可以研究的。行为科学理论中对人的行为的研究方法有很多，如观察法、访谈法、问卷法、测验法、实验法、个案法等(见表 3-1)。

**表 3-1　人的行为的研究方法比较**

| 方法 | 操作方法 | 优点 | 缺点 |
| --- | --- | --- | --- |
| 观察法 | 通过人的感官，在自然的、不加控制的环境中观察他人的行为，并把结果按时间顺序作系统记录 | 目的明确<br>使用方便<br>得到的材料系统 | 只能了解表象，难以得到复杂的本质 |
| 访谈法 | 通过面对面的谈话，直接了解他人行为及心理状态 | 简单易行，便于得到第一手资料 | 样本不宜过大 |
| 问卷法 | 根据主试事先设计好的表格、问卷、量表等，由被试自行选择答案 | 便于在短时间内获得广泛材料，进行定量分析 | 结果的有效性难以保证 |
| 测验法 | 采用标准化的量表或精密仪器测量 | 获得结果比较真实 | 比较复杂，需专业人员主持 |
| 实验法 | 严格控制或创设一定的条件引起某种行为 | 成本低，控制程度高 | 样本代表性的缺陷、容易受主观影响 |
| 个案法 | 对某个人或某组织在较长时间内进行连续调查、了解，研究其发展变化的全过程 | 便于进行全面、系统及深入的研究 | 个案可能缺乏代表性，容易受主观影响 |

### 3.1.4　行为科学理论对本研究的意义

从以上人的行为影响因素可以看出，行为科学理论着眼于人的行为研究，并且探讨了人的行为的一般模式。人的行为是受到一定的刺激而产生的行为反应。在这个复杂的过程中，人的行为极易受到多重因素的影响。如图 3-2 所示，人的行为过程是受到内、外因素影响的，但是无论是内在因素还是外在因素都不是单一性的，往往是“多种”或“多重”因素的“综合效应”。

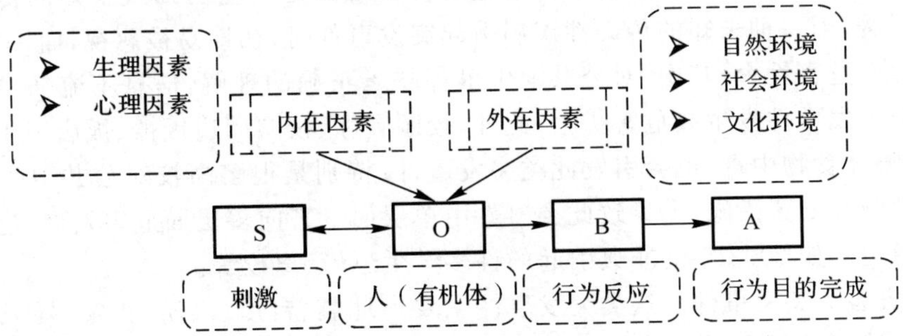


图 3-2　人的行为模式

行为科学理论对于人的行为的一般模式、人的行为的影响因素、研究人的行为的方法都为研究大学生应急行为和应急能力的提升提供了理论基础和方向。提升大学生的应急能力，应从分析大学生的应急行为和影响大学生应急能力的因素着手。

# 3.2　大学生应急能力影响因素分析

## 3.2.1　高校突发事件事故统计及特征分析

### 一、高校突发事件及分类

1. 高校突发事件

我国2007年11月1日起施行的《中华人民共和国突发事件应对法》中对突发事件的定义为“突发事件是指突然发生，造成或者可能造成严重社会危害，需要采取应急处置措施予以应对的自然灾害、事故灾难、公共卫生事件和社会安全事件”。

高校突发事件是指那些由于自然的、人为的或社会政治的原因所致，发生在高校内（或虽未发生在高校，却与高校中的人或事有相当联系），事前难以预测，大学生起主导作用，并可能迅速演变或激化为较大规模，不以高校管理者的意志为转移的，正在或即将危及学生身心健康、生命或财产安全的，对学校的教学、工作、生活秩序造成一定影响、冲击乃至危及社会安定和政治稳定的事件。只有危害性和突发性同时具备，才构成一个完整的高校突发事件，否则就可能属于正常活动，或者只是突发事件的先兆而已。

2. 高校突发事件分类

由于事件性质各异，诱发的因素也各不相同，按性质和诱因之分，通常将高校突发事件类型划分为以下几种：

（1）治安安全类突发事件。这是高校常见、多发的一类突发事件，其成因范围广泛、表现形式多样，包括由于盗窃、打架斗殴、诈骗、火灾、故意伤害、意外伤害等造成的人身财产伤害损伤等。如2002年北京大学山鹰队登山遇难事件、2003年北大清华连环爆炸案、2008年上海商学院寝室失火事件等。

（2）公共卫生类突发事件。这类事件发生的首要原因是一些已知或未知的传染性疾病对大学校园的侵袭，当一种未知的传染性疾病引起突发事件时，初期易被忽视，而一旦爆发，就会迅速传播、传染、危害性大；其次，对公共卫生事件缺乏正确的理解，信息不流畅、透明度不高，使公共卫生类突发事件发生或危害扩大；此外，校园餐厅、校园周边饭摊、饭店卫生情况也很重要，一旦发生集体食物中毒，也会引发此类突发事件；特别是很多高校对公共卫生类突发事件缺乏有效的预防和处置措施，会导致此类事件由单层面危害向多层面危害发展，进而影响校园秩序和学校稳定。如2003年的非典引起的许多学生恐慌、离校等。

（3）自然灾害类突发事件。这类突发事件主要由地震、台风、洪涝、火灾、暴风雪等自然灾害引发。受全球气候影响，世界范围内的地震、台风、洪涝等自然灾害呈现频发态势，对社会经济、人民群众以及高校师生的生命和财产安全构成严重威胁。而对自然灾害缺乏正确认识和应对管理措施，会使该类事件危害进一步扩大。自然灾害类突发事件往往不能预见、不能克服、不能避免，具有较强的突发性和破坏性。高校在遭遇自然灾害和事故灾难时，如果对抢险救灾、恢复重建工作组织不力，对学生的学习、生活保障不到位，对受伤害学生的善后处置不当的话，极易引起恐慌和混乱而引发群体性突发事件。如1998年洪水和2008年汶川地震等自然灾害造成的师生人身伤害、停课等突发事件。

（4）政治类突发事件。高校是政治上比较敏感的区域，引起高校政治类突发事件的原因多样，具有复杂的社会政治原因。国家利益冲突、国际政治危机、国内社会矛盾激化、敌对分子的煽动破坏等，是导致高校政治类突发事件的主要原因。此外，管理层导向失误，学校决策层处置不力，高校学生本身思想、政治上的不成熟、法制观念淡薄、行为上的盲从，也是形成政治类突发事件的重要原因。如 1999 年我国驻南使馆被炸事件、2001 年"中美撞机"事件、2005 年日本"入常"事件等，直接引发了不少高校学生的上街游行抗议。

(5)学校管理类突发事件。高校在对学生进行教育管理和提供服务过程中，若因管理和服务问题而直接影响了学生的切身利益时，也容易引发大学生群体性突发事件。如学校针对学生出台某项管理措施，尤其是涉及学生利益的问题，缺乏与学生有效的沟通，没有进行充分宣传和实施准备，没有注意听取广大学生的意见；学校政策关系学生的切身利益方面，违规招生影响学生的学籍和文凭，违规收费增加学生经济负担，对学生违纪处理不够严谨、严肃，评优评奖、推免研究生、补助发放等方面不公开、不公平等；学生向学校反映食堂饭菜质量下降、价格上涨、宿舍服务不到位、热水供应、校医院看病、图书馆借书等后勤保障方面存在问题，渠道不畅通，或反映后得不到及时解决和反馈等。这些涉及大学生切身利益的问题，如果未能及时妥善解决，都有可能会引发罢餐、罢课、静坐、群访等群体性事件的发生。

(6)大学生心理问题类突发事件。有关研究数据显示，自 20 世纪 90 年代以来，青少年的心理健康水平明显下滑，消极心理特征如焦虑水平、抑郁水平等逐渐增多或增高。目前在校大学生主体年龄在 18～25 岁之间，正处在世界观、人生观、价值观形成和确立的过程中。他们所处的年龄段，无论是生理还是心理都处在迅速发展变化阶段，情感丰富多变，不够稳定；涉世不深，缺乏明辨是非的能力；观点容易片面，情绪容易偏激。因此，其生理和心理上常常处于一种不平衡状态。更易外化表现为易动、互动、盲动。因此，当自己以及周围同学、老乡在人际交往、恋爱交友、学业就业等方面出现问题、存在压力时，不能冷静对待，感情用事，采取极端行为，由个性问题演变为群体性突发事件。

## 二、高校突发事件事故统计分析

近几年，各类高校突发事件频繁发生，人、财、物受到不同程度的损害，正常的教学秩序受到严重阻滞，高校的形象和声誉受到威胁。越来越多的学者关注高校突发事件，本研究对 2007—2013 年影响较大、有代表性的高校突发事件和近年陕西省高校的突发事件进行统计，希望通过对高校突发事件的有效统计，来分析大学生的应急行为以及影响大学生应急能力的因素，为采取有效应急及预防措施，将损失及伤害减少到最低提供依据(见表 3－2，表3－3)。

**表 3－2　2007—2013 年典型高校突发事件不完全统计表**

| 事件类型 | 时间 | 事件概况 | 原因分析 |
|---|---|---|---|
| 治安安全类 | 2007.1.11 | 东北师范大学研究生宿舍 2 舍一楼发生火灾，楼上百余个寝室的 500 余名学生被困 | 缺乏相应的救灾逃生知识 |
| | 2007.5.10 | 成都一名女大学生跳楼自杀 | 求职被骗 |
| | 2008.11.14 | 上海商学院徐汇校区一学生宿舍楼发生火灾，4 名女生为求生从 6 楼宿舍阳台跳楼逃生，不幸全部遇难 | 违规使用"热得快"引发电器故障并引燃周围可燃物 |

续表

| 事件类型 | 时间 | 事件概况 | 原因分析 |
| --- | --- | --- | --- |
| 治安安全类 | 2009.3.10 | 上海大学嘉定校区数码艺术学院的演播厅发生教学楼火灾事故，嘉定校区第一教学楼五楼整层楼都受到火势影响 | 老化的电气设备；<br>大量的易燃物品 |
| | 2009.4.15 | 一名推销化妆品的陌生人（女）骗走某高校尧山校区某宿舍4名女同学398元钱 | 宿舍管理宽松；<br>学生安全意识差 |
| | 2009.10.20 | 重庆某大学公路与城市道路工程专业2006级本科生皮某某，听说家乡有针刺事件发生，在未经核实真实性的情况下以“我热，针刺事件居然闹到重庆来了”为题，在百度重庆吧发帖，引起众多网民浏览或回帖，在客观上构成了违法事实 | 冲动；<br>对信息没有客观识别 |
| | 2012.4.4 | 上海交通大学学生在苏州市吴中区金庭镇太湖西山风景区分批乘坐快艇游玩返岛途中撞缆绳翻船，导致包括旅行社兼职领队（华东政法大学研究生）及一名交大男生在内的2人死亡，2名交大男生落水失踪，另外包括船老大在内的4人受伤 | 快艇撞上货船间拖拽所用的缆绳 |
| | 2013.4.12 | 南京江宁大学城附近的格致路上，来自附近不同学校的两个男生各自纠结人手，共二三十人在大马路上持钢管、木棍聚众斗殴。致使交通严重瘫痪 | 个人感情纠葛 |
| 公共安全类 | 2009，2013 | 甲型H1N1流感在全球范围内大规模流行，造成全国上下恐慌 | 突发，并且对这一病症缺乏认识 |
| 自然灾害类 | 2008.1.10～2.3 | 中国西部及整个长江流域共计19个省市自治区遭遇了50年难遇的严重冰雪之灾 | 突发，范围大 |
| | 2008.5.12 | 四川省汶川县发生8.0级地震，造成几百所学校受损，成千上万的学生伤亡，四川境内以及周边的高校一度中断正常的教学 | 突发，震级大 |
| | 2010.4.14 | 青海省玉树藏族自治州玉树县发生两次地震，最高震级7.1级，造成重大人身财产伤亡 | 突发，震级大；<br>自然条件恶劣 |
| | 2013.4.20 | 四川省雅安市芦山县发生7.0级地震 | 突发，震级大 |
| 政治类 | 2008.4.19 | 重庆沙坪坝区某高校的在校大学生发起对沙坪坝区三峡广场家乐福超市抵制事件 | 法国阻碍奥运火炬的传递及路易威登公司资助达赖集团 |
| | 2012.8 | 部分中国保钓人士试图通过某种途径来表达自己对日本政府愤慨，打击日本经济。很多高校大学生因为受到了一些网络的呼吁和煽动，参与到反日游行示威的打砸行动中 | 抗议日本右翼分子非法登上中国的钓鱼岛 |

续表

| 事件类型 | 时间 | 事件概况 | 原因分析 |
| --- | --- | --- | --- |
| 学校管理类 | 2008.10.28 | 中国政法大学昌平校区内，一名男生将一名正在上课的老师砍伤颈部，抢救无效死亡 | 主要怀疑动机为“师生恋” |
| | 2010.9.8 | 长沙大学汇泽园区的某栋住宿楼内，墙壁上贴满了“愤怒”的传单，鼓动学生们于 8 日中午对学校内的汇泽食堂进行“罢餐” | 学校汇泽食堂菜价突然上涨 |
| | 2013.3.15 | 重庆工商大学发生一起数百名教师集体维权事件，一度至少有 300 名教师聚集在该校一处校门高唱国歌，引发学校内外一片哗然。 | 教师对绩效工资分配不满 |
| 心理问题类 | 2009.7 | 某大学延期毕业的学生黎某，在校内挟持人质，抢走银行 10 万元现金，随后黎某被警方控制 | 自闭和延期毕业加剧心理问题；经济上困难以及对家里的愧疚 |
| | 2009.11 | 吉林某大学的学生郭力维将同宿舍的舍友赵研杀害，因赵研在休息时打呼噜。赵研在平时对郭某多有羞辱 | 自尊心受到伤害而报复 |
| | 2011.2.28 | 沈阳师范大学学前教育专业大二女生小楠坠楼，抢救无效死亡 | 心理问题 |
| | 2011.3.3 | 福州大学管理学院一女生自杀 | 失恋 |
| | 2013.4 | 上海复旦大学医学院研究生黄洋遭同寝室舍友在其饮水机中投毒，因初期医院无法查明病因以致没有得到有效救治最终中毒身亡 | 林某因生活琐事与黄某关系不和，心存不满 |
| | 2013.4.16 | 南京航空航天大学金城学院两学生起冲突，一学生致死 | 因琐事发生冲突 |

**表 3-3　陕西省 2009—2013 年典型高校突发事件不完全统计**

| 事件类型 | 时间 | 事件概况 | 原因分析 |
| --- | --- | --- | --- |
| 治安安全类 | 2010.10.20 | 西安音乐学院大三的学生药家鑫驾车撞人后又将伤者刺了八刀致其死亡 | 道德缺失 |
| | 2010.12.7 | 西安建筑科技大学体育系某男生宿舍内发生一起血案，致一死一伤 | 感情瓜葛 |
| | 2011.1.13 | 陕西杨凌西北农林科技大学南校区内发生一起刑事案件，一名中国学生将一名孟加拉国籍留学生捅伤致死 | 感情瓜葛 |
| | 2012.11.8 | 榆林青年郭某将正在咸阳上学的女友杀害。而郭某因涉嫌故意杀人罪被咸阳中院依法判处死刑，剥夺政治权利终身 | 感情瓜葛 |
| | 2013.6.23 | 西安交通大学兴庆校区中一楼四层西段的化学教学实验室发生火灾 | 工人违规使用电焊 |

续 表

| 事件类型 | 时间 | 事件概况 | 原因分析 |
|---|---|---|---|
| 公共安全类 | 2009,2013 | 甲型H1N1流感在全球范围内大规模流行,造成全国上下恐慌 | 突发,并且对这一病症缺乏认识 |
| 自然灾害类 | 2008.5.12 | 四川省汶川县发生M8.0级地震,陕西省多地感到震感,影响正常生活、学习秩序 | 突发,震级大 |
| | 2013.4.20 | 四川雅安地震中西安邮电大学80多名实习师生被困灾区 | 突发 |
| 政治类 | 2012.8 | 部分中国保钓人士试图通过某种途径来表达自己对日本政府愤慨,打击日本经济。陕西部分高校大学生因为受到了一些网络的呼吁和煽动,参与到反日游行示威的打砸行动中 | 抗议日本右翼分子非法登上中国的钓鱼岛 |
| 心理问题类 | 2011.5.9 | 西安市长安区一所高校22岁大二女生独自死在教室里 | 自杀 |
| | 2011.6.13 | 长安大学本部一大四男生在主楼自习室自尽 | 不能顺利毕业 |

从这些不完全统计中可以看出每年因突发事件导致年轻生命消逝的数量让人触目惊心。除了因为自然灾害等不可抗力因素的影响外,大学生自杀事件也不容忽视。据一项不完全统计数据显示,2001—2005年,各地公开报道281名大学生自杀事件,其中209人死亡,72人存活,自杀死亡率为74.4%。几乎大学生自杀事件每年都是两位数以上,并且呈现上升趋势。

从统计表中的原因分析,可以看出高校突发事件的原因是多样的,如大学生自身知识的匮乏,道德的缺失,对于压力排解的不足,与同学、老师的沟通和交往的缺乏且存在障碍,学校管理的疏漏、学校教育的缺失等。另外大学生还处于一个性格和情绪的不稳定时期,极易受到家人、朋友、网络等周围环境的影响,这些原因更容易导致高校突发事件的发生和不必要损失。

从众多的突发事件中可以看出,大部分的大学生在面对这些事件时的表现并不尽如人意,以至于造成更大的伤害。例如在发生火灾之后,上海商学院的学生选择了跳楼逃生以致最后身亡,她们主要是缺乏火灾常识,不了解如何将伤害降到最低的逃生方式,因为知识的匮乏导致付出生命的代价,所以,应急知识和技能是影响大学生应急能力的关键因素之一。

大学生应急行为不当的另一个明显表现是安全意识的匮乏。之所以有众多的诈骗、上当事件发生,就是因为大学生的思维比较单纯,接触的环境也比较纯净,一旦遇到这些事情时,大学生往往极易表现出对别人很大程度的信任,最终导致诈骗事件的发生。同时,大学生在平时的生活中对于存在的隐患并没有清醒的认识,例如很多大学生会在宿舍违规使用"热得快",无人看管的情况下给手机充电,把一些私人密码轻易告诉别人等,一些自认为微不足道的事情或侥幸心理使得隐患最终变成祸害。从这方面来说,提高大学生的安全意识也是提升大学生应急能力的主要途径之一。

心理问题一直都是学校以及社会各界重视的问题之一。每年都有因为抑郁、自闭等心理问题选择轻生的大学生,给学校、家庭带来了无尽的伤痛。大学生处于一个比较容易受到外界因素影响的阶段,在面临突发事件、学习压力、情感变故以及人际交往障碍时,一旦处理不当极易走极端。培养大学生抗压能力,进行心理疏导以及增加大学生的沟通、倾诉能力都是减少大学生心理问题的途径，也是提升大学生应急能力的途径之一。另外，高校为大学生营造的学习生活环境、网络、家庭关系等都会影响大学生的行为。

### 3.2.2　大学生个体因素分析

人的行为是经过复杂信息处理过程后做出的反应，人的生理和心理特点会直接影响人对于这些复杂信息处理的过程，并且产生不同的后果。

**一、生理因素**

在校大学生多数处于 17～23 岁。在这个年龄段具有非常明显的特征，尤其从生理方面来说，大学生正处于男女青春发育期。在此阶段大学生具有这样的生理特点：运动控制能力差，总是毛手毛脚，显示出运动笨拙的样子，容易弄坏他们接触到的每种东西；脑神经活动兴奋和抑制趋向平衡，但兴奋性仍然很高等。生理能力的限制包括个体的身体特征差异，思维方式的限制，记忆力、应变能力和自律能力的欠缺，抵抗危险因素的能力弱等生理状况。由大学生的生理特点可知，睡眠不足和身体健康状况较差是影响大学生应急能力下降的两个因素。

1. 睡眠不足

睡眠是维持人体身心功能最基本的条件之一。睡眠不足容易导致大学生的生理功能下降，心理紊乱，精力不集中。另外，睡眠不足还会使人的反应迟钝，产生错觉，甚至思想混乱，动作准确性降低，产生动作不协调和疲乏无力而打瞌睡的现象，这些反应即使努力加以控制，亦难以做到有所改善，有力不从心之感，从而不能迅速、准确地应对突发事件，造成不可挽回的损失。

从高中严加看管的状态进入大学后，大学生有大量可支配时间，极易一时找不准方向。当无人督促时，很多人沉迷于网络、通宵游戏、聚会等，常常玩得忘乎所以，直接后果就是牺牲睡眠时间，无法完成正常的学习任务。随着互联网的不断发展，网络技术的不断成熟以及高校互联网的普及，越来越多的大学生痴迷于网络与网络游戏，他们不眠不休地坐在电脑前面玩游戏。全国每年因沉迷网络，长时间坐在电脑前而失去年轻生命的案例比比皆是。

2. 身体健康状况

身体是革命的本钱，有了健康的体魄才能在应对突发事件时更有效地避开危险，摆脱困境，提高自救和互救能力。

调查研究表明，现在大学生的身体健康状况不容乐观。大多数大学生需要改善目前的身体状况。例如经常感冒、免疫力低下、精神萎靡，还有些大学生有失眠、紧张或忧虑、抑郁、易怒、神经衰弱等症状。此外，不良的生活习惯也威胁着大学生的身体健康，大多数大学生不重视早餐质量，表示睡前要吃宵夜才能安睡。同时还存在不良的卫生习惯，加上不良的生活习惯，这些习惯都能直接导致注意力不集中，精神长期紧张，影响学生的身体状况。在人的行为响应过程中，由于身体健康状况的影响，大学生在接收外界信号或者采取行动时受到阻碍，易于酿成不良后果。

**二、心理因素**

心理学研究指出，人的任何活动都是通过人的心理机能来实现的，包括人的动机、情绪、性格等。张海钟(2008)认为由于高校生源的广泛性和数量的增加，区域冲突，民族冲突，学费问题，就业压力，恋爱问题等频发，大学生心理问题比较多，心理危机事件常有发生，而且引发许多校园问题乃至群体事件。众所周知，当人的心理处于消极状态时，其感知、思维和反应的机能就不能正常发挥。当突发事件发生时，人的反应速度和行为准确度降低，可能加重突发事件的后果。

1. 情绪

姜莲珍、李为(2007)认为大学阶段是一个关注自我、注重个性表达、情感丰富、情绪波动起伏的时期。大学生的情绪具有丰富性、不稳定性、掩饰性、冲动性等特点。情绪是指人们在心理活动过程中对客观事物的态度和体验，是人的喜、怒、哀、乐等的心理表现。情绪对人的行为有很大的影响，因为人的一切心理活动都带有情绪的色彩，而心理活动又影响人的行为。弗洛伊德精神分析理论和埃里克森的心理社会发展阶段理论，都强调情绪在人格形成和发展中具有核心作用。良好的情绪有助于增加学习兴趣，提高学习效率，促进潜能开发，并有助于人的自信心的建立。当情绪低落时再遭遇突发事件，常常不能集中注意力，动作敏捷性降低，应急能力会大大降低。

2. 性格

性格是人的一种比较稳定的心理特征，人的性格能够反映其对事物的态度或采取的行为。大学生一般处于17～23岁，具有非常明显的特征，这一时期是大学生性格的形成稳定期。李玲(2009)等通过对四川大学在校大学生进行问卷调查了解汶川地震后大学生自然灾害应急能力及灾后志愿服务参与情况。其研究结果表明性格是影响大学生灾害认识水平的重要因素之一。性格是一个人对待现实的态度和行为方式上经常表现出来的比较稳定的心理特征。例如，热爱集体、学习认真、关怀同学、有崇高的理想、自信心强等。从整个行为的表现看，人的性格不仅表现在做什么、追求什么、拒绝什么的活动动机和目的上，而且也表现在怎样做、怎样实现自己所追求的目的、怎样实现自己的愿望或理想的活动方式上。不论在什么情况下，不论处于顺境还是逆境，不论挫折与阻力有多大，这种对待现实的态度和行为方式都会表现出来。例如某同学是乐于助人型的，当发生突发事件时，他更可能会帮助别的同学先逃生而不是只顾自己逃生；某同学是冷漠孤立型的，当发生突发事件时，他更可能只顾自己逃生，觉得事不关己高高挂起。可见性格对大学生应急能力也有很大的影响。

3. 不安全心理

人的不安全心理主要包括侥幸、麻痹、偷懒、逞能、莽撞、心急、烦躁、赌气、自满、好奇等等。大学生不安全心理对其应急能力产生重大影响，主要概括为以下几方面：

(1)侥幸心理。碰运气，认为违规使用并非一定会发生事故；认为“动机是好的”，不会遭到责备；自信心很强，相信自己有能力阻止突发事件的发生；别人不一定发现自己违规使用。抱有侥幸心理的人，不是防止“万一”，而是马虎了事，贪图方便，从而导致事故的发生。梁晓春(2006)通过研究大学生违法犯罪的侥幸心理及预防措施认为大学生在实施违法犯罪行为过程中常伴随着一系列的心理活动，诸如欲望、紧张、疑惑、恐惧和侥幸等。田瑞秋(2009)认为绝大部分事故的发生都源于小错误。而90%以上的小错误，其实都是“侥幸”心理造成的。这些心理活动与违法犯罪行为有着密切的关系，对违法犯罪动机的形成和行为的实施都起着一定的作用。其中，侥幸心理在违法犯罪行为的因果结构中又经常起着重要作用，甚至在一定条件下起着决定性作用。可见，侥幸心理是大学生遭遇校园突发事件的一个重要隐患。

(2)冒险心理。大学生冒险行为主要表现为好胜心强，喜欢逞强；私下爱与人打赌；易冲动，为了某些小事却肯付出很大的代价；企图挽回某种消极影响等。冒险行为只顾眼前一时得失，而不考虑客观效果，盲目行动，蛮干瞎干。

(3)心理挫折状态。心理挫折是指人从事有目的的活动遇到障碍或干扰时产生的一种心理紧张状态或情绪反应。心理挫折与事故是相互关联、相互影响的。一方面，心理挫折及其发生的原因是引发事故的重要方面；另一方面，事故的发生也会造成心理挫折。当突发事件发生时，如果大学生处于心理挫折状态，会大大降低大学生的应急反应能力。

**三、应急知识**

知识是指人们对某个事物的熟悉程度。它可能包括事实、信息、描述或在教育和实践中获得的技能。它可能是关于理论的，也可能是关于实践的。顾名思义，结合本研究，应急知识是指针对可能发生的高校突发事件，为确保迅速、有序、高效地进行应急处理，减少人员伤亡、经济损失而需要掌握的技能与知识。

辛斯(2012)等以大学生消防应急能力的调查研究为基础总结出大学生在重大突发事件面前缺乏良好的应对策略和应对能力，主要是由于对突发事件的应急意识淡漠、大学生应急知识缺乏、大学生应急行为不当、高校对大学生应急能力建设工作不到位等。应急知识对大学生应急能力有很大的影响，丰富的应急知识可以使大学生在面对高校突发事件时，临危不乱、快速准确地做出最佳的逃生方案，使得逃生效率大大提高，降低突发事件可能导致的财产、生命损失。应急知识可以分为应急基本知识、技能知识与经验知识。如果缺乏基本的应急知识，例如一些应急小常识，当遇到高校突发事件时，即使事件不严重，也可能会延误时机，使突发事件造成的后果更加严重。同理，有些高校突发事件比较严重，仅靠简单的应急小常识不能有效解决，需要一些专业的技术知识。此外，应急经验知识可以提高突发事件处理的效率，经验是人的亲身经历，是从多次实践中得到的知识或技能。大学生从以往的应急实践中积累丰富的经验，当发生类似情况时可以快速做出反应，提高应急救援效率。

**四、安全意识**

安全意识是良好安全行为的前提条件，大学生安全意识的强弱直接影响大学生的应急能力，是安全的重要性在人们头脑中的反映，表现了大学生对安全的一种主观能动状况。安全意识良好的人懂得在小事当中处处注意，积极学习安全知识，必然会遵纪守法，严格遵守学校的规章制度，做事认真，精力集中，事事想到安全，对存在的隐患有一定的预见性。邢卓(2010)在其研究中指出目前大学生应急管理意识淡薄是影响应急能力的主要因素，还指出曾经受过危机培训并具备一定应急能力的学生具备更强的危机应对意识。

### 3.2.3 环境因素

**一、高校应急管理和教育环境**

环境是围绕着某一事物并对该事物会产生某些影响的所有外界事物，也就是指相对并相关于某项中心事物的周围事物。高校应急管理与应急教育环境对大学生应急能力的培养至关重要。

1. 高校应急管理环境

大学生的学习和生活离不开高校，高校营造的应急管理环境对于大学生应急能力的形成有至关重要的作用。高校的应急管理环境包含高校的组织机构及制度规范、应急预案建设、应急师资队伍建设、安全设施、安全检查等方面。高校的应急管理环境越好，对于突发事件的预警、处置、恢复能力越强，对于大学生应急能力的培养就越好。

施雪华、刘耀东(2011)认为，21世纪以来，随着社会变迁不断加剧，改革不断深入，我国高校校园内外部的环境发生了巨大变化。先前“象牙塔”式的宁静被打破，高校中相继发生了一系列应急事件。高校加强应急管理不仅是适应我国社会变化发展和弥补高校应急管理缺陷的客观要求，也是维持高等教育发展与稳定、维护高校自身形象的客观需要。长期以来，我国高校在应急管理方面存在着管理理念缺失、管理体制不健全、管理机制不完善、管理法制不健全等问题。要改变这种现状，高校应急管理工作应该树立危机意识，建立常设的危机管理机构，健全应急管理预警、信息沟通、管理训练和恢复评价机制，完善高校应急管理法律法规。唯有如此，才能实现我国高校应急管理工作的跨越式发展。

2. 高校应急教育环境

大学生应急能力的提升有很大一部分来源于高校的应急教育。高校通过设置有关应急知识的学科，开设系统的应急课程以及应急讲座等，对培养大学生掌握完善的应急知识具有很好的效果。大学生通过对应急课程的学习，可以更加熟练地掌握应急知识与应急技能，有效提升大学生的应急能力。

高校应急沟通是大学生应急教育与管理不可或缺的一部分。做好高校应急沟通，不仅可以降低高校突发事件的发生率，而且当发生校园突发事件时，也能迅速保证突发事件的事中、事后处理效果。

另外，高校的应急教育应该更加重视大学生应急操作技能的提升。应急演练是提升大学生应急能力的一个重要途径。应急演练可以分为单项演练、综合演练以及场内、场外应急组织合作进行的联合演练。通过开展应急演练，可以完善学校现有的应急预案，以及检查应对突发事件所需的应急队伍、物资、装备、技术等，同时增强演练组织单位、参与单位和人员(大学生)等对应急预案的熟悉程度，提高应急处置能力。

**二、社会环境**

陈志杰(2006)等通过对高校应急事件的特性、成因及对策研究，认为我国，特别是1999年高校扩招以来，高校“自成一统”的运营模式一去不复返了。高校与外部社会公众的联系日益加强，各种各样的社会团体，特别是学术团体在众多方面对高校产生着更加重要的影响，高校越来越多地与社会联系合作，也迫切需要得到社会各界的支持。“面向现代化、面向世界、面向未来”的教育方针也使高校开始研究并努力满足社会公众的“需求”。然而这些社会现象在高校的发展中会使高校比过去面临更多的突发事件。

此外，张卫东(2006)通过研究认为20世纪90年代以来，社会环境发生了很大变化，国际上经济全球化、文化多元化、信息国际化，国内市场经济体制改革、高等教育改革等都对大学生的道德观念和道德行为产生了很大的影响，有积极的一面，也有消极的一面，大学生的道德观念和道德行为呈现出复杂化、多样化、功利化等特点。

经济全球化使具有不同历史传统和民族特色的文化相互碰撞与交融，大学生视野更加开阔，思想更加开放；市场经济的建立和发展，推动了大学生思想观念的更新，大学生的竞争意识、自主意识、平等观念、效率观念与开拓进取精神得到确立和张扬。这些从一定程度上使大学生产生了危机感和忧患意识，产生了效益观念和务实精神，自觉自愿地按社会需要塑造自己，更加注重自我实现和自我素质的全面提升。但是，这种形势下部分大学生的人生价值观会出现一定的问题：①在人生价值观上呈现出复杂化、多样化的趋势，注重实际，忽视精神方面的追求；注重科学文化素质的提高，轻视思想道德的进步；个人本位，淡漠集体。②价值取向功利化，过于追求实惠，把挣钱多少作为衡量一个人价值的重要标准，甚至产生拜金主义倾向，贪图享受，生活情趣庸俗化、物质化。③在市场经济发展的过程中，由于利益驱动，制假售假、坑蒙拐骗、尔虞我诈等不道德现象在社会上时有发生，也会影响到大学生的价值观形成。

可见，社会环境对大学生的思想观念影响很大，受此影响，一部分大学生会变得自私自利，价值观扭曲，当他们遇到突发紧急事件时会抱着事不关己、少惹祸上身、自己逃生要紧的态度，这种态度会加剧突发事件的危害性，从而造成更加严重的后果。

### 三、家庭环境

家庭是大学生成长的首要环境。其中，家庭教育是大学生受到的第一教育，父母是孩子的第一任教师。王春梅(2010)等人认为家庭教育对个人的成长起到非常重要的作用。目前，幼儿、中小学生的家庭教育受到学校和家长的高度重视，而大学生的家庭教育却一直被许多家长、学校所忽视，致使大学生的家庭教育处于缺失状态，既影响了大学生的个人成长，又不利于高校对大学生的管理教育。

家庭环境在大学生健康成长过程中的重要性是不言而喻的。然而，许多家长在对孩子进行家庭教育的过程中却往往不得要领，存在不少误区，从而影响了大学生的健康成长，造成他们在待人接物、行为举止、学业成绩、心理健康、社会适应性等诸多方面的问题。

具体表现：①在家庭教育观念上，以人为本、德育为先与重理轻文、重智轻德并存；②在家庭教育的内容上，重视基础教育、个性教育与功利、片面教育并存；③在家庭教育的态度上，耐心、宽容、沟通与专制、粗暴、放任并存；④在家庭教育的方法上，溺爱、打骂与重视实践、加强家庭与学校合作并存。

家庭教育、家庭关系、家庭环境等都会影响大学生性格、心理等，进而影响大学生的行为。

### 四、网络环境

现代社会是一个信息化高速发展的时代。人们之间的沟通更多地依赖于网络，但是由于现在的网络管理存在一定的缺陷，网上的信息复杂且真假难辨，而高校大学生在网络上花费了大量的时间，包括学习知识、放松娱乐等。大学生以网站为载体，浏览信息或者宣泄情绪。各种负面消息的肆意传播容易引起群体情绪波动，尤其对于世界观和价值观还未确立的大学生而言，容易受到影响而做出一些不理智的行为。张博(2011)等指出随着因特网在全球范围内的飞速发展，网络媒体已被公认为继报纸、广播、电视之后的“第四媒体”。网络信息良莠不齐，充斥着各种负面的、消极的、虚假的甚至色情的信息，给大学生的网络环境带来了不良的影响。同时网络舆情频繁爆发，引发了社会及高校的突发事件，给社会和高校的安全稳定带来了严重的影响。学生由于社会的影响、对学校的不满等原因，也会在网络中发布信息，产生针对学校的网络舆情，影响了学校的声誉和发展，严重情况下还会造成学校的突发事件，给学校的应急处置造成不可估量的后果。另外，李文(2013)等人认为校园网作为高校进行信息化建设的一项重要基础设施，其存在的作用不仅仅是改革了高校教学手段和教育思想，同时还共享了校园内的资源，加强了资源在校园内外的交流与沟通。校园网在方便学生校园生活以及促进教学改革、提高校园管理效率等方面起着重要作用，但不可忽视的是高校网络安全问题。

此外，大学生的心理还属于不成熟阶段，其情绪极易受到外界的影响，尤其是网络游戏。在网络游戏中，到处都是刀光剑影、枪炮轰鸣和死尸遍地的场面，这些血腥、逼真的场面能给游戏者感官上的刺激。长此以往,大学生看到的不是痛苦,而是痛快,对暴力的态度也从开始的憎恨、反感到默认和接纳,甚至是尝试。这种长时间的体验使青少年习惯于打打杀杀的血腥场面,分不清虚拟网络和现实世界,把游戏与实际生活相混淆,从而使他们的情绪变化剧烈,富于攻击性,暴力倾向更强,人性中长期被压抑的生物性本能就在征伐杀戮中毫无掩饰地被释放出来,他们一旦在现实生活中体验到类似网络暴力的情感和环境时,容易丧失理智,会毫不犹豫地把虚拟游戏中的行为运用于现实的人际冲突,容易导致高校突发事件的发生。

### 3.2.4 大学生应急能力影响因素初始概念模型

通过对于大学生应急行为的分析以及大学生应急能力影响因素的总结,得出大学生自身的心理、生理等个人特质,应急知识,安全意识,高校应急教育和应急管理,以及社会环境、家庭环境等对应急能力的影响因素,在此基础上初步提出大学生应急能力影响因素初始概念模型,如图3-3所示。

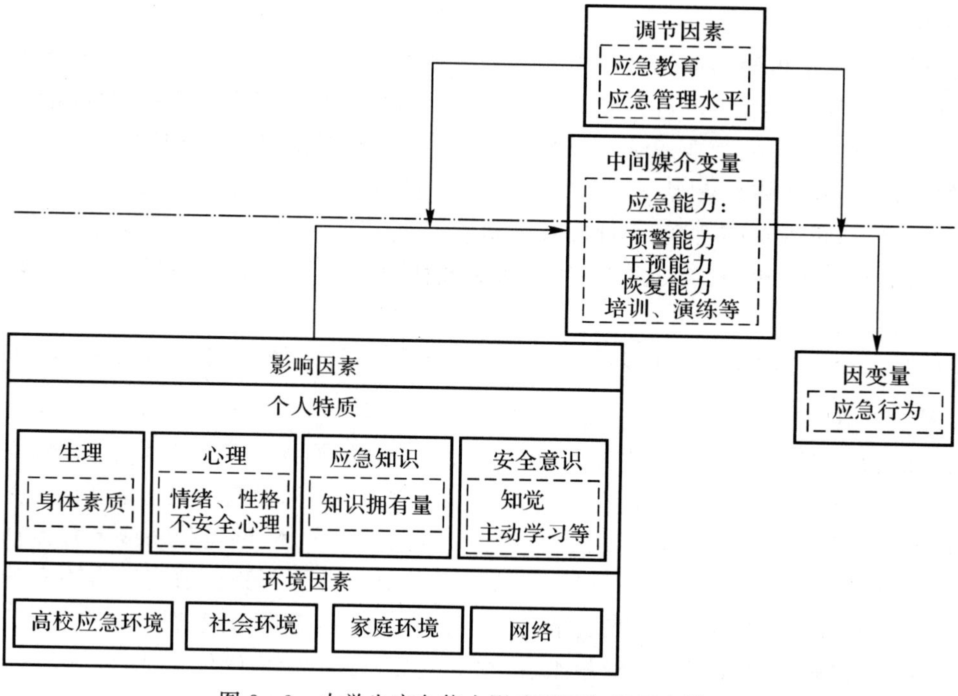


图3-3 大学生应急能力影响因素初始概念模型

据此,提出大学生应急能力影响因素的假设:

H1:大学生的生理因素与大学生的应急能力呈相关关系;

H2:大学生的心理因素与大学生的应急能力呈相关关系;

H3:大学生的应急知识与大学生的应急能力呈相关关系;

H4:大学生的安全意识与大学生的应急能力呈相关关系;

H5:高校的应急环境与大学生的应急能力呈相关关系;

H6:社会环境与大学生的应急能力呈相关关系;

H7:家庭环境与大学生的应急能力呈相关关系;

H8:网络环境与大学生的应急能力呈相关关系。

## 3.3 大学生应急能力影响因素的筛选和确立

### 3.3.1 问卷设计与基本分析

**一、问卷设计**

通过本研究前期对于影响大学生应急能力的众多影响因素的分析,主要总结出大学生自身的心理、生理等个人特质,应急知识,安全意识,高校应急教育和应急管理,以及社会环境、家庭环境等因素,但是在研究中也发现家庭环境、社会环境以及网络等因素对于大学生性格、情绪等个人特质的影响程度更大,加之本研究主要以高校大学生为研究对象,所以研究以大学生的应急知识、安全意识、个人特质、高校应急教育和应急管理为主。

基于前期研究,设计调查问卷分为两部分:第一部分是基本信息,即对被调查人的年级、性别等基本情况进行调查;第二部分是根据前期影响因素的选择,根据被调查人的实际情况,对这几个因素描述的符合程度或重要程度进行选择和评价。每一个影响因素都有几道题进行详细描述。比如:对"安全意识"的考察,是通过"单独外出时,我会选择将自己的行程告诉舍友或者朋友、家人"这样的问题来反映。

本次调查问卷初期共设计 36 道题,从各个角度分别考察大学生的应急能力及其影响因素。在确定题目之后,给一些研究应急管理的专家(教授、博士)、学工部老师以及辅导员等多年从事应急管理和学生教育的学者发放问卷,进而对问卷的题目进行筛选,剔除了 6 道不能明显反映问题、表述有问题的条目,最后确定为 30 题。

问卷编制采用李克特 5 级评分量表编制方法,有 5 个等级,即"5,4,3,2,1",分别代表"完全符合、基本符合、部分符合、基本不符合、完全不符合"。

**二、问卷发放和回收情况**

本次调查选取了西安科技大学管理学院电子商务专业、旅游专业、会计专业,以及能源学院的安全工程、消防工程等专业的大学生为研究对象,共发放问卷 300 份,收回有效问卷 249 份,有效率为 83%。问卷的基本情况见表 3-4,表 3-5。

**表 3-4　学生性别所占百分比**

| 性别 | 频率 | 百分比 |
|---|---|---|
| 男 | 137 | 55.02% |
| 女 | 112 | 44.98% |

**表 3-5　学生年级所占百分比**

| 年级 | 频率 | 百分比 |
|---|---|---|
| 大一 | 51 | 20.48% |
| 大二 | 97 | 38.96% |
| 大三 | 55 | 22.09% |
| 大四 | 46 | 18.49% |

**三、问卷的信度分析**

在对调查问卷的结果展开统计分析之前,必须对问卷的信度加以分析。信度分析是用来考察问卷的可信度,只有可信度在可以接受的范围之内,问卷统计结果才是有价值的,才有进一步分析的必要。本研究采用 α 信度系数法对问卷的信度进行分析。Cronbach's α 系数越大，表示信度越好，其判断标准如下：Cronbach's α 系数在 0.9 以上，说明问卷的信度非常好；在 0.8 以上，说明问卷的信度可以接受；在 0.7 以上，说明问卷需要进行重大修订但不失价值；在 0.7 以下，说明问卷应该放弃。

**表 3-6　应急能力影响因素可靠性统计量**

| Cronbach's α | 基于标准化项的 Cronbach's α | 项数 |
|---|---|---|
| 0.830 | 0.833 | 30 |

从表 3-6 可以看出，Cronbach's α 系数是0.830，基于标准化项的 Cronbach's α 是 0.833，大于 0.8，说明问卷的信度可靠。调查问卷基本上能够反映大部分信息资料，此次问卷对大学生应急能力的测量是有效的，可以进一步分析。

**四、探索性因子分析**

探索性因子分析是通过降维技术，从原始数据中抽取出能够反映原始数据信息的几个潜在变量，它要求原始变量之间要具有比较强的相关性。若相关性弱，就无法综合出公共因子，因此，在因子分析之前必须对原有变量做相关分析。

本研究选用巴特利特球形检验(Bartlett Test of Sphericity)和 KMO 检验(Kaiser-Meyer-Olkin)来进行变量间的相关分析。巴特利特球形检验的零假设相关矩阵是一个单位矩阵。其统计量是根据相关系数行列式得到的，如果计算结果值较大，其对应的相关概率值小于显著性水平(α<0.05)，那么拒绝零假设，即认为原有变量之间存在相关性，适合做因子分析；相反，不适合做因子分析。KMO 统计量用于比较变量间的单相关和偏相关系数。其判断标准：KMO>0.9：非常适合做因子分析；0.8<KMO<0.9：适合做因子分析；0.7<KMO<0.8：一般；0.6<KMO<0.7：不太适合做因子分析；KMO<0.5：不适合做因子分析。KMO 和 Bartlett's Test 对原始变量相关性的检验结果见表 3-7。

**表 3-7　应急能力影响因素 KMO 值和巴特利特球形检验**

| KMO 值 | | 0.834 |
|---|---|---|
| 巴特利特球形检验 | 近似卡方 | 2 449.335 |
| | df | 561 |
| | Sig. | 0.000 |

从表 3-7 可以看出，KMO 值为 0.834，依据上述判断标准可知，适合做因子分析；巴特利特球形检验结果的 Sig. 值为 0.000<0.05，拒绝相关系数是单位矩阵的零假设，原始变量之间存在相关性，适合做因子分析。

本研究运用主成分分析法(Principal Components)，选择相关系数矩阵作为提取因子变量的依据。提取特征值大于 1 的因子，并输出未经过旋转的因子载荷矩阵。采用方差极大旋转法(Varimax)，对因子载荷矩阵进行旋转，简化对因子的解释。通过对数据进行主成分分析，得到特征值大于 1 的公共因子有 7 个，如图 3-4 所示，从第 7 个因子之后曲线趋于平缓。

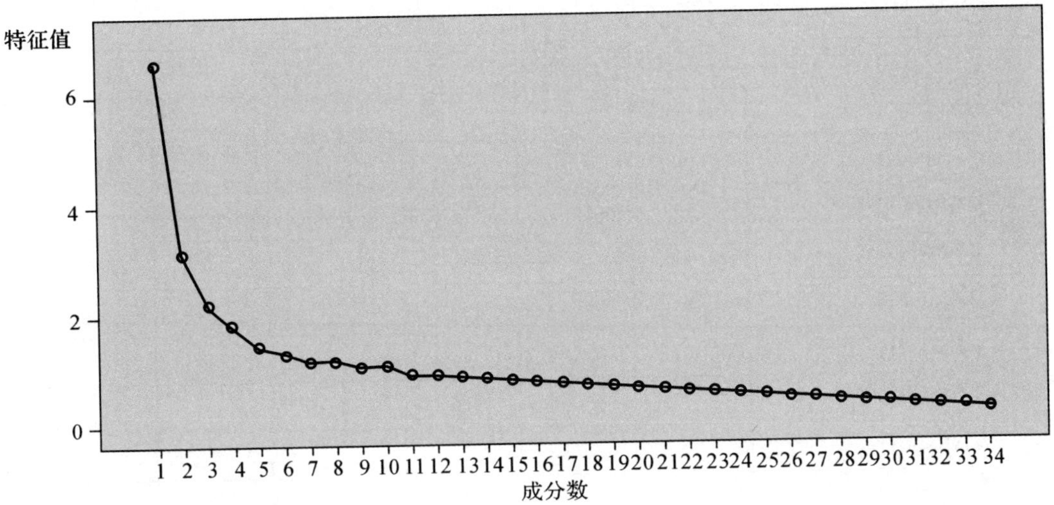


图 3-4　碎石图

表 3-8 是旋转后因子载荷矩阵剔除负荷较低的因子变量后，进行重新排列的结果。从表 3-8 中可以清晰看出 7 个因子以及每个因子所涵盖的因子变量。例如因子 1 包含了变量 1，2，3，4，6 这 5 个项目。同时从表中也发现，因子 6 和 7 都各只包含一个因子变量。一般来说，为了更准确地测量因子，一般设有 3 个或以上的因子变量。因此将因子 6 和因子 7 予以剔除。这样，问卷总共剩余 28 个项目。为了便于结构方程模型的建立，将这些因子进行命名和重新编号。通过和问卷的对照，因子 1 主要测量大学生应急理论知识的掌握情况，将因子 1 命名为“应急理论知识”，其包含的 5 个因子变量编号为 A1～A5；因子 2 针对大学生应急操作技能的测量，将因子 2 命名为“应急操作技能”，其因子变量编号为 B1～B4；因子 3 主要测量大学生的安全意识，将因子 3 命名为“安全意识”，其因子变量编号为 C1～C6；因子 4 主要测量大学生的生理、心理等个人特质，将因子 4 命名为“个人特质”，其对应的因子变量编号为 D1～D5；而在进一步的研究中发现，因子 5 测量的主要是高校应急教育和应急管理情况，二者有共同部分，但也有不同之处，为了更加准确地研究应急教育和应急管理分别对大学生应急能力的影响，因子 5 作了调整，分为两部分，分别命名为“应急教育”和“应急管理”，其对应的因子变量分别编号为 H1～H4 和 F1～F4。

**表 3-8　剔除后旋转因子载荷矩阵**

| | 1 | 2 | 3 | 4 | 5 | 6 | 7 |
|---|---|---|---|---|---|---|---|
| VAR00001 | 0.609 | | | | | | |
| VAR00002 | 0.616 | | | | | | |
| VAR00003 | 0.729 | | | | | | |
| VAR00004 | 0.470 | | | | | | |
| VAR00006 | 0.396 | | | | | | |
| VAR00007 | | 0.426 | | | | | |
| VAR00008 | | 0.633 | | | | | |

续表

| | 1 | 2 | 3 | 4 | 5 | 6 | 7 |
|---|---|---|---|---|---|---|---|
| VAR00009 | | 0.646 | | | | | |
| VAR00010 | | 0.600 | | | | | |
| VAR00011 | | 0.441 | | | | | |
| VAR00012 | | 0.449 | | | | | |
| VAR00018 | | | 0.619 | | | | |
| VAR00019 | | | 0.634 | | | | |
| VAR00020 | | | 0.658 | | | | |
| VAR00021 | | | 0.729 | | | | |
| VAR00022 | | | 0.384 | | | | |
| VAR00013 | | | | 0.436 | | | |
| VAR00015 | | | | 0.660 | | | |
| VAR00016 | | | | 0.724 | | | |
| VAR00017 | | | | 0.399 | | | |
| VAR00023 | | | | | 0.738 | | |
| VAR00024 | | | | | 0.664 | | |
| VAR00025 | | | | | 0.743 | | |
| VAR00026 | | | | | 0.719 | | |
| VAR00027 | | | | | 0.727 | | |
| VAR00028 | | | | | 0.736 | | |
| VAR00029 | | | | | 0.735 | | |
| VAR00030 | | | | | 0.701 | | |
| VAR00005 | | | | | | 0.765 | |
| VAR00014 | | | | | | | 0.711 |

### 3.3.2 大学生应急能力影响因素的解释

根据之前的文献研究、事故案例分析以及问卷调查分析的结果，结合本书重点，选择应急理论知识、应急操作技能、安全意识、个人特质、高校应急教育和应急管理6个因素作为大学生应急能力的主要影响因素。

(1)应急理论知识包含了大学生对于高校突发事件种类的认识、如何预防突发事件的发生、在发生突发事件时如何处理等问题的基本认识和了解，主要测量大学生应急知识的掌握情况；

(2)应急操作技能包含了大学生在实际生活中对于安全器材的操作、应急救援技术的掌握等，主要测量大学生的实际操作能力，是否能够将知道的知识运用到实际中；

(3)安全意识包含了大学生是否在实际生活中注重应急知识的学习、是否养成了良好的安全意识等，主要测量大学生是否具备安全意识，这些安全意识对于大学生应急能力的影响；

(4)个人特质包含了大学生的性格、情绪等心理特征，身体素质等生理特征，主要测量大学生的抗压能力、体能、灵活性，研究这些因素是否会直接影响大学生应对高校突发事件的能力；

(5)高校应急教育和应急管理包含了高校的应急管理机构设置、人员配备、课程设置、应急演练等内容，主要测量高校应急教育和应急管理对于大学生综合应急能力的提升作用。

## 3.4　大学生应急能力影响因素模型的验证

### 3.4.1　大样本调查问卷统计分析

#### 一、问卷发放和回收情况

根据上一节内容，进一步将原问卷进行优化，剔除不合适项目，共设 34 题。本次问卷发放对象选取了包括西北大学、西安交通大学、西安电子科技大学、西北工业大学、西北政法大学在内的西安市 14 所普通高校。共发放 700 份问卷，实际回收 650 份，回收率 92.9%。剔除空白问卷、无效问卷，实际有效问卷 619 份，有效率为 95.2%。问卷基本分析见表 3－9～表 3－11。

**表 3－9　学生性别所占百分比**

| 性别 | 频率 | 百分比 |
|---|---|---|
| 男 | 304 | 49.11% |
| 女 | 315 | 50.89% |

**表 3－10　学生年级所占百分比**

| 年级 | 频率 | 百分比 |
|---|---|---|
| 大一 | 206 | 33.28% |
| 大二 | 185 | 29.88% |
| 大三 | 140 | 22.62% |
| 大四 | 88 | 14.22% |

**表 3－11　学生专业结构所占百分比**

| 专业类别 | 频率 | 百分比 |
|---|---|---|
| 文科类 | 186 | 30.05% |
| 理工科类 | 433 | 69.95% |

## 二、样本数据信效度分析

1. 样本信度分析

对样本的信度检验和上文的方法一致，采用 $\alpha$ 信度系数法进行整体一致性检验，检验结果见表 3 - 12。表中显示 Cronbach's $\alpha$ 系数为 0.819，基于标准化项的 Cronbach's $\alpha$ 是 0.826，大于 0.8，说明问卷的信度可以接受，可以进行进一步的分析。

**表 3 - 12　可靠性统计量**

| Cronbach's $\alpha$ | 基于标准化项的 Cronbach's $\alpha$ | 项数 |
|---|---|---|
| 0.819 | 0.826 | 34 |

2. 样本效度分析

对样本的效度检验方法选用巴特利特球形检验和 KMO 检验来进行相关性分析，见表 3 - 13。从表中可以看出，KMO 值为 0.865，巴特利特球形的检验结果的 Sig. 值为 0.000<0.05，拒绝相关系数是单位矩阵的零假设，原始变量之间存在相关性，适合做进一步的分析。

**表 3 - 13　KMO 值和巴特利特球形检验**

| KMO 值 | | 0.865 |
|---|---|---|
| 巴特利特球形检验 | 近似卡方 | 5 028.234 |
| | df | 496 |
| | Sig. | 0.000 |

### 3.4.2　结构方程模型(SEM)验证分析

## 一、结构方程模型适配度统计量说明

SEM 适配度指标是评价假设的路径分析模型图与搜集的数据是否相互适配，它是为了说明研究者假设的模型图比较符合实际数据的现状。SEM 整体模型的部分评价指标和评价标准有如下三大类指标。

(1)卡方检验与 $p$ 值。包括 $\chi^2$ 值、自由度(df)，卡方自由度比($\chi^2$/df)、$p$ 值显著性检验等。其中 $\chi^2$/df 值越小，表示整体模型的因果路径图与实际情况越适配，但是 $\chi^2$ 值极易受样本容量的影响，一般用卡方自由度比($\chi^2$/df)作为模型适配度是否契合的指标，其比值小于等于 3，则表示模型适配度良好。

(2)适配度指数。包括 GFI 值、AGFI 值、PGFI 值、IFI 值等。其中 GFI 值为良性适配度指数，其值大于 0.9 时，说明模型路径图与实际数据有良好的适配度。AGFI 值为调整后的适配度指数，其值大于 0.9 时，说明模型的适配度较佳。PGFI 值为简约适配度指数，其值大于 0.5 时，表示模型可以接受。IFI 值为增值适配度指数，其值大于 0.9 时，表示模型的适配度较好。

(3)替代性指数。包括 CFI 值和 RMSEA 值等。其中 CFI 值表示测量从最限制到最饱和模型时，非集中参数的改善情况，其值越接近 1，表示能够有效改善非集中性的程度越好，其最低标准为 0.9。RMSEA 值为渐进残差均方和平方根,其值评判标准为小于 0.08,表示模型适配度非常好。

## 二、大学生应急能力影响因素的验证分析

### 1. 初始模型

为了进一步了解这些影响因素之间的关系,为提升大学生应急能力作理论基础,建立因素间的影响模型,如图 3-5 所示。

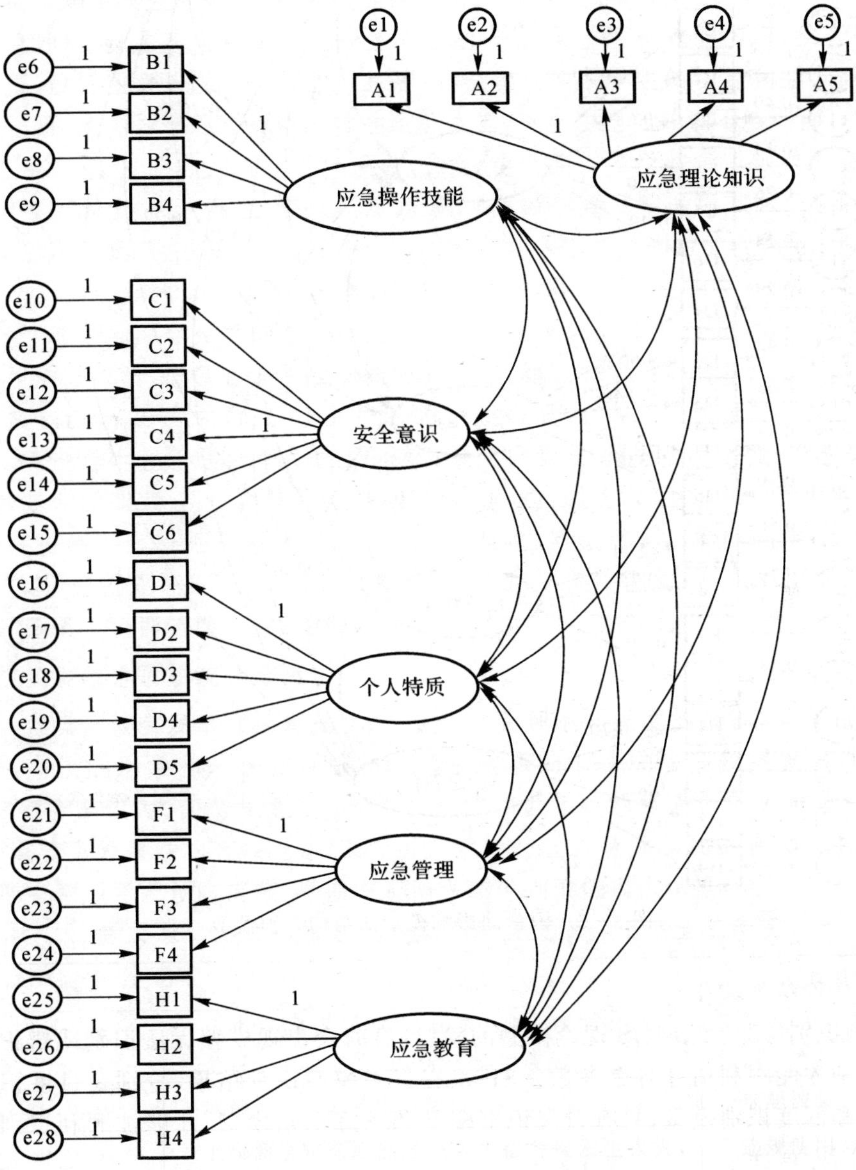


图 3-5　因素间影响模型的初始模型

### 2. 模型结果

用 AMOS 7.0 导入数据后,得出如下模型,如图 3-6 所示。

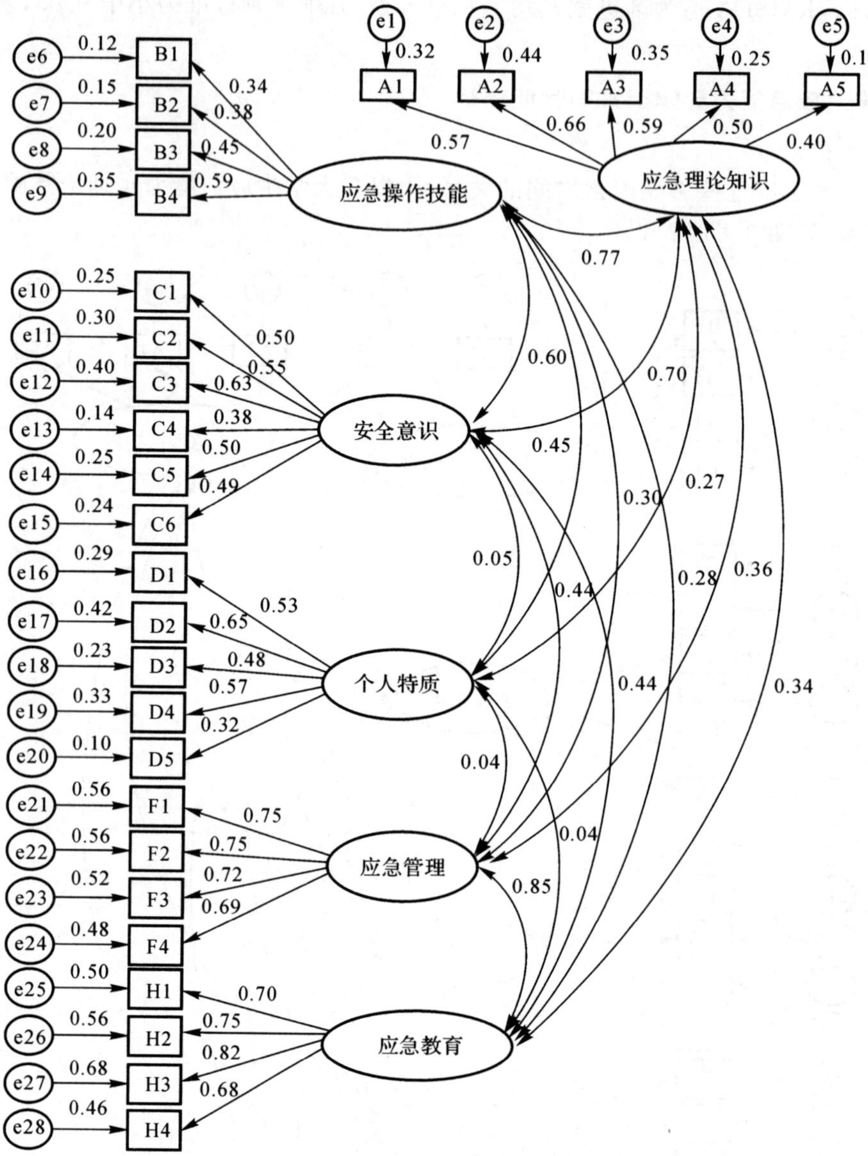


图 3-6　因素间影响模型的结构方程模型

3. 模型评价结果及分析

(1)模型识别检验。AMOS 理论模型的检验,有时会出现模型无法识别或辨识的情形,模型能够被识别才能顺利估计各个参数。SEM 有三种模型识别结果,分别是过度识别模型、正好识别模型和低度识别模型,只有过度识别模型和正好识别模型,才能被顺利识别,进行参数估计。其判断标准如下:

1)df＞0,过度识别模型;

2)df＝0,正好识别模型;

3)df＜0,低度识别模型。

本研究运用 AMOS 软件对模型的识别情况进行检验,df＝335＞0,为过度识别模型,可以对模型进行识别估计。

(2)模型评价分析。从卡方检验和 $p$ 值分析、适合度指数分析和替代性指数分析三方面对模型与参数的整体拟合情况进行评价，其评价指标、评价结果和参考值见表 3-14。

**表 3-14 因素间结构模型拟合结果**

| 指标分类 | 拟合指标 | 分析结果 | 评价标准 | 评价结果 |
|---|---|---|---|---|
| 卡方检验与 $p$ 值 | $\chi^2/df$ | 2.040 | ≤3 | 符合 |
| | $p$ | 0.000 | — | 可接受 |
| 适合度指数 | GFI | 0.917 | >0.9 | 可接受 |
| | AGFI | 0.956 | >0.9 | 可接受 |
| | PGFI | 0.756 | >0.5 | 可接受 |
| | IFI | 0.918 | >0.9 | 可接受 |
| 替代性指数 | CFI | 0.917 | >0.9 | 可接受 |
| | RMSEA | 0.041 | <0.08 | 可接受 |

从卡方检验与 $p$ 值分析结果、适合度指数分析结果以及替代性指数分析结果可以看出，各指标的拟合值均在评价标准要求的范围之内，说明模型与数据的拟合较好，所构建的模型可以接受。

(3)结果分析。表 3-15 所示为 6 个潜在因素之间的协方差估计值，各潜变量之间的协方差检验结果均达到了 0.001 以下的显著性水平(C. R. >1.96)，说明潜在因素之间有显著的共变关系。

**表 3-15 潜在变量之间的协方差估计值**

| | | | Estimate | S. E. | C. R. | $p$ | Label |
|---|---|---|---|---|---|---|---|
| 应急理论知识 | ↔ | 安全意识 | 0.226 | 0.035 | 60.430 | *** | par_23 |
| 应急理论知识 | ↔ | 个人特质 | 0.070 | 0.017 | 4.092 | *** | par_24 |
| 应急理论知识 | ↔ | 应急管理 | 0.135 | 0.023 | 5.811 | *** | par_25 |
| 应急理论知识 | ↔ | 应急教育 | 0.134 | 0.024 | 5.544 | *** | par_26 |
| 应急操作技能 | ↔ | 安全意识 | 0.108 | 0.022 | 4.912 | *** | par_27 |
| 应急操作技能 | ↔ | 个人特质 | 0.066 | 0.015 | 4.431 | *** | par_28 |
| 应急操作技能 | ↔ | 应急管理 | 0.063 | 0.016 | 4.007 | *** | par_29 |
| 应急操作技能 | ↔ | 应急教育 | 0.062 | 0.016 | 3.792 | *** | par_30 |
| 安全意识 | ↔ | 应急教育 | 0.222 | 0.038 | 5.820 | *** | par_31 |
| 应急管理 | ↔ | 安全意识 | 0.213 | 0.036 | 5.921 | *** | par_32 |
| 安全意识 | ↔ | 个人特质 | 0.016 | 0.020 | 4.14 | *** | par_33 |
| 应急管理 | ↔ | 个人特质 | 0.014 | 0.021 | 3.29 | *** | par_34 |
| 个人特质 | ↔ | 应急教育 | 0.016 | 0.022 | 5.75 | *** | par_35 |
| 应急管理 | ↔ | 应急教育 | 0.507 | 0.045 | 11.371 | *** | par_36 |
| 应急理论知识 | ↔ | 应急操作技能 | 0.110 | 0.019 | 5.922 | *** | par_37 |

注：* 表示 $p<0.05$，** 表示 $p<0.01$，*** 表示 $p<0.001$

## 三、大学生应急能力影响因素关系分析

1. 初始模型

根据前面的研究，将影响大学生应急能力的因素确定为应急理论知识、应急操作知识、安全意识、个人特质、应急教育、应急管理，建立初始模型如图 3－7 所示。

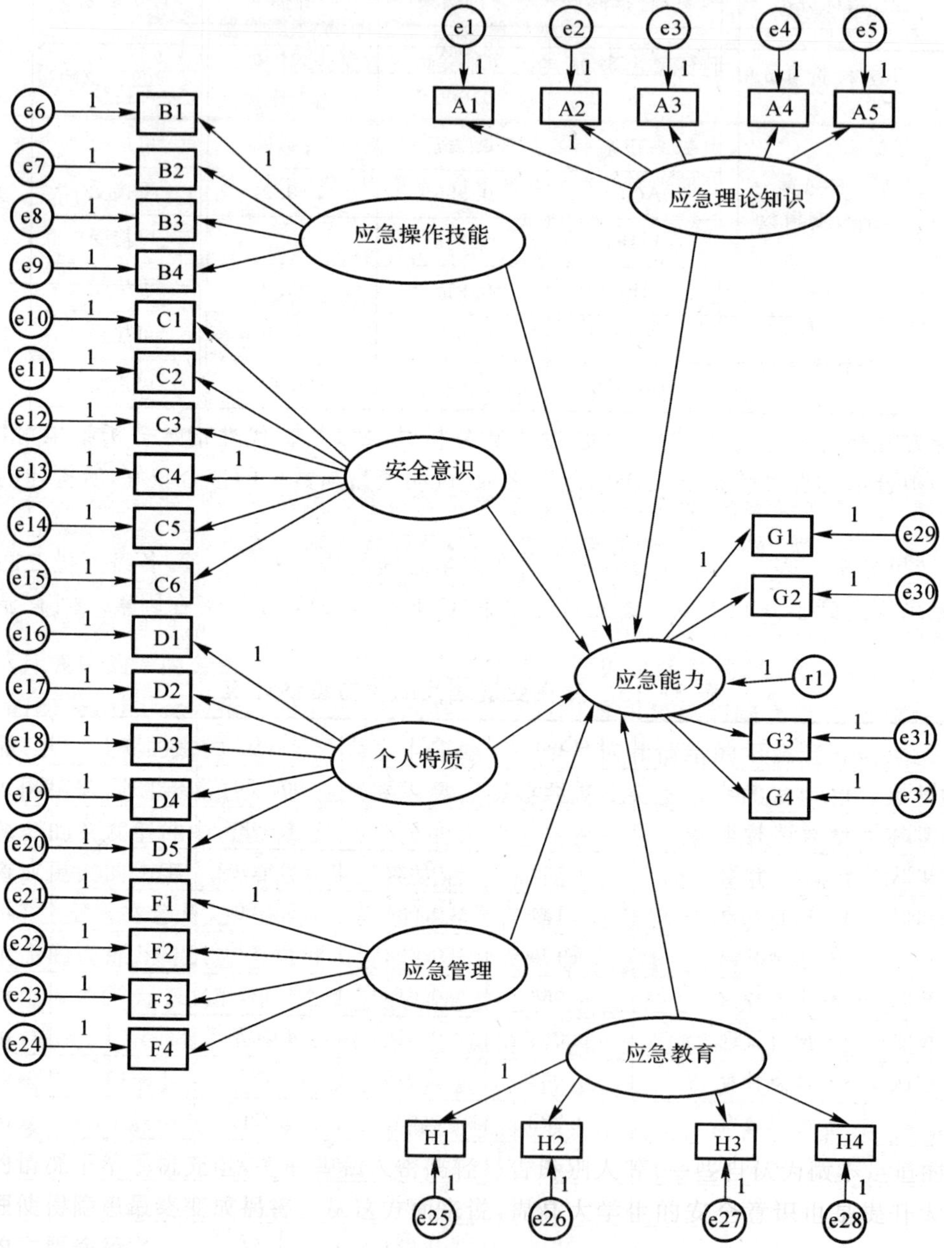


图 3－7　大学生应急能力影响因素的初始模型

2. 模型结果

用 AMOS 7.0 导入数据后，得出模型如图 3－8 所示。

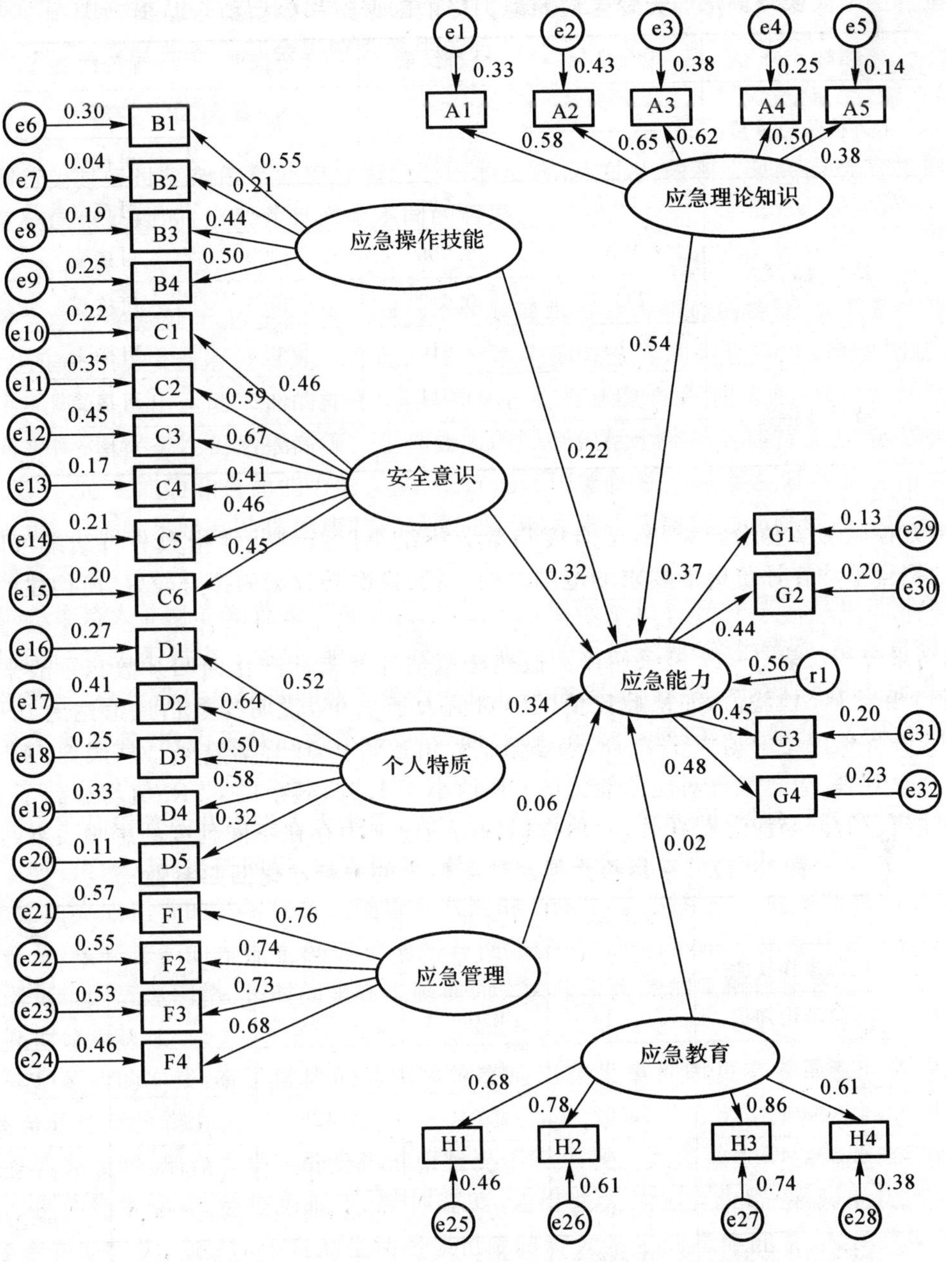


图 3－8　大学生应急能力影响因素的结构方程模型

3. 模型评价结果及分析

（1）模型识别检验。本研究运用 AMOS 软件对模型的识别情况进行检验，df＝458＞0，为过度识别模型，可以对模型进行识别估计。

（2）模型评价分析。从卡方检验和 $p$ 值分析、适合度指数分析和替代性指数分析三方面对模型与参数的整体拟合情况进行评价，其评价指标、评价结果和参考值见表 3－16。

**表 3-16 大学生应急能力影响因素结构模型拟合结果**

| 指标分类 | 拟合指标 | 分析结果 | 评价标准 | 评价结果 |
| --- | --- | --- | --- | --- |
| 卡方检验与 $p$ 值 | $\chi^2/df$ | 2.940 | ≤3 | 符合 |
| | $p$ | 0.000 | — | 可接受 |
| 适合度指数 | GFI | 0.922 | >0.9 | 可接受 |
| | AGFI | 0.936 | >0.9 | 可接受 |
| | PGFI | 0.617 | >0.5 | 可接受 |
| | IFI | 0.915 | >0.9 | 可接受 |
| 替代性指数 | CFI | 0.911 | >0.9 | 可接受 |
| | RMSEA | 0.069 | <0.08 | 可接受 |

从卡方检验与 $p$ 值分析结果、适合度指数分析结果以及替代性指数分析结果可以看出，各指标的拟合值均在评价标准要求的范围之内，说明模型与数据的拟合较好，所构建的模型可以接受。

(3)结果分析。表 3-17 是采用极大似然法所估计的未标准化回归系数。一般来说临界比(CR 值)相当于 t 检验值，如果此比值的绝对值大于 1.96，说明参数估计值达到 0.05 的显著性水平；临界值的绝对值大于 2.58，则参数估计值达到 0.01 显著水平。从表 3-17 可以看出，除了应急管理、应急教育对应急能力的 CR 值小于 1.96，其余的 C. R. 值均达到了 1.96 以上，说明除应急管理与应急教育外，其他指标均与应急能力存在不同程度的影响关系。

**表 3-17 采用极大似然法所估计的未标准化回归系数**

| | Estimate | S. E. | C. R. | $p$ | Label |
| --- | --- | --- | --- | --- | --- |
| 应急能力 ← 应急操作技能 | 0.113 | 0.057 | 1.991 | 0.046 | par_18 |
| 应急能力 ← 应急理论知识 | 0.316 | 0.060 | 5.287 | *** | par_19 |
| 应急能力 ← 安全意识 | 0.140 | 0.039 | 3.546 | *** | par_20 |
| 应急能力 ← 个人特质 | 0.202 | 0.049 | 4.126 | *** | par_21 |
| 应急能力 ← 应急管理 | 0.023 | 0.032 | 0.710 | 0.478 | par_22 |
| 应急能力 ← 应急教育 | 0.009 | 0.031 | 0.284 | 0.776 | par_23 |
| B4 ← 应急操作技能 | 0.840 | 0.143 | 5.871 | *** | par_1 |
| B3 ← 应急操作技能 | 0.720 | 0.157 | 4.594 | *** | par_2 |
| B2 ← 应急操作技能 | 0.365 | 0.130 | 2.812 | 0.005 | par_3 |
| B1 ← 应急操作技能 | 1.000 | | | | |
| F4 ← 应急管理 | 0.923 | 0.066 | 14.017 | *** | par_4 |
| F3 ← 应急管理 | 0.988 | 0.067 | 14.748 | *** | par_5 |
| F1 ← 应急管理 | 1.000 | | | | |

续表

| | | Estimate | S. E. | C. R. | $p$ | Label |
|---|---|---|---|---|---|---|
| C4 | ← 安全意识 | 1.000 | | | | |
| C2 | ← 安全意识 | 0.775 | 0.102 | 7.569 | *** | par_6 |
| C1 | ← 安全意识 | 0.615 | 0.091 | 6.750 | *** | par_7 |
| C5 | ← 安全意识 | 0.660 | 0.097 | 6.771 | *** | par_8 |
| C6 | ← 安全意识 | 0.654 | 0.098 | 6.698 | *** | par_9 |
| D5 | ← 个人特质 | 0.591 | 0.103 | 5.738 | *** | par_10 |
| D4 | ← 个人特质 | 1.014 | 0.128 | 7.945 | *** | par_11 |
| D3 | ← 个人特质 | 1.013 | 0.132 | 7.690 | *** | par_12 |
| D2 | ← 个人特质 | 1.252 | 0.137 | 9.166 | *** | par_13 |
| D1 | ← 个人特质 | 1.000 | | | | |
| F2 | ← 应急管理 | 1.015 | 0.060 | 17.050 | *** | par_14 |
| H1 | ← 应急教育 | 1.000 | | | | |
| G1 | ← 应急能力 | 1.000 | | | | |
| G4 | ← 应急能力 | 1.283 | 0.217 | 5.904 | *** | par_15 |
| G2 | ← 应急能力 | 1.165 | 0.170 | 6.850 | *** | par_16 |
| G3 | ← 应急能力 | 1.221 | 0.184 | 6.633 | *** | par_17 |
| C3 | ← 安全意识 | 0.999 | 0.127 | 7.886 | *** | par_24 |
| A1 | ← 应急理论知识 | 1.000 | | | | |
| A5 | ← 应急理论知识 | 0.633 | 0.092 | 6.875 | *** | par_25 |
| A4 | ← 应急理论知识 | 0.891 | 0.103 | 8.672 | *** | par_26 |
| A3 | ← 应急理论知识 | 1.053 | 0.107 | 9.809 | *** | par_27 |
| A2 | ← 应急理论知识 | 1.091 | 0.102 | 10.697 | *** | par_28 |
| H4 | ← 应急教育 | 0.870 | 0.064 | 13.518 | *** | par_29 |
| H3 | ← 应急教育 | 1.196 | 0.071 | 16.733 | *** | par_30 |
| H2 | ← 应急教育 | 1.035 | 0.064 | 16.184 | *** | par_31 |

注：* 表示 $p<0.05$，** 表示 $p<0.01$，*** 表示 $p<0.001$

表 3－18 为标准化回归系数，在验证性因素分析中也称为因素加权值或因素负荷量，标准化的路径系数代表的是共同因素对测量变量的影响。从因素负荷量的数值可以了解测量变量在各潜在因素的相对重要性，因素负荷量值低于 0.95，说明模型的基本适配度良好。从表 3－18 可以看出每一项对于应急能力的因素负荷量值均低于 0.95，说明此模型的适配度是基本合适的。但是也可以看出应急管理和应急教育对于应急能力的因素负荷量值比较低，达到 0.1 以下，说明有影响，但是影响力不大。

表 3-18 标准化回归系数

| | | | Estimate |
|---|---|---|---|
| 应急能力 | ← | 应急操作技能 | 0.217 |
| 应急能力 | ← | 应急理论知识 | 0.538 |
| 应急能力 | ← | 安全意识 | 0.320 |
| 应急能力 | ← | 个人特质 | 0.341 |
| 应急能力 | ← | 应急管理 | 0.058 |
| 应急能力 | ← | 应急教育 | 0.023 |

### 3.4.3 模型解释

本章基于结构方程模型中验证性因子分析方法，对大学生应急能力影响因素的结构方程模型进行了验证分析。模型的验证结果表明：大学生应急能力影响因素的结构方程模型与观察数据拟合较好，并且模型的建构是合理的，可以反映出潜在变量和观察变量之间的影响关系。

1. 内生潜在变量与外生潜在变量之间的关系

内生潜在变量(大学生应急能力)可由应急理论知识、应急操作技能、安全意识、个人特质、应急教育和应急管理六个外生潜在变量对其产生影响。由图 3-8 可知，内生潜在变量与外生潜在变量之间的标准化因子负荷值都在 0.95 以下，说明六个外生潜在变量与内生潜在变量之间有影响关系。从因子负荷量的大小，可以得出六个外生潜在变量对大学生应急能力的影响从大到小依次为应急理论知识＞个人特质＞安全意识＞应急操作技能＞应急管理＞应急教育。从此排序可以看出，提升大学生的应急能力可以从提升大学生的应急理论知识着手，增加其应急知识拥有量。

但是从图 3-8、表 3-17、表 3-18 发现应急教育、应急管理的因子负荷值非常低。理论上来讲，高校应急教育和管理是大学生应急能力培养的主要途径，大学生应急知识、技能等很大程度上都来源于高校的应急教育，此模型中并没有验证此关系，可能是由于高校的应急教育做得不到位、效果不明显，导致在搜集数据时偏离了问卷本身要考察的内容，降低了数据的有效性，从此点上看，高校应该进一步加强应急教育能力。

2. 外生潜在变量之间的关系

进一步分析图 3-6 和表 3-15 发现：

(1)应急理论知识与其他潜在变量之间的路径系数为 0.27～0.77，协方差估计值均在 2.58 以上，说明应急理论知识与其他变量存在明显的共变关系，且应急理论知识与应急操作技能、安全意识的路径系数都在 0.7 以上，相互之间的影响关系很大。从这组数据可以看出，增加大学生的应急理论知识也会促进大学生应急操作技能和安全意识的提高。

(2)应急操作技能与其他潜在变量之间的路径系数为 0.28～0.77，协方差估计值均在 2.58 以上，说明应急操作技能与其他变量存在明显的共变关系。而与安全意识和应急理论知识的路径系数在 0.6 以上，说明应急操作技能的增加会正向增加应急理论知识和安全意识。

(3)从安全意识与其他潜在变量之间的路径系数分析中发现，安全意识与应急操作技能、应急理论知识的路径系数达到0.6以上，说明安全意识与应急操作技能、应急理论知识呈正相关关系。

(4)从个人特质与其他潜在变量之间的路径系数分析中发现，个人特质对于安全意识、应急管理、应急教育的影响不大。从理论上来说，大学生个人特质对于高校的应急教育和应急管理的影响几乎是没有的，所以此图验证了此点。

(5)从应急管理与其他潜在变量之间的路径系数分析中发现，应急管理和应急教育的共变关系很明显，其路径系数达到0.85，C.R.临界值达到11.371，验证了高校应急管理与应急教育相辅相成的关系。

(6)从应急教育与其他潜在变量之间的路径系数分析中发现，高校应急教育和大学生应急理论知识、应急操作技能、安全意识之间的路径系数都没有达到0.5以上。理论上来讲，高校的应急教育是大学生应急知识、技能和安全意识培养的主要途径，但在模型的结果中并没有显示出来，分析其原因可能是多方面的：从问卷的调查情况看，因为学校极少进行应急演练，甚至没有，学生们普遍认为问卷问题很难回答，凭空想象问题答案，所以在回答时有一部分人凭着自己的想象导致问卷的有效性大大下降，进而得不到有效的分析结果，即使对模型进行了多次修正仍然没有理想的结果。

## 3.5　本章小结

本章对大学生应急能力的影响因素进行了分析，提出大学生应急能力影响因素的模型，并用结构方程模型理论对其进行验证和分析。

(1)在对相关文献总结、高校突发事件分析以及对大学生应急行为分析总结的基础上，得出大学生个体因素(生理、心理、应急知识、安全意识)、环境因素(高校应急教育与应急管理环境、社会环境、家庭环境、网络)等影响大学生应急能力的因素，并提出大学生突发事件应急能力影响因素初始概念模型。

(2)通过对西安科技大学部分专业进行初次问卷调查统计分析，本研究最终筛选和确定了应急理论知识、应急操作技能、安全意识、个人特质、应急教育和应急管理6个影响大学生应急能力的因素。

(3)构建结构方程模型验证了(2)中确定的6个因素对大学生应急能力的影响程度，并且得出应急理论知识的掌握情况是对大学生应急能力提升影响最大的因素，提高大学生的应急能力可以从增强大学生的应急知识着手。

# 第4章 大学生应急能力测量初始量表开发

本章以行为科学理论为指导，在前文对大学生应急能力影响因素分析研究的基础上，结合量表设计的原则和开发流程，设计大学生应急能力测量初始量表，为进一步实证分析大学生的应急能力打好基础。

## 4.1 大学生应急能力测量量表的基础理论

### 4.1.1 量表的编制原则

量表就是用多个项目形成的一个复合分数来揭示无法直接观测或简单测量的理论变量的水平。采用信效度高的量表来研究这些不易直接测量的变量更加具有可操作性和精确性。文献综述以及大学生应急能力影响因素分析都是为大学生应急能力测量量表的内容编制打基础的。但是为了编制出信效度都比较好、能够确实用以测量大学生应急能力的量表，还需要进一步明确量表的编制原则。

本量表的编制是用来测量大学生应急能力的，以影响大学生应急能力的因素作为测量的内容。在编制量表时应遵循以下原则：

(1)测量内容的明确性。量表的所有项目编制都应围绕测量目的。

(2)量表设计的逻辑性。量表的设计整体上要有逻辑，且项目与项目之间的衔接要紧密；另外每个项目也要有逻辑，能够明确的提问，也便于明确的回答。

(3)量表项目的中立性。量表问题的设置不能够掺杂量表设计者的主观意思和提示，要能让被试者完全按照自己的客观情况回答。

(4)量表设计的合理性。措辞准确，易被理解；用陈述句，既要设置正向项目，也要有反向项目；量表项目的设计要有一定的项目冗余，但不能有问法、措辞上的重复性；项目池数量也要合理，一般量表可包括项目的3～4倍。

### 4.1.2 大学生应急能力测量量表的理论框架

在前述研究中，依据行为科学的理论对大学生应急能力的影响因素进行了探讨分析，认为应急理论知识、应急操作知识、安全意识、个人特质、应急教育、应急管理是影响大学生应急能力的主要因素，在此基础上，试图进一步通过文献综述、案例分析、开放式问卷等方法分析总结影响大学生应急能力的因素，构建大学生应急能力测量量表的理论框架，为更深入地分析大学生应急能力的总体状况提供基础。

**一、基于文献资料和案例分析得出的大学生应急能力测量的相关因素**

通过中国知网(CNKI)等途径进行文献检索，搜集与大学生应急能力研究相关文献，以及对2007—2013年部分影响大、有代表性的高校突发事件的案例分析，从大学生个体因素、环境因素两大方面来分析影响大学生应急能力的因素，见表 4 - 1。

**表 4 - 1　大学生应急能力影响因素条目池 I**

| | | | |
|---|---|---|---|
| H1：个体因素 | | | |
| I1 | 身体健康状况 | I2 | 睡眠状况 |
| I3 | 感觉 | I4 | 反应速度 |
| I5 | 情绪 | I6 | 性格 |
| I7 | 气质 | I8 | 知觉 |
| I9 | 价值观 | I10 | 不安全心理 |
| I11 | 应急理论知识 | I12 | 安全技能 |
| I13 | 安全意识 | I14 | 人际关系 |
| H2：环境因素 | | | |
| I15 | 高校应急组织机构和制度 | I16 | 高校应急预案 |
| I17 | 应急师资队伍 | I18 | 安全设施 |
| I19 | 安全检查 | I20 | 沟通与反馈 |
| I21 | 应急培训 | I22 | 应急课程 |
| I23 | 应急演练 | I24 | 社会舆论 |
| I25 | 政治影响 | I26 | 经济发展和文化融合 |
| I27 | 家庭环境 | I28 | 网络环境 |

## 二、基于开放式问卷得出的大学生应急能力测量的相关因素

开放式问卷就是问卷设计者只提供相关问题，不给出选项，由被调查者按自己意愿回答问题，自行构想发挥。开放式问卷允许被调查者能够按照自己的方式、想法、经验等来对于调查者提出的问题做出回答，相对封闭式问卷可能能够得到更丰富、更生动和更完整的答案。

本次开放式问卷共发放 200 份，回收 195 份，回收率为 97.5%。调查对象为西安科技大学、西安交通大学、西安电子科技大学等学校的大学生。通过总结开放式问卷答案得出如下结论，见表 4 - 2。

**表 4 - 2　开放式问卷因素总结**

| 因素类型 | 因素描述 |
|---|---|
| 生理因素 | 体质/体力、速度、体育锻炼、身体协调度 |
| 心理因素 | 性格（沉稳、冲动、淡定、踏实、冷静、理智、懒惰、鲁莽、紧张）、情绪、习惯、兴趣、心态、注意力、信心、勇气、积极性、责任感、心理承受力、侥幸心理、胆子、固执己见、不团结、对家庭的依赖程度、自闭 |
| 安全意识 | 忧患意识、对安全知识的重视程度、对事件的关注程度、自救意识、求生意识、对生命的认知程度、观察力、判断力、危险预知能力、麻痹大意、主动学习 |
| 安全知识 | 理论知识、应急技能、经验 |

续表

| 因素类型 | 因素描述 |
| --- | --- |
| 学校环境 | 应急课程、培训、宣传、演练、对突发事件的重视程度、应急制度、基础安全设施、教育资源及其运用 |
| 社会环境 | 社会舆论、政治态度、周围人行动的影响 |
| 家庭环境 | 家庭教育、家庭氛围、父母影响 |
| 网络环境 | 网络传播范围、信息真实度 |

将表4-2的所有因素描述进行筛选、合并归类，并且邀请了高校应急管理、大学生教育方面的专家和博士对总结出的每条条目进行筛选、补充和细化，对表达不准确的条目进行修改，例如将“感觉”这类的不准确条目改为“风险感知能力”，最终得出大学生应急能力影响因素条目池，见表4-3。

**表4-3　大学生应急能力影响因素条目池Ⅱ**

| | | | |
| --- | --- | --- | --- |
| H1:个体因素 | | | |
| I1 | 身体健康状况 | I2 | 睡眠状况 |
| I3 | 身体协调程度 | I4 | 反应速度 |
| I5 | 风险感知能力 | I6 | 性格 |
| I7 | 情绪 | I8 | 气质 |
| I9 | 知觉 | I10 | 价值观 |
| I11 | 记忆力 | I12 | 注意力 |
| I13 | 不安全心理 | I14 | 心理承受能力 |
| I15 | 责任感 | I16 | 兴趣 |
| I17 | 习惯 | I18 | 应急意识 |
| I19 | 应急知识 | I20 | 应急技能 |
| I21 | 经历突发事件的经验 | I22 | 人际关系 |
| H2:高校环境因素 | | | |
| I23 | 高校应急组织机构 | I24 | 高校应急管理制度 |
| I25 | 高校应急预案 | I26 | 应急师资队伍 |
| I27 | 基础安全设施 | I28 | 安全检查 |
| I29 | 沟通与反馈 | I30 | 应急培训 |
| I31 | 应急课程 | I32 | 应急演练 |
| I33 | 应急宣传 | I34 | 高校应急氛围 |
| H3:其他环境因素 | | | |
| I35 | 社会舆论 | I36 | 政治事件 |
| I37 | 家庭教育 | I38 | 家庭氛围 |
| I39 | 网络环境 | | |

### 4.1.3　编制大学生应急能力测量初始量表

根据已编制的大学生应急能力影响因素条目池，结合已有的相关研究和量表编制方法，编制大学生应急能力测量初始量表。影响大学生应急能力的因素可以分为个人因素和环境因素，但是由于大学生是一个特殊的群体，本研究将高校环境因素单独考虑，将大学生应急能力测量初始量表分为三个分量表：个人素质测量分量表、高校环境测量分量表和社会环境测量分量表。

邀请了 10 名大学生对条目池中各项目进行了小范围预试，征求他们对于量表表述的意见；邀请专家和博士对条目池中不易理解、表达不够清晰的问题进行修改，最终形成大学生应急能力测量初始量表。

本量表共设置了 84 个项目。量表采用五级评分方式，根据项目问题表述与被试者实际情况的符合程度打分，即"很符合"计 5 分、"符合"计 4 分、"一般"计 3 分、"不符合"计 2 分、"很不符合"计 1 分。为了避免项目表述出现默认、断言或同意性偏袒，量表设置了正向表述项目和反向表述项目。

## 4.2　施测和数据处理

### 4.2.1　施测

施测数据的获取以发放纸质问卷为主，部分问卷是通过网站（问卷星）获取的。在施测开始之前，要做一些准备工作：首先要向被试者说明本量表的目的和方式，申明施测的量表采用匿名方式，不会涉及个人隐私，也不会商用；然后要对相关问题进行说明，指导被试者进行填写，以获得最大的配合和最真实的数据。

### 4.2.2　数据的分析与处理

**一、数据处理的工具**

本书进行数据处理的工具为 SPSS17.0 和 AMOS17.0 统计软件。使用 SPSS17.0 统计软件对施测数据进行项目分析、探索性因子分析和量表信效度检验；使用 AMOS17.0 统计软件对因子结构进行验证性因子分析。

**二、数据的预处理**

在数据分析和处理之前，首先需要对收回的问卷进行筛选：①一份问卷中漏答题项等于或超过 5 个，应对问卷进行废卷标记，予以剔除；②作答有明显反应倾向，例如连续 10 题给出同一答案或答案以某种规律出现的问卷，应对问卷进行废卷标记，予以剔除；③被试对某一题项同时选择两个或两个以上答案，该题项应作缺失值标记；④没有作答的题项，该题项应作缺失值标记[73]。

对所有问卷筛选标记完成之后，需要对有效问卷的所有数据进行编码，使用 SPSS17.0 统计软件输入并建立原始数据库；将反向表述的项目计分进行转换。

**三、项目分析**

项目分析就是对问卷的项目区分度进行分析。项目区分度也称项目的鉴别力，指的是项目对不同水平的被试者所反映的区分度或鉴别能力[74]。只有项目鉴别力比较高的项目,才能够区分出不同被试者的水平,专家将项目区分度称为测量是否具有效度的“指示器”和评价项目质量,作为项目筛选的主要指标与依据[75]。

## 四、信度检验

信度又叫可靠性,主要表现量表测量结果的一致性、稳定性和可靠性。信度检验的方法有很多种,可以测量同质信度、重测信度、分半信度等,本研究采用同质信度和分半信度两个指标来对问卷进行信度的检验与分析。

### 1. 同质信度检验

同质信度也称内部一致性信度,它是检验量表内部所有题目间的一致性程度,即所有题目得分之间都具有较高的正相关。一般使用 $\alpha$ 信度系数法来检验同质信度。通常,Cronbach's $\alpha$ 系数应该在 0～1 之间,如果 Cronbach's $\alpha$ 系数在 0.9 以上,表示量表内部一致性信度很好;Cronbach's $\alpha$ 系数在 0.8～0.9 之间,表示量表的内部一致性信度可以接受;Cronbach's $\alpha$ 系数在 0.7～0.8 之间,表示量表存在一定的问题,但也有一定的参考价值;Cronbach's $\alpha$ 系数在 0.7 以下,表示量表内部一致性信度不能接受,应进行修改和重设[76]。

### 2. 分半信度

一般采用奇偶分半法将量表中每个维度的项目分成两半,然后根据被试在这两半项目上的得分之和计算相关系数。为了避免测验长度对信度系数的影响,必须使用斯皮尔曼-布朗公式进行修订:

$$r_{tt}=\frac{2r_{hh}}{1+r_{hh}} \tag{4-1}$$

式中,$r_{hh}$ 为分半测验分数的相关系数,$r_{tt}$ 为整个测验的信度估计值[76]。

一般要求由斯皮尔曼-布朗公式修订后的分半信度要大于 0.7。

## 五、效度检验

通过对测量量表的信度检验后,还需进一步对其效度进行检验。效度检验是有关测量和外部标准之间关系的一种评价。本书从内容效度和结构效度两个方面来对测量量表的效度进行检验。

### 1. 内容效度

内容效度是指测量内容的代表性以及所要测量问题的覆盖程度。也就是说,内容效度就是用来检验测量量表的内容是否能够准确地达到问卷测量的目的,或者说问卷是否能够准确地反映所研究概念的基本内容。

### 2. 结构效度

结构效度也叫构想效度或构念效度,是指测量量表实际能够测到所要测量内容的理论结构和特质的程度。通常进行量表内部一致性、量表内部区分度检验,考察分量表之间相关以及与总量表的相关。应用结构方程统计软件 AMOS 中的最大似然法对量表的因子结构作验证性因子分析,通过考察实测数据与模型之间的拟合程度,检验量表的结构效度。

## 六、量表的因子结构分析和验证

因子分析就是探讨结构效度的一种很有价值的统计方法,它直接探讨观测变量与潜变量之间的关系。因子分析可分为探索性因子分析(EFA)和验证性因子分析(CFA)[77]。

1. 探索性因子分析(EFA)

探索性因子分析通过降维来找出多元观测变量的本质结构，将有复杂关系的变量综合为几个核心因子。通过探索性因素分析来构建量表的理论结构模型。

通常根据 KMO 值的大小和巴特利特球形检验的显著性程度判别量表变量是否能够进行因子分析。KMO 值越接近于 1，说明变量的相关系数越高，变量间的公共因子越多，越适合进行因子分析。具体见表 4-4。巴特利特球形检验可以用来检验变量之间彼此独立的假设，其值大表示拒绝原假设。当不能拒绝原假设时，则不适合进行因子分析。

**表 4-4　KMO 值判断标准**

| KMO 值 | 因子分析的适当性 |
|---|---|
| 0.90 以上 | 非常适合 |
| 0.80～0.90 | 良好 |
| 0.70～0.80 | 适中 |
| 0.60～0.70 | 普通 |
| 0.50～0.60 | 不太适合 |
| 0.50 以下 | 不能接受 |

然后进行主成分分析，求得初始因子负荷矩阵，再进行斜交旋转求得旋转因子负荷矩阵，最后依据标准确定因子数目。

根据相关文献，本书确定的因子抽取标准：①因子的特征值大于等于 1，也就是说因子的贡献率大于等于 1；②因子必须符合卡特尔“陡阶”检验原则；③每个因子至少应包含 3 个项目；④每个项目包含的项目应该并且能够归类和命名[78]。

2. 验证性因子分析(CFA)

验证性因子分析一般是依据严谨的理论或实证分析，对事先已经构建的因素模型进行定量探讨和确认。这种方法就是通过寻求数据和模型的最佳拟合来检验因素指标的效度和理论构想之间的关系，以检验理论模型的正确性。

一般来说，首先要通过探索性因子分析来建立理论模型，然后使用验证性因子分析来验证模型。此过程需要使用不同的两个样本：首先用探索性因子分析在一个样本中找出变量可能的因子结构，然后在另一个新样本中采用验证性因子分析去验证。

本书主要采用以下几种拟合指标来评价模型的拟合程度：

(1)检验模型参数是否有违规估计现象：估计参数中不能有负的误差方差；误差差异必须达到显著水平(C. R. $>$1.96)；潜在变量与其测量指标间的因素负荷量最好在 0.50～0.95[77]。

(2)检验整体模型适配度指标是否可以接受，主要从以下几方面检验：一方面，检验模型的绝对适配统计量，主要包括卡方自由度比值($\chi^2$/ df)，RMSEA，GFI，AGFI 等指标；另一方面，检验模型的增值适配统计量，主要包括 IFI，Tucker-Lewis 指数(TLI)和 CFI 等指标[77]。

本书主要应用的模型拟合指标和参考值见表 4-5。

**表 4－5　结构方程模型拟合度评价指标和参考值**

| 指数名称 | | | 评价标准 |
| --- | --- | --- | --- |
| 绝对拟合指数 | $\chi^2$/df | 卡方自由度比 | 介于 1～3，表示模型拟合度良好 |
| | RMSEA | 渐进残差均方和平方根 | <0.05，表示模型适配良好；<br>介于 0.05～0.08，表示模型具有普通适配度 |
| | GFI | 适配度指数 | GFI 越接近 1 越好；<br>GFI>0.8 时，为可接受范围；<br>GFI>0.9 时，模型拟合良好 |
| | AGFI | 调整后适配度指数 | AGFI 越接近 1 越好；<br>AGFI>0.8 时，为可接受范围；<br>AGFI>0.9 时，模型拟合良好 |
| 相对拟合指数 | IFI | 增值适配度指数 | IFI 越接近 1 越好；<br>IFI>0.8 时，为可接受范围；<br>IFI>0.9 时，模型拟合良好 |
| | TLI | 非规准适配度指数 | TLI 越接近 1 越好；<br>TLI>0.8 时，为可接受范围；<br>TLI>0.9 时，模型拟合良好 |
| | CFI | 比较适配度指数 | CFI 越接近 1 越好；<br>CFI>0.8 时，为可接受范围；<br>CFI>0.9 时，模型拟合良好 |

## 4.3　本章小结

(1)本章在文献研究、案例分析的基础上建立了大学生应急能力影响因素的初始因素条目池，然后通过开放式问卷、专家和博士意见对初始因素条目池进行补充和细化，最终形成个人素质、高校环境、社会环境三方面 39 个影响大学生应急能力的因素。

(2)根据 39 个影响因素的条目池，编制大学生应急能力测量初始量表，并进行预试，对初始量表进行修改，最终形成包含三个分量表(个人素质测量分量表、高校环境测量分量表和社会环境测量分量表)的大学生应急能力测量量表的初稿，共 84 个项目。

(3)对问卷施测和数据分析处理方法做了说明，为量表正式构建和检验提供理论依据。

# 第5章　大学生应急能力测量正式量表的构建

本章通过发放大学生应急能力测量初始量表，收集数据，进行项目分析和筛选、因子分析，构建大学生应急能力测量量表的结构理论模型，并通过结构方程模型进行验证。

## 5.1　问卷施测和基本情况分析

为了能够构建出信效度高的量表，本课题进行了两次施测。本课题采用现场发放和网络发放(问卷星)两种方式，调研对象选取了包括西北大学、西安交通大学、西安电子科技大学、西北工业大学、西北政法大学等的陕西省14所普通高校不同年级的大学生。

### 5.1.1　问卷施测

**一、第一次施测**

本次施测共发放问卷400份，实际回收366份，回收率为91.5%。剔除空白问卷、无效问卷，实际有效问卷334份，有效率为91.3%。本次施测所获得的样本数据用来进行量表的项目分析、探索性因子分析。

**二、第二次施测**

本次施测共发放问卷300份，实际回收272份，回收率为90.7%。剔除空白问卷、无效问卷，实际有效问卷247份，有效率为90.8%。本次施测所获得的样本数据用来进行验证性因子分析及正式量表的信效度检验。

### 5.1.2　问卷基本情况分析

从性别、年级、专业三个角度分别对两次施测的样本数据进行统计分析，见表5-1。

**表5-1　初始量表施测基本情况统计**

| | 性别 | | 年级 | | | | 专业 | |
|---|---|---|---|---|---|---|---|---|
| | 男 | 女 | 大一 | 大二 | 大三 | 大四 | 文科类 | 理工类 |
| 第一次施测($n$=334) | 148 (44.3%) | 186 (55.7%) | 98 (29.3%) | 107 (32%) | 83 (24.9%) | 46 (13.8%) | 191 (57.2%) | 143 (42.8%) |
| 第二次施测($n$=247) | 130 (52.6%) | 117 (47.4%) | 85 (34.4%) | 58 (23.5%) | 71 (28.7%) | 33 (13.4%) | 137 (55.5%) | 110 (44.5%) |

从两次施测样本的基本信息统计情况来看，被试者的性别、年级、专业分布基本合理，既能够满足施测的抽样要求，也尽量避免了施测中出现的偶然因素，说明本研究的样本抽样具有代表性。

## 5.2 反向表述项目计分修改

所设计的大学生应急能力测量量表初稿中出现反向表述项目，在进行项目分析之前，需要将这些反向表述项目的计分方式进行修改，和量表其他项目一致，也就是要将量表中反向表述项目的计分设定为“非常符合”计为1分、“符合”计为2分、“中立”计为3分、“不符合”计为4分、“非常不符合”计为5分。反向表述的项目如下：

(1)个人素质测量分量表中第2,7,8,10～14,17,18,20,24,27,33,34,37题；

(2)高校环境因素测量分量表中第30,31题；

(3)社会环境测量分量表中第1～5,8,12～15题。

## 5.3 项目分析

利用项目鉴别指数和项目—总体相关系数这两种方法来对项目区别度进行检验，选用第一次施测的样本($n$=334)进行项目分析。

### 5.3.1 项目鉴别指数

将所有被试者的各分量表总分由高到低进行顺序排列，将得分高的前27%和得分低的后27%分别命名为高分组和低分组，先求出两组被试者在每个项目得分的平均数，然后进行平均数的差异性t检验，来检验高分组的得分是否明显高于低分组的得分。如果检验结果显示差异不显著，则表示该项目不能鉴别不同被试者的反应程度，这也是考虑是否删除项目的首要条件[79]。

本次施测回收有效问卷334份，对各分量表总分排序，个人素质测量分量表中得分大于等于133分的受试者为高分组，得分小于等于119分的受试者为低分组；高校环境因素测量分量表中得分大于等于104分的受试者为高分组，得分小于等于84分的受试者为低分组；社会环境因素测量分量表中得分大于等于49分的受试者为高分组，得分小于等于41分的受试者为低分组，然后分别将每个分量表中的高分组和低分组进行独立样本t检验，结果见表5-2和表5-3。

**表5-2 项目高分组与低分组的平均分差异显著性检验结果分析**

| 项目 | 方差齐性检验 $p$ 值 | 均值相等的t检验 $p$ 值 | 项目 | 方差齐性检验 $p$ 值 | 均值相等的t检验 $p$ 值 | 项目 | 方差齐性检验 $p$ 值 | 均值相等的t检验 $p$ 值 |
|---|---|---|---|---|---|---|---|---|
| a1 | 0.299 | 0.000 | a29 | 0.038 | 0.000 | b20 | 0.000 | 0.000 |
| a2 | 0.550 | 0.000 | a30 | 0.030 | 0.000 | b21 | 0.000 | 0.000 |
| a3 | 0.009 | 0.000 | a31 | 0.063 | 0.000 | b22 | 0.000 | 0.000 |
| a4 | 0.000 | 0.000 | a32 | 0.411 | 0.000 | b23 | 0.000 | 0.000 |
| a5 | 0.014 | 0.000 | a33 | 0.698 | 0.000 | b24 | 0.033 | 0.000 |

续表

| 项目 | 方差齐性检验 $p$ 值 | 均值相等的 t 检验 $p$ 值 | 项目 | 方差齐性检验 $p$ 值 | 均值相等的 t 检验 $p$ 值 | 项目 | 方差齐性检验 $p$ 值 | 均值相等的 t 检验 $p$ 值 |
|---|---|---|---|---|---|---|---|---|
| a6 | 0.000 | 0.000 | a34 | 0.000 | 0.000 | b25 | 0.023 | 0.000 |
| a7 | 0.000 | 0.000 | a35 | 0.015 | 0.000 | b26 | 0.004 | 0.000 |
| a8 | 0.101 | 0.001 | a36 | 0.349 | 0.000 | b27 | 0.000 | 0.000 |
| a9 | 0.000 | 0.000 | a37 | 0.144 | 0.000 | b28 | 0.000 | 0.000 |
| a10 | 0.000 | 0.000 | b1 | 0.000 | 0.000 | b29 | 0.000 | 0.000 |
| a11 | 0.577 | 0.000 | b2 | 0.104 | 0.000 | b30 | 0.714 | 0.002 |
| a12 | 0.002 | 0.000 | b3 | 0.046 | 0.000 | b31 | 0.095 | 0.000 |
| a13 | 0.000 | 0.000 | b4 | 0.421 | 0.000 | c1 | 0.009 | 0.000 |
| a14 | 0.832 | 0.000 | b5 | 0.010 | 0.000 | c2 | 0.195 | 0.000 |
| a15 | 0.000 | 0.000 | b6 | 0.590 | 0.000 | c3 | 0.001 | 0.000 |
| a16 | 0.580 | 0.000 | b7 | 0.000 | 0.000 | c4 | 0.000 | 0.000 |
| a17 | 0.714 | 0.000 | b8 | 0.941 | 0.000 | c5 | 0.000 | 0.000 |
| a18 | 0.000 | 0.000 | b9 | 0.232 | 0.000 | c6 | 0.000 | 0.000 |
| a19 | 0.257 | 0.000 | b10 | 0.225 | 0.000 | c7 | 0.078 | 0.000 |
| a20 | 0.018 | 0.000 | b11 | 0.001 | 0.000 | c8 | 0.867 | 0.000 |
| a21 | 0.000 | 0.000 | b12 | 0.008 | 0.000 | c9 | 0.783 | 0.000 |
| a22 | 0.002 | 0.000 | b13 | 0.989 | 0.000 | c10 | 0.003 | 0.000 |
| a23 | 0.732 | 0.000 | b14 | 0.150 | 0.000 | c11 | 0.481 | 0.000 |
| a24 | 0.000 | 0.000 | b15 | 0.000 | 0.000 | c12 | 0.504 | 0.000 |
| a25 | 0.067 | 0.000 | b16 | 0.000 | 0.000 | c13 | 0.146 | 0.000 |
| a26 | 0.548 | 0.000 | b17 | 0.027 | 0.000 | c14 | 0.000 | 0.000 |
| a27 | 0.012 | 0.000 | b18 | 0.105 | 0.000 | c15 | 0.508 | 0.082 |
| a28 | 0.006 | 0.000 | b19 | 0.283 | 0.000 | c16 | 0.849 | 0.000 |

**表 5－3　各项目 C.R. 值**

| 项目 | C.R. 值 | 项目 | C.R. 值 | 项目 | C.R. 值 |
|---|---|---|---|---|---|
| a1 | 5.261*** | a29 | 5.579*** | b20 | 8.441*** |
| a2 | 6.030*** | a30 | 9.004*** | b21 | 15.388*** |
| a3 | 4.933*** | a31 | 9.607*** | b22 | 15.388*** |
| a4 | 6.534*** | a32 | 7.164*** | b23 | 15.586*** |

续表

| 项目 | C. R. 值 | 项目 | C. R. 值 | 项目 | C. R. 值 |
|---|---|---|---|---|---|
| a5 | 8.574*** | a33 | 8.163*** | b24 | 15.226*** |
| a6 | 6.084*** | a34 | 8.329*** | b25 | 14.929*** |
| a7 | 5.717*** | a35 | 7.354*** | b26 | 14.210*** |
| a8 | 3.256** | a36 | 6.917*** | b27 | 5.318*** |
| a9 | 7.538*** | a37 | 7.581*** | b28 | 10.295*** |
| a10 | 8.113*** | b1 | 11.410*** | b29 | 15.114*** |
| a11 | 6.264*** | b2 | 7.649*** | b30 | 3.156** |
| a12 | 8.942*** | b3 | 11.388*** | b31 | 4.425*** |
| a13 | 6.438*** | b4 | 12.722*** | c1 | 9.423*** |
| a14 | 5.256*** | b5 | 14.102*** | c2 | 7.481*** |
| a15 | 6.350*** | b6 | 13.266*** | c3 | 12.311*** |
| a16 | 4.409*** | b7 | 11.834*** | c4 | 13.953*** |
| a17 | 6.437*** | b8 | 6.701*** | c5 | 8.359*** |
| a18 | 9.294*** | b9 | 12.903*** | c6 | 8.417*** |
| a19 | 8.113*** | b10 | 10.405*** | c7 | 9.952*** |
| a20 | 6.040*** | b11 | 15.676*** | c8 | 7.407*** |
| a21 | 8.955*** | b12 | 17.035*** | c9 | 6.903*** |
| a22 | 8.887*** | b13 | 13.106*** | c10 | 9.924*** |
| a23 | 7.380*** | b14 | 13.295*** | c11 | 8.508*** |
| a24 | 5.376*** | b15 | 16.929*** | c12 | 5.240*** |
| a25 | 4.681*** | b16 | 20.796*** | c13 | 16.648*** |
| a26 | 5.920*** | b17 | 17.371*** | c14 | 5.425*** |
| a27 | 5.591*** | b18 | 15.822*** | c15 | 2.010*** |
| a28 | 4.089*** | b19 | 12.396*** | c16 | 11.105*** |

注：*** 代表 $p<0.001$，** 代表 $p<0.01$

从表 5－3 可以看出，三个分量表中所有项目的 CR 值介于 2.010～20.796 之间，社会环境分量表第 15 题没有达到显著性水平（$p=0.082>0.05$），予以删除，其余题目都达到统计上的显著性水平（$p<0.05$）。三个分量表共保留 83 个项目。但是个人素质测量分量表中第 8 题和高校环境因素测量分量表中第 30 题的 CR 值比较低，可考虑删除。

### 5.3.2 项目-总体相关系数

量表每个题目与量表的总分应该有较高的相关系数。题目与量表的相关系数应该在 0.3

以上,并且要达到统计的显著性水平[80]。

**表 5-4 项目与分量表得分的相关系数分析**

| 项目 | 相关系数 | 项目 | 相关系数 | 项目 | 相关系数 | 项目 | 相关系数 | 项目 | 相关系数 |
|---|---|---|---|---|---|---|---|---|---|
| a1 | 0.348** | a18 | 0.560** | a35 | 0.409** | b15 | 0.709** | c1 | 0.463** |
| a2 | 0.381** | a19 | 0.457** | a36 | 0.478** | b16 | 0.832** | c2 | 0.416** |
| a3 | 0.394** | a20 | 0.275** | a37 | 0.353** | b17 | 0.759** | c3 | 0.614** |
| a4 | 0.450** | a21 | 0.543** | b1 | 0.589** | b18 | 0.683** | c4 | 0.660** |
| a5 | 0.549** | a22 | 0.586** | b2 | 0.443** | b19 | 0.632** | c5 | 0.496** |
| a6 | 0.452** | a23 | 0.467** | b3 | 0.527** | b20 | 0.518** | c6 | 0.468** |
| a7 | 0.391** | a24 | 0.215** | b4 | 0.639** | b21 | 0.771** | c7 | 0.508** |
| a8 | 0.143** | a25 | 0.305** | b5 | 0.653** | b22 | 0.787** | c8 | 0.463** |
| a9 | 0.561** | a26 | 0.322** | b6 | 0.697** | b23 | −0.586** | c9 | 0.413** |
| a10 | 0.474** | a27 | 0.307** | b7 | 0.680** | b24 | 0.740** | c10 | 0.543** |
| a11 | 0.348** | a28 | 0.255** | b8 | 0.393** | b25 | 0.767** | c11 | 0.526** |
| a12 | 0.494** | a29 | 0.370** | b9 | 0.585** | b26 | 0.746** | c12 | 0.287** |
| a13 | 0.380** | a30 | 0.524** | b10 | 0.588** | b27 | 0.347** | c13 | 0.717** |
| a14 | 0.405** | a31 | 0.504** | b11 | 0.715** | b28 | 0.613** | c14 | 0.372** |
| a15 | 0.449** | a32 | 0.445** | b12 | 0.699** | b29 | 0.737** | c16 | 0.421** |
| a16 | 0.360** | a33 | 0.433** | b13 | 0.665** | b30 | 0.195** | | |
| a17 | 0.417** | a34 | 0.470** | b14 | 0.643** | b31 | 0.198** | | |

注:** 代表 $p<0.01$

从表 5-4 可以看出,个人素质测量分量表中第 8,20,24,28 题,高校环境因素测量分量表中第 23,30,31 题,社会环境测量量表中第 12 题的题目与总分的相关系数都低于 0.3,应予以删除,量表共保留 76 个项目。

## 5.4 大学生应急能力测量量表的因素结构

首先进行探索性因子分析以构建量表因素结构的理论模型,然后在此基础上进行验证性因子分析,对量表因素结构理论模型进行验证。

### 5.4.1 个人素质测量分量表因素结构分析

**一、探索性因子分析**

1.样本适当性考察

根据 KMO 值与巴特利特球形检验对量表进行样本适当性检验,用以考察所有项目是否适宜做因子分析。

由表 5-5 可看出，KMO 值为 0.779，表明变量间存在公共因子，此样本适于作因子分析。另外，巴特利特球形检验的 $\chi^2$ 值为 4 360.071(df=528)，达到显著性水平，这说明总体项目间存在公共因子，适合进行因子分析。

**表 5-5　KMO 值及巴特利特球形检验**

| KMO 值 | | 0.779 |
|---|---|---|
| 巴特利特球形检验 | 近似卡方 | 4 360.071 |
| | df | 528 |
| | Sig. | 0.000 |

2. 因子的抽取及命名

选用主成分分析抽取公共因子，求得初始负荷矩阵，特征值大于 1 的因素有 8 个，解释总变异的 60.414%，见表 5-6，然后进行斜交旋转，倾斜系数为 1，得到碎石图(见图 5-1)和因素负荷矩阵(见表 5-7)。

**表 5-6　解释的总方差**

| 成分 | 合计 | 初始特征值<br>方差的<br>百分比/(%) | 累积百分比/(%) | 合计 | 提取平方和载入方差的<br>百分比/(%) | 累积百分比/(%) | 旋转平方和载入合计 |
|---|---|---|---|---|---|---|---|
| 1 | 6.622 | 20.066 | 20.066 | 6.622 | 20.066 | 20.066 | 4.916 |
| 2 | 4.177 | 12.658 | 32.724 | 4.177 | 12.658 | 32.724 | 4.180 |
| 3 | 2.086 | 6.321 | 39.046 | 2.086 | 6.321 | 39.046 | 4.190 |
| 4 | 1.866 | 5.653 | 44.699 | 1.866 | 5.653 | 44.699 | 3.078 |
| 5 | 1.468 | 4.448 | 49.147 | 1.468 | 4.448 | 49.147 | 2.888 |
| 6 | 1.352 | 4.098 | 53.245 | 1.352 | 4.098 | 53.245 | 2.671 |
| 7 | 1.257 | 3.810 | 57.055 | 1.257 | 3.810 | 57.055 | 2.669 |
| 8 | 1.109 | 3.359 | 60.414 | 1.109 | 3.359 | 60.414 | 1.684 |

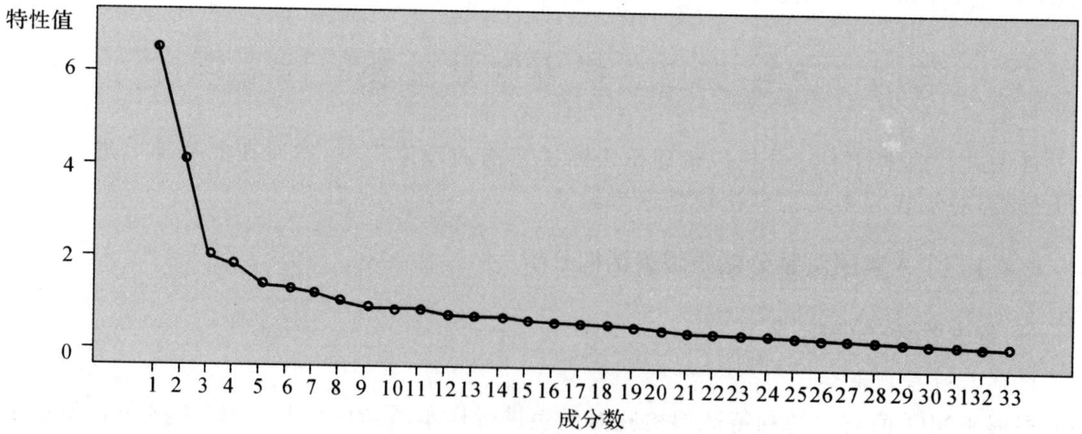


图 5-1　33 个项目的碎石图

**表 5－7　个人素质测量分量表项目旋转因素负荷矩阵($n$＝334)**

| | F1 | F2 | F3 | F4 | F5 | F6 | F7 | F8 |
|---|---|---|---|---|---|---|---|---|
| a1 | 0.653 | | | | | | | |
| a2 | 0.463 | | | | | | | |
| a3 | 0.506 | | | | | | | |
| a4 | 0.715 | | | | | | | |
| a5 | 0.699 | | | | | | | |
| a6 | | 0.623 | | | | | | |
| a7 | | 0.691 | | | | | | |
| a10 | | 0.496 | | | | | | |
| a11 | | 0.460 | | | | | | |
| a12 | | 0.682 | | | | | | |
| a13 | | 0.575 | | | | | | |
| a14 | | 0.508 | | | | | | |
| a18 | | 0.732 | | | | | | |
| a17 | | | 0.538 | | | | | |
| a29 | | | 0.770 | | | | | |
| a30 | | | 0.724 | | | | | |
| a31 | | | 0.488 | | | | | |
| a32 | | | 0.693 | | | | | |
| a21 | | | | 0.525 | | | | |
| a27 | | | | 0.729 | | | | |
| a33 | | | | 0.495 | | | | |
| a34 | | | | 0.605 | | | | |
| a37 | | | | 0.628 | | | | |
| a22 | | | | | 0.567 | | | |
| a23 | | | | | 0.644 | | | |
| a25 | | | | | 0.612 | | | |
| a35 | | | | | 0.708 | | | |
| a9 | | | | | | 0.538 | | |
| a19 | | | | | | 0.678 | | |
| a29 | | | | | | 0.337 | | |
| a36 | | | | | | 0.734 | | |
| a15 | | | | | | | 0.767 | |
| a16 | | | | | | | | 0.826 |

据表5-7所知，第7和第8个因子只包含一个项目(个人素质测量分量表中第15和16题)，根据所确定的因子抽取标准，应予以删除，此分量表共剩余31个项目。

因此，此分量表共抽取6个因子，每个因子至少包含4个项目，每个项目在所属因子上的负荷值在0.381～0.771之间，大于0.30，根据所确定的因子抽取标准，每个项目及其所归属的因子可以接受。结合前文进行的理论研究，对这6个因子进行命名。

提取的第一个因子(F1)包括5个项目，这5个项目主要反映有关大学生身体素质和反应速度，可命名为"生理状况"，因子F1中包含项目为第1,2,3,4,5题。

第二个因子(F2)包括8个项目，这8个项目主要是反映大学生性格、情绪、记忆力、注意力等问题，可命名为"个性特征"，因子F2包含项目为第6,7,10,11,12,13,14,18题。

第三个因子(F3)包括5个项目，由于第17题和其余4题题目含义差别太大，无法进行归属，因此删除此题。其余4题主要反映的是大学生应急知识掌握情况，可命名为"应急知识"，因子F3包含项目为第29,30,31,32题。

第四个因子(F4)包括5个项目，这5个项目主要反映大学生是否存在侥幸、冒险、思想麻痹等心理问题，可命名为"不安全心理"，因子F4包含的项目为第21,27,33,34,37题。

第五个因子(F5)包括4个项目，这4个项目主要反映大学生应急意识方面的问题，可命名为"应急意识"，因子F5包含项目为第22,23,25,35题。

第六个因子(F6)包括4个项目，这4个项目主要反映大学生的人际关系方面的问题，可命名为"人际关系"，因子F6包含项目为第9,19,26,36题。

**二、验证性因子分析**

通过探索性因子分析，找出了个人素质测量分量表的六个维度(生理状况、个性特征、应急知识、不安全心理、应急意识、人际关系)，初步构建了此分量表的结构理论模型。为了进一步探究个人素质测量分量表的因素结构模型是否能够与实际搜集的数据契合，采用第二次施测的数据进行验证性因子分析。

根据探索性因子分析的结果，使用AMOS17.0软件首先绘制出原始模型，然后用最大似然法对个人素质测量分量表的因子结构进行验证性因子分析。根据输出结果，对照模型适配度统计量的参考指标，发现原始模型需要修正。根据各个参数的修正指标值，增加了一些残差之间的相关，然后对修正后的模型进行验证性因子分析(见图5-2)，并比较两个模型的拟合指标，结果见表5-8。

**表5-8　个人素质测量分量表初始模型与修正后模型拟合指标说明**

| 模型 | $\chi^2/df$ | GFI | AGFI | IFI | TLI | CFI | RMSEA |
|---|---|---|---|---|---|---|---|
| 原始模型 | 2.181 | 0.829 | 0.795 | 0.794 | 0.792 | 0.807 | 0.069 |
| 修正后模型 | 2.087 | 0.835 | 0.802 | 0.812 | 0.801 | 0.820 | 0.066 |
| 评价结果 | 符合 | 可接受 | 可接受 | 可接受 | 可接受 | 可接受 | 可接受 |

从表5-8中可以看出，修正后的模型的各项指标均优于原始模型，因此选用修正模型解释该分量表的结构更为合理。从修正后模型的适配度指标看出：$\chi^2/df=2.087<3$，模型适配良好；RMSEA＝0.066＜0.08，表示模型良好，有合理适配；GFI＝0.835＞0.80，AGFI＝0.802＞0.80，IFI＝0.812＞0.80，TLI＝0.801＞0.80，CFI＝0.820＞0.80，以上数据虽然没有达到

理想标准(0.90),但均达到了参考标准的最低要求。该模型拟合度可以接受,说明个人素质测量分量表的因子结构比较合理。

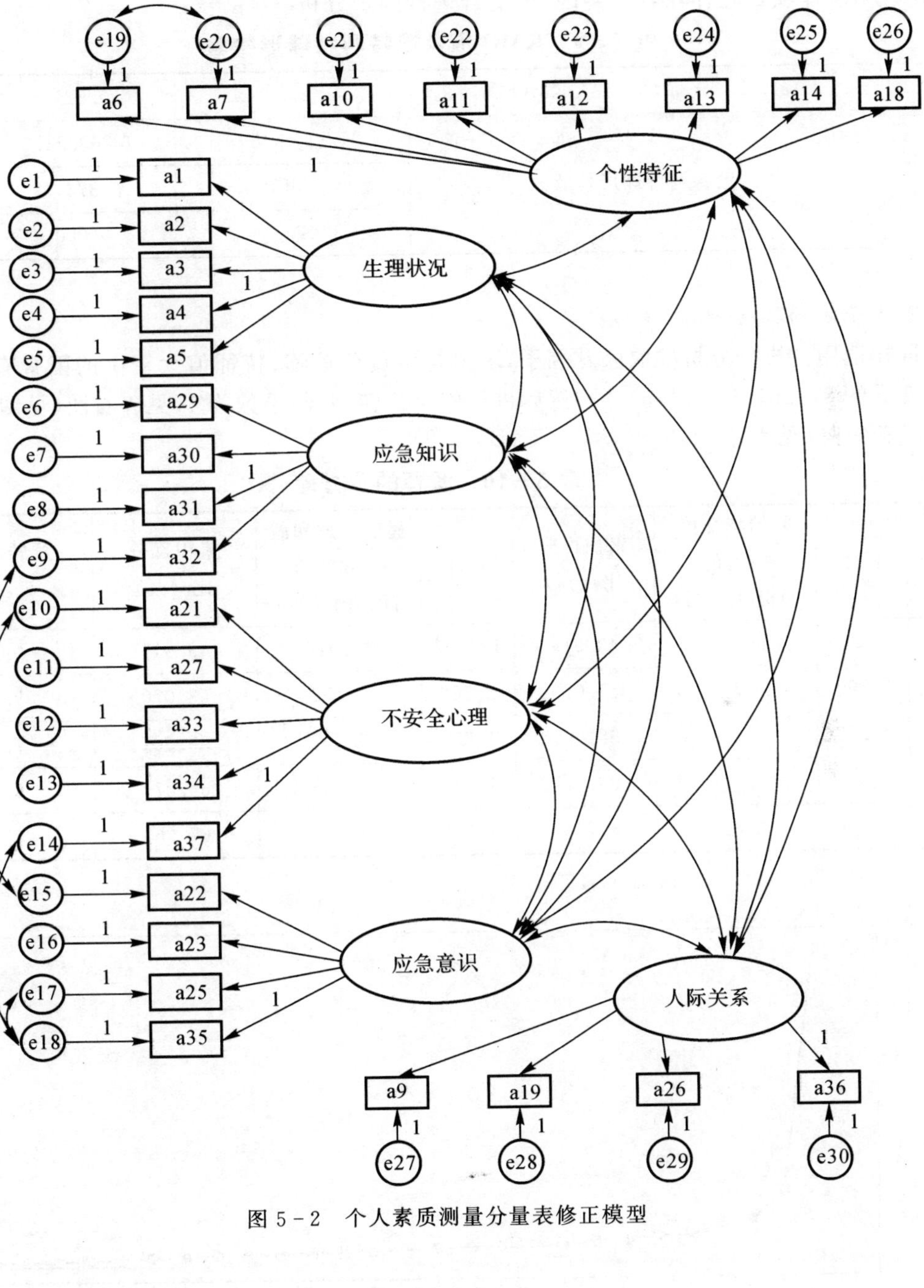


图 5-2　个人素质测量分量表修正模型

## 5.4.2　高校环境因素测量分量表因素结构分析

### 一、探索性因子分析

1. 样本适当性考察

同个人素质测量量表因素结构分析一样,根据 KMO 值与巴特利特球形检验对分量表进行样本适当性检验。由表 5-9 可看出，KMO 值为 0.921，表明变量间有公共因子存在，此样本适于作因子分析。另外，Bartlett 球形检验的 $\chi^2$ 值为 6 733.215(df=378)，达到显著性水平，这说明总体项目间存在着公共因子，适合进行因子分析。

**表 5-9　KMO 值及巴特利特球形检验**

| | | |
|---|---|---|
| KMO 值 | | 0.921 |
| 巴特利特球形检验 | 近似卡方 | 6 733.215 |
| | df | 378 |
| | Sig. | 0.000 |

2. 因子的抽取及命名

同样选用主成分分析抽取公共因子，求得初始负荷矩阵，特征值大于 1 的因素有 5 个，解释总变异的 67.265%，见表 5-10，然后进行斜交旋转，倾斜系数为 1，见碎石图(见图 5-3)和因素负荷矩阵(见表 5-11)。

**表 5-10　解释的总方差**

| 成分 | 合计 | 初始特征值方差的百分比/(%) | 累积百分比/(%) | 合计 | 提取平方和载入方差的百分比/(%) | 累积百分比/(%) | 旋转平方和载入合计 |
|---|---|---|---|---|---|---|---|
| 1 | 12.297 | 43.919 | 43.919 | 12.297 | 43.919 | 43.919 | 9.908 |
| 2 | 2.562 | 9.152 | 53.070 | 2.562 | 9.152 | 53.070 | 8.318 |
| 3 | 1.537 | 5.491 | 58.561 | 1.537 | 5.491 | 58.561 | 7.370 |
| 4 | 1.348 | 4.816 | 63.377 | 1.348 | 4.816 | 63.377 | 6.324 |
| 5 | 1.089 | 3.888 | 67.265 | 1.089 | 3.888 | 67.265 | 5.131 |

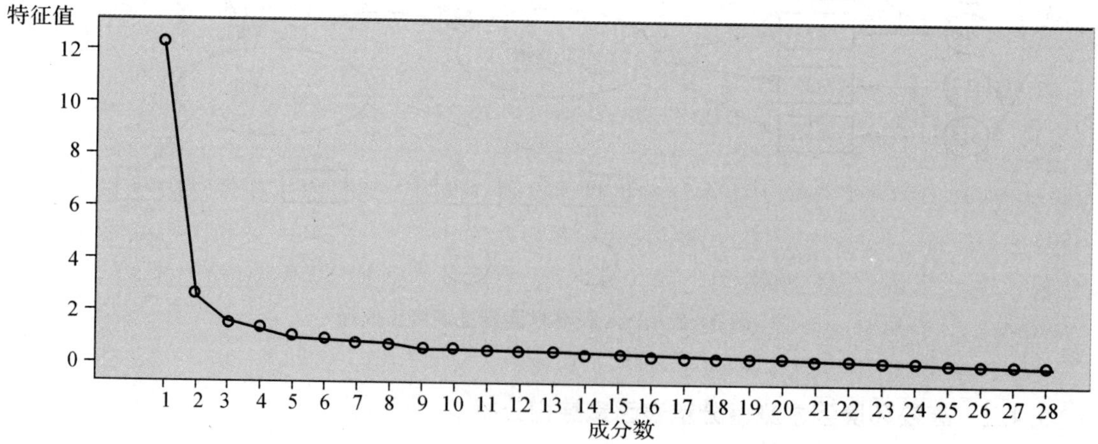


图 5-3　碎石图

**表 5-11　高校环境测量分量表旋转因子负荷矩阵($n=334$)**

| | F1 | F2 | F3 | F4 | F5 |
|---|---|---|---|---|---|
| b2 | 0.839 | | | | |
| b3 | 0.698 | | | | |
| b6 | 0.687 | | | | |
| b7 | 0.737 | | | | |
| b8 | 0.684 | | | | |
| b9 | 0.767 | | | | |
| b10 | 0.816 | | | | |
| b11 | 0.757 | | | | |
| b13 | | 0.804 | | | |
| b14 | | 0.697 | | | |
| b28 | | 0.780 | | | |
| b29 | | 0.795 | | | |
| b4 | | | 0.706 | | |
| b5 | | | 0.680 | | |
| b15 | | | 0.805 | | |
| b16 | | | 0.843 | | |
| b17 | | | 0.758 | | |
| b18 | | | 0.645 | | |
| b22 | | | 0.834 | | |
| b24 | | | 0.836 | | |
| b25 | | | 0.821 | | |
| b26 | | | 0.857 | | |
| b19 | | | | 0.667 | |
| b20 | | | | 0.786 | |
| b21 | | | | 0.716 | |
| b27 | | | | 0.600 | |
| b1 | | | | | 0.676 |
| b12 | | | | | 0.805 |

根据本研究选取的因子抽取标准，第5个因子只包含2个项目，应予以删除，此分量表共剩余26个项目。因此，此分量表共抽取4个因子，每个因子至少包含4个项目，每个项目在所属因子上的负荷值在0.600～0.857之间，大于0.30，每个项目及其所归属的因子可以接受。结合前文进行的理论研究，对这4个因子进行命名。

提取的第一个因子(F1)包括8个项目，这8个项目主要反映有关高校应急组织机构、制度、师资队伍、安全奖惩、安全基础设施、安全检查方面的问题，可命名为“高校应急管理”，因子F1中包含项目为第2,3,6,7,8,9,10,11题。

第二个因子(F2)包括4个项目，这4个项目主要反映高校与学生之间的沟通问题，可命名为“应急沟通与反馈”，因子F2包含项目为第13,14,28,29题。

第三个因子(F3)包括10个项目，由于第4、5题和其余8个项目的题目含义相差太远，难以归类，应予以删除，剩余8个项目主要反映高校的应急演练、应急培训、应急课程和讲座的问题，可命名为“高校应急教育”，因子F3包含项目为第15,16,17,18,22,24,25,26题。

第四个因子(F4)包括4个项目，由于第27题和其余3个项目的题目含义相差太远，应予以删除，剩余3个项目主要反映高校心理教育的问题，可命名为“高校心理教育”，因子F4包含的项目为第19,20,21题。

### 二、验证性因子分析

通过探索性因子分析，找出高校环境测量分量表的4个维度(高校应急管理、应急沟通与反馈、高校应急教育、高校心理教育)，初步构建了此分量表的结构理论模型。为了进一步探究高校环境测量分量表的因素结构模型是否能够与实际搜集的数据契合，采用第二次施测的数据进行验证性因子分析。

根据探索性因子分析的结果，使用AMOS17.0软件首先绘制出原始模型，然后用最大似然法对高校环境测量分量表的因子结构进行验证性因子分析。通过结构方程模型分析，得到各潜变量间、潜变量和其观测变量之间的路径系数。其中因子F3(高校应急教育)与其观测变量b15(分量表第15题)的路径系数为0.203，说明该条路径不显著。将该条路径删除后重新拟合模型，并进一步根据各个参数的修正指标值，对一些残差之间的相关进行修正，然后对修正后的模型进行验证性因子分析(见图5-4)，并比较两个模型的拟合指标，结果见表5-12。

**表5-12　高校环境测量分量表初始模型与修正后模型拟合指标说明**

| 模型 | $\chi^2/df$ | GFI | AGFI | IFI | TLI | CFI | RMSEA |
|---|---|---|---|---|---|---|---|
| 原始模型 | 2.970 | 0.834 | 0.790 | 0.888 | 0.869 | 0.887 | 0.089 |
| 修正后模型 | 2.813 | 0.846 | 0.801 | 0.899 | 0.879 | 0.898 | 0.086 |
| 评价结果 | 符合 | 可接受 | 可接受 | 可接受 | 可接受 | 可接受 | 可接受 |

从表5-12中可以看出，修正后模型的各项指标均优于原始模型，因此选用修正模型解释该分量表的结构更为合理。修正后模型的适配度指标均达到了参考标准的最低要求。该模型拟合度可以接受，说明高校环境测量分量表的因子结构比较合理。

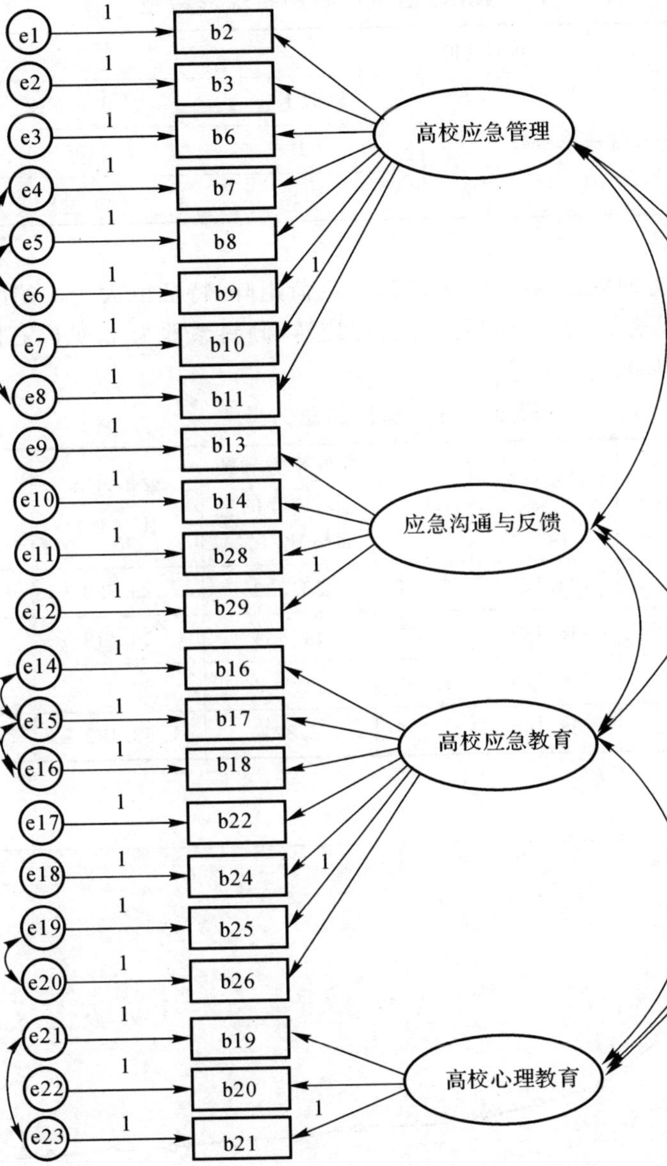


图 5－4　高校环境测量分量表修正模型

### 5.4.3　社会环境测量分量表因素结构分析

#### 一、探索性因子分析

1. 样本适当性考察

同其他分量表因素结构分析一样，根据 KMO 值与巴特利特球形检验对量表进行样本适当性检验。由表 5－13 可看出，KMO 值为 0.743，表明变量间有公共因子存在，此样本适于作因子分析。另外，巴特利特球形检验的 $\chi^2$ 值为 1 326.554(df=105)，达到显著性水平，这说明总体项目间存在公共因子，适合进行因子分析。

**表 5－13　KMO 值及巴特利特球形检验**

| | | |
|---|---|---|
| KMO 值 | | 0.743 |
| 巴特利特球形检验 | 近似卡方 | 1 326.554 |
| | df | 105 |
| | Sig. | 0.000 |

2.因子的抽取及命名

同样选用主成分分析抽取公共因子，求得初始负荷矩阵，特征值大于 1 的因素有 4 个，解释总变异的 58.192%，见表 5－14。然后进行斜交旋转，倾斜系数为 1，见碎石图（图 5－5）和因素负荷矩阵（见表 5－15）。

**表 5－14　解释的总方差**

| 成分 | 合计 | 初始特征值 方差的百分比/(%) | 累积百分比/(%) | 合计 | 提取平方和载入方差的百分比/(%) | 累积百分比/(%) | 旋转平方和载入合计 |
|---|---|---|---|---|---|---|---|
| 1 | 3.530 | 23.530 | 23.530 | 3.530 | 23.530 | 23.530 | 3.055 |
| 2 | 2.233 | 14.888 | 38.419 | 2.233 | 14.888 | 38.419 | 2.435 |
| 3 | 1.793 | 11.952 | 50.370 | 1.793 | 11.952 | 50.370 | 2.348 |
| 4 | 1.173 | 7.821 | 58.192 | 1.173 | 7.821 | 58.192 | 2.001 |

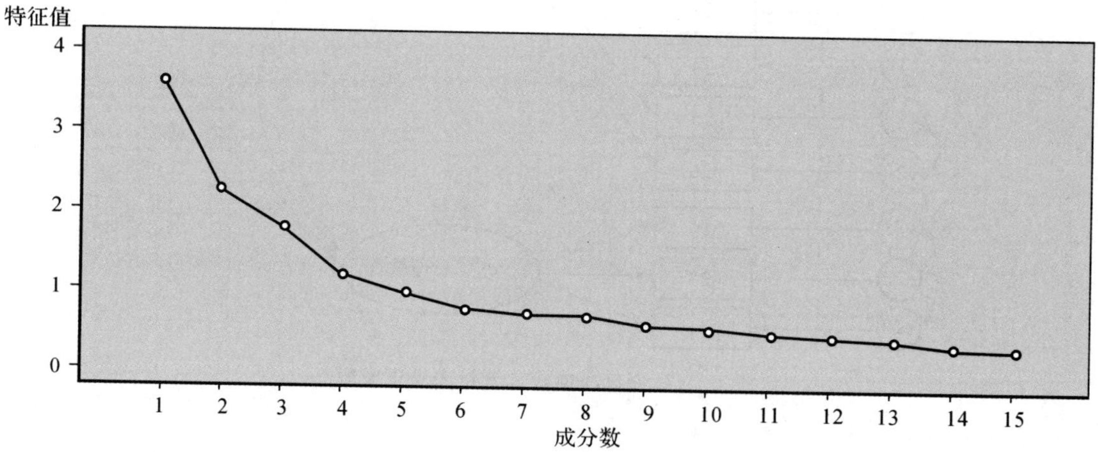


图 5－5　碎石图

**表 5－15　社会环境测量分量表旋转因子负荷矩阵（*n*＝334）**

| | F1 | F2 | F3 | F4 |
|---|---|---|---|---|
| c1 | 0.729 | | | |
| c2 | 0.694 | | | |
| c3 | 0.644 | | | |

续表

| | F1 | F2 | F3 | F4 |
|---|---|---|---|---|
| c4 | 0.571 | | | |
| c5 | 0.582 | | | |
| c6 | | 0.834 | | |
| c9 | | 0.806 | | |
| c10 | | 0.789 | | |
| c11 | | 0.806 | | |
| c12 | | | 0.644 | |
| c13 | | | 0.648 | |
| c14 | | | 0.715 | |
| c16 | | | 0.792 | |
| c7 | | | | 0.864 |
| c8 | | | | 0.858 |

根据本研究选取的因子抽取标准，第 4 个因子只包含 2 个项目，应予以删除，此分量表共剩余 13 个项目。因此，此分量表共抽取 3 个因子，每个因子至少包含了 4 个项目，每个项目在所属因子上的负荷值在 0.571～0.864 之间，大于 0.30，每个项目及其所归属的因子可以接受。结合前文进行的理论研究，对这 3 个因子进行命名。

提取的第一个因子(F1)包括 5 个项目，这 5 个项目主要反映有关社会舆论、政治态度等方面的问题，可命名为"社会因素"，因子 F1 中包含项目为第 1，2，3，4，5 题。

第二个因子(F2)包括 4 个项目，这 4 个项目主要反映有关家庭教育、家庭氛围方面的问题，可命名为"家庭因素"，因子 F2 包含项目为第 6，9，10，11 题。

第三个因子(F3)包括 4 个项目，这 4 个项目主要反映网络环境、网络信息等方面的问题，可命名为"网络因素"，因子 F3 包含项目为第 12，13，14，16 题。

**二、验证性因子分析**

通过探索性因子分析，找出社会环境测量分量表的 3 个维度(社会因素、家庭因素、网络环境)，初步构建了此分量表的结构理论模型。为了进一步探究社会环境测量分量表的因素结构模型是否能够与实际搜集的数据契合，采用第二次施测的数据进行验证性因子分析。

根据探索性因子分析的结果，使用 AMOS17.0 统计软件首先绘制出验证性因子分析的原始模型，然后用最大似然法对社会环境测量分量表的因子结构进行验证性因子分析。根据输出结果，对照模型适配度统计量的参考指标，发现该原始模型需要修正。根据各个参数的修正指标值，增加了一些残差之间的相关，然后对修正后的模型进行验证性因子分析(见图 5-6)，并比较两个模型的拟合指标，结果见表 5-16。

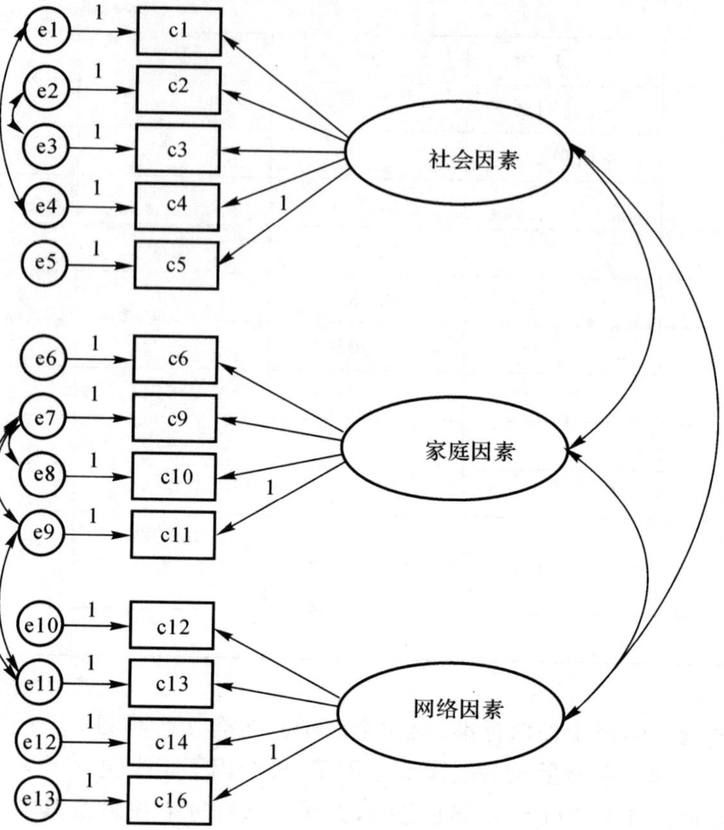


图 5-6　社会环境测量分量表修正模型

**表 5-16　社会环境测量分量表初始模型与修正后模型拟合指标说明**

| 模型 | $\chi^2/df$ | GFI | AGFI | IFI | TLI | CFI | RMSEA |
|---|---|---|---|---|---|---|---|
| 原始模型 | 2.854 | 0.917 | 0.867 | 0.852 | 0.791 | 0.847 | 0.087 |
| 修正后模型 | 2.720 | 0.922 | 0.873 | 0.865 | 0.806 | 0.861 | 0.084 |
| 评价结果 | 符合 | 可接受 | 可接受 | 可接受 | 可接受 | 可接受 | 可接受 |

从表 5-16 中可以看出，修正后模型的各项指标均优于原始模型，因此选用修正模型解释该分量表的结构更为合理，且修正后模型的适配度指标均达到了参考标准的最低要求。该模型拟合度可以接受，说明社会环境测量分量表的因子结构比较合理。

## 5.5　大学生应急能力测量正式量表的构成

通过项目分析、因子分析之后，删除不适合的项目，形成的正式量表共有 65 个项目，其中个人素质测量分量表有 30 项，高校环境测量分量表有 22 项，社会环境测量分量表有 13 项。具体量表构成见表 5-17。

表 5-17　大学生应急能力测量正式量表构成

| 分量表名称 | 项目 | 题项编号 |
|---|---|---|
| 个人素质 | 30 | 1,2,3,4,5,6,7,9,10,11,12,13,14,18,19,21,22,23,25,26,27,29,30,31,32,33,34,35,36,37 |
| 高校环境 | 22 | 2,3,6,7,8,9,10,11,13,14,16,17,18,19,20,21,22,24,25,26,28,29 |
| 社会环境 | 13 | 1,2,3,4,5,6,9,10,11,12,13,14,16 |

## 5.6　大学生应急能力测量正式量表的检验

### 5.6.1　信度检验

采用第二次施测的样本($n=247$)对正式量表进行信度检验。

**一、同质信度检验**

使用$\alpha$信度系数法来检验量表的内部一致性，若 Cronbach's $\alpha$ 系数高于 0.7，则说明指标可靠性能够接受，见表 5-18。

表 5-18　各分量表与总量表的 $\alpha$ 系数

| | Cronbach's $\alpha$ | 基于标准化项的 Cronbach's $\alpha$ | 项数 |
|---|---|---|---|
| 个人素质 | 0.821 | 0.824 | 30 |
| 高校环境 | 0.915 | 0.910 | 22 |
| 社会环境 | 0.758 | 0.762 | 13 |
| 总量表 | 0.882 | 0.882 | 65 |

分别对 3 个分量表及总量表进行了$\alpha$信度系数检验，总量表的 Cronbach's $\alpha$ 系数为 0.882，3 个分量表的 Cronbach's $\alpha$ 系数均在 0.7 以上，其中，高校环境测量分量表最高(0.910)，社会环境测量分量表最低(0.762)。这说明整个量表以及各分量表都有比较好的内部一致性。

**二、分半信度系数**

采取奇偶分半法来计算量表的分半信度系数，各分量表和总量表的分半信度系数见表 5-19。总量表的分半信度系数为 0.928，各分量表的分半信度系数在 0.793～0.932 之间，都大于 0.70。由此可见，量表的分半信度比较理想，说明量表在总体上有较好的稳定性和内部一致性。

表 5-19　各分量表与总量表的分半信度系数

| | 个人素质 | 高校环境 | 社会环境 | 总量表 |
|---|---|---|---|---|
| 分半信度 | 0.879 | 0.932 | 0.793 | 0.928 |

### 5.6.2　效度检验

**一、内容效度**

通过文献研究、施测数据分析和处理等多个步骤，最终确定了大学生应急能力测量正式量表。该量表主要测量大学生的应急能力，根据大学生应急能力影响因素分析、高校突发事件统计分析、专家建议等，量表共包含个人素质、高校环境、社会环境三个测量维度。内容效度的建立依赖于两个条件：①内容范围明确；②取样有代表性。从内容上来说，所用量表测量维度的设计有充分的理论基础和施测数据支撑。首先，测量条目是经过文献分析、案例分析、开放式问卷、专家评定和修改等步骤得出的，基本上囊括了影响大学生应急能力的主要因素；其次，在数据统计分析中，因子分析的结果与理论构想的因素结构一致，用实际数据验证了理论构想。因此，最后形成的量表测量项目具有比较好的代表性，本量表基本上能够保证测量的内容效度。

**二、结构效度**

对正式量表的结构效度检验主要包括量表内部一致性检验、量表内部区分度检验和验证性因子分析。

1. 量表内部一致性检验

为了检验量表内部的一致性，本课题分析了各个分量表与总量表之间的相关性。从表 5－20 可看出，各分量表与总量表之间的相关系数在 0.757～0.834 之间，且达到了显著水平，说明量表的内部一致性比较高。

**表 5－20　各分量表与总量表之间的相关**

| 个人素质 | 高校环境 | 社会环境 |
|---|---|---|
| 0.791** | 0.834** | 0.757** |

注：** $p<0.01$

2. 量表内部区分度检验

为了检验量表内部的相关程度，对量表内部区分度进行检验。量表内部应该具有一定程度的相关，各分量表之间相关太高，说明维度之间有重合；而相关太低，说明因素方向不一致（见表 5－21）。

**表 5－21　各分量表之间的相关**

| | 个人素质 | 高校环境 | 社会环境 |
|---|---|---|---|
| 个人素质 | 1 | | |
| 高校环境 | 0.238** | 1 | |
| 社会环境 | 0.209** | 0.209** | 1 |

注：** $p<0.01$

从表 5－21 中可以看出，各分量表之间呈一般相关，相关系数在 0.209～0.238 之间，且都达到显著水平（$p<0.01$），表明量表中各分量表之间既相互独立，又存在一定的联系，三个分量表共同组成的大学生应急能力测量量表具有比较好的区分度。

3. 验证性因子分析

根据探索性因子分析的结果，首先构建出正式量表的验证性因子分析原始模型（见图 5－7），然后用最大似然法对大学生应急能力测量量表的因子结构进行验证性因子分析。

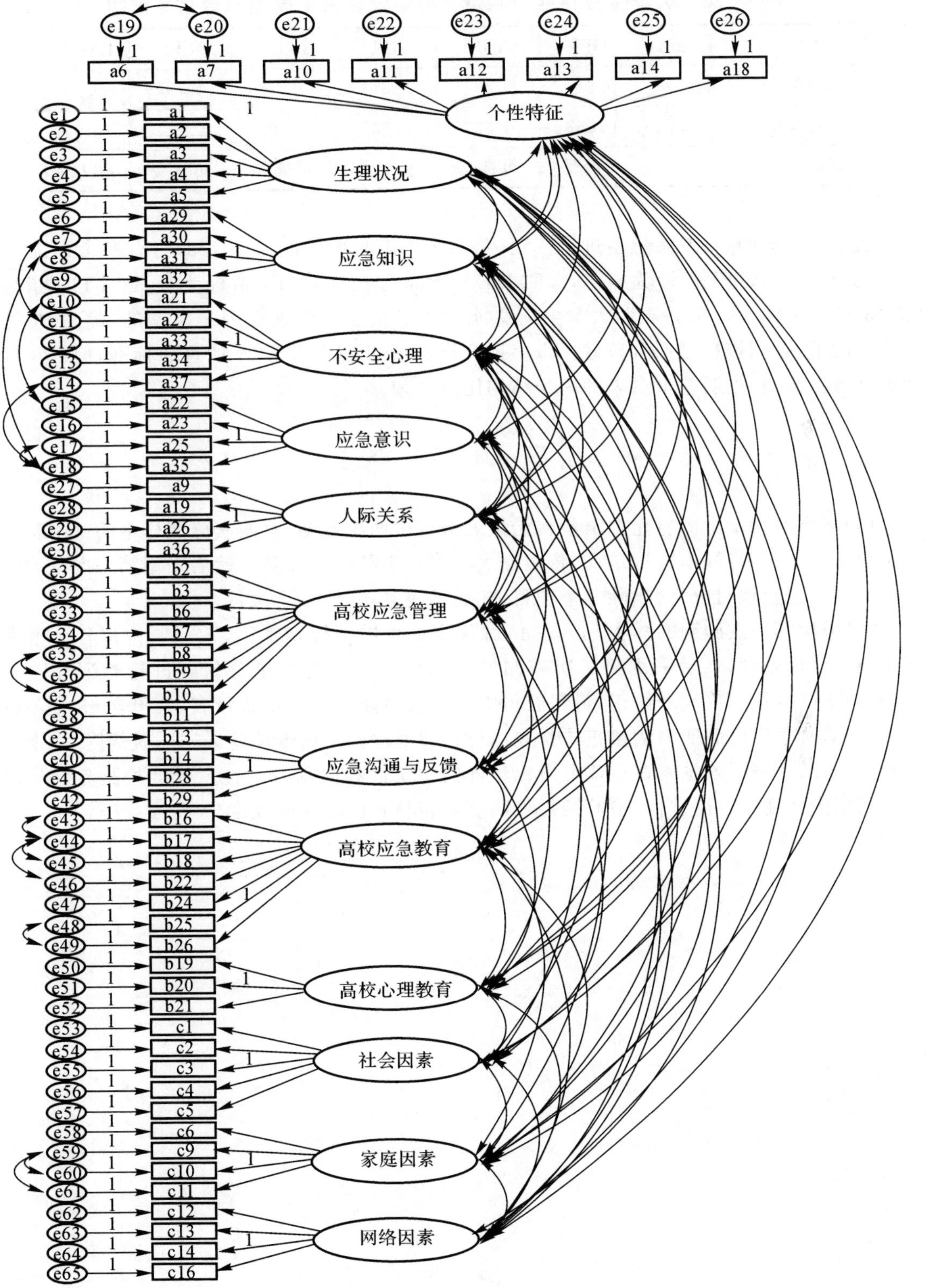


图 5 - 7　大学生应急能力测量量表全模型

**表 5-22　大学生应急能力测量量表验证性因子模型拟合指标说明**

| 模型 | $\chi^2$/df | GFI | AGFI | IFI | TLI | CFI | RMSEA |
|---|---|---|---|---|---|---|---|
| 原始模型 | 1.842 | 0.843 | 0.803 | 0.814 | 0.778 | 0.795 | 0.063 |
| 修正模型 | 1.723 | 0.862 | 0.833 | 0.839 | 0.803 | 0.824 | 0.054 |
| 评价结果 | 符合 | 可接受 | 可接受 | 可接受 | 可接受 | 可接受 | 可接受 |

表 5-22 表明，对原始模型进行修正，最后 $\chi^2$/df 的统计值为 1.723，符合参考标准；GFI 指标为 0.862，ACFI 指标为 0.833，RMSEA 指标为 0.054，IFI 指标为 0.839，TLI 指标为 0.803，CFI 指标为 0.824，表明大学生应急能力测量量表的验证性因子模型的拟合指标达到可接受的值，说明该模型拟合较好。以上拟合指标虽然未达到 0.90 的理想标准，但都在可接受的参考范围内，说明整个量表的因子结构比较合理。

## 5.7　本章小结

（1）本章对大学生应急能力测量初始量表进行了两次施测，对两次施测样本的基本特征进行了统计分析，并将样本数据录入，将负面表述项目进行转向计分。然后采用第一次施测的样本（$n$=334）进行项目分析，删除 8 个项目，初始量表共剩余 76 个项目。

（2）采用第一次施测的样本（$n$=334）对各分量表进行探索性因子分析，构建各分量表的因子结构理论模型，然后采用第二次施测的样本（$n$=247）对各个分量表进行验证性因子分析，对因子结构进行检验和修正，最终获得大学生应急能力测量正式量表，共包含 65 个项目。

（3）对大学生应急能力测量正式量表进行信效度检验。信度检验采用同质信度、分半信度检验，检验结果表明该量表在总体上有比较好的稳定性和内部一致性。效度检验分别从内容效度和结构效度两方面进行，检验结果表明该量表具有比较好的效度。

# 第 6 章　大学生应急能力测量量表的实证分析

实证分析的目的有两点:①通过实证来验证量表的有效性和准确性;②通过量表应用来分析高校大学生应急能力的现状和问题,并提出提升大学生应急能力的对策和建议。

## 6.1　被试基本情况统计

本次施测对象是陕西省某高校在校大学生,本次共发放问卷 158 份,回收问卷 158 份,回收率为 100%,根据问卷筛选标准,剔除 6 份,得到有效问卷 152 份,有效率为 96.2%。对有效问卷的被试进行基本信息的统计,见表 6-1。

**表 6-1　被试基本信息统计($n=152$)**

| | 性别 | | 年级 | | | | 专业 | |
|---|---|---|---|---|---|---|---|---|
| | 男 | 女 | 大一 | 大二 | 大三 | 大四 | 文科类 | 理工类 |
| 样本 | 68 | 84 | 33 | 47 | 52 | 20 | 66 | 86 |
| 比例 | 44.7% | 55.3% | 21.7% | 30.9% | 34.2% | 13.2% | 43.4% | 56.6% |

## 6.2　某高校大学生应急能力测量结果分析

采用模糊综合评价法来分析该校大学生应急能力。模糊综合评价法是一种基于模糊数学的综合评价方法,该方法能够用模糊数学对受到多种因素制约的对象做出一个定量评价。量表中各等级评语本身具有模糊性,可以采用模糊综合评价法来分析量表数据[81]。

### 6.2.1　模糊综合评价法的基本原理

模糊综合评价法就是利用模糊变换和最大隶属度原则,考虑与被评价对象相关的各个因素,并对其做出合理的综合评价[82]。

模糊综合评价法首先要建立被评价对象的因素集 $\boldsymbol{U}$ 和合理的评语集 $\boldsymbol{C}$,有

$$\begin{aligned}\boldsymbol{U}&=(u_1,u_2,\cdots,u_n)\\ \boldsymbol{C}&=(c_1,c_2,\cdots,c_m)\end{aligned}\tag{6-1}$$

其中,$\boldsymbol{U}$ 表示被评价的 $n$ 个因素所组成的集合,称为“因素集”;$\boldsymbol{C}$ 表示由 $m$ 个评语组成的集合,称为“评语集”。

设 $\boldsymbol{A}$ 为 $\boldsymbol{U}$ 上的因素重要程度模糊子集,$\boldsymbol{R}$ 为由模糊值映射 $f$ 导出的由 $\boldsymbol{U}$ 到 $\boldsymbol{C}$ 的模糊关系,通过 $\boldsymbol{R}$ 作模糊线性变换,可将 $\boldsymbol{A}$ 转换为在 $\boldsymbol{C}$ 上的综合评价子集 $\boldsymbol{B}$,则

$$\boldsymbol{B}=\boldsymbol{A}\cdot\boldsymbol{R}=(b_1,b_2,\cdots,b_m)\tag{6-2}$$

模糊综合评价的基本步骤如下：

(1) 对单因素 $u_i$ 进行评判，得到 $\boldsymbol{U}$ 上的模糊子集 $(r_{i1}, r_{i2}, \cdots, r_{im})$，有

$$f(u_i) = (r_{i1}, r_{i2}, \cdots, r_{im}) \tag{6-3}$$

式中，$f(u_i)$ 是关于因素 $u_i$ 的模糊评语向量，$r_{im}$ 是因素 $u_i$ 具有评语 $c_m$ 的程度。

(2) 由所有单因素评判集构成模糊评判矩阵为

$$\boldsymbol{R} = \begin{pmatrix} r_{11} & r_{12} & \cdots & r_{1m} \\ r_{21} & r_{22} & \cdots & r_{2m} \\ \vdots & \vdots & & \vdots \\ r_{n1} & r_{n2} & \cdots & r_{nm} \end{pmatrix} \tag{6-4}$$

(3) 确定各因素 $u_i$ 对被评价对象的因素重要程度模糊集 为

$$\boldsymbol{A} = (a_1, a_2, \cdots, a_n) \tag{6-5}$$

(4) 将模糊子集 $\boldsymbol{A}$ 与综合评判矩阵 $\boldsymbol{R}$ 进行模糊运算，得出模糊综合评价集。

在实际应用中，根据问题的性质和特点，可以为模糊集 $\boldsymbol{A}$ 与模糊关系 $\boldsymbol{R}$ 的模糊合成运算选取不同的算子对，从而构成不同的模糊综合评判模型。最常用的模型是主因素突出型和加权平均型。主因素突出型实际上只考虑了最突出的因素，其他因素并不真正起作用，而加权平均型可以使每个因素能依据权重大小对综合评价都有所贡献。另外如果评判对象的有关因素较多，则很难合理地定出权数分配，即难以如实反映各因素在整体中的地位，应采用多级评判[81]。

### 6.2.2 某高校大学生应急能力模糊综合评价的步骤和说明

根据研究的问题，采用加权平均型模糊综合评判模型，另外因为评判对象的相关因素比较多，采用多级评判。

具体步骤如下：

(1) 通过第5章因子分析，3个分量表都提取了公共因子，将因素集 $\boldsymbol{U}$ 按公共因子数目分为 $s$ 个子集，将每个公共因子对应的项目归入该子集中。如个人素质测量分量表共有 6 个因子(生理状况、个性特征、应急知识、不安全心理、应急意识、人际关系)，将因素集 $\boldsymbol{U}$ 分为 6 个子集，记作 $\boldsymbol{U}_1, \boldsymbol{U}_2, \cdots, \boldsymbol{U}_6$，将与因子 $F_i$ 对应的项目分别归入相应的子集 $\boldsymbol{U}_i$。

(2) 根据 6.2.1 说明的方法对各子集 $\boldsymbol{U}_i$ 进行一级评判，得出 $\boldsymbol{B}_i$，即得出各因子对应因素的评判结果。由于李克特量表假定量表中各项目具有同等的量值，项目间没有差别量值，因此子集 $\boldsymbol{U}_i$ 内各因素的权重相等，即 $\boldsymbol{A}_i = (a_{i1}, a_{i2}, \cdots, a_{in})$，$a_{ij} = 1/n$。

(3) 根据每个项目的结果统计比例数据，构建各因素的模糊评判矩阵 $\boldsymbol{R}_i$，然后进行结果评判。

(4) 将各子集 $\boldsymbol{U}_i$ 的一级评判结果 $\boldsymbol{B}_i$ 作为一个单因素评判，由于各子集 $\boldsymbol{U}_i$ 的地位有较大的差别，因子分析中各公因子的方差贡献率可以反映它们的重要程度，因此将第 5 章因子分析得出的方差贡献率(先进行归一化)作为权重，进行二级评判[81]。

在构建模糊评判矩阵时要对子集中含有部分负面表述的题项所对应的单因素评判向量进行逆序排列。

### 6.2.3 个人素质测量结果分析

对个人素质测量分量表测量结果进行模糊综合评判。首先对 6 个公共因子进行一级评

判，据此对整个分量表测量结果进行二级评判。

## 一、因子 F1(生理状况) 评判结果

$$
\boldsymbol{R}_{a1}=\begin{pmatrix}0.026 & 0.026 & 0.125 & 0.507 & 0.316\\ 0.046 & 0.099 & 0.316 & 0.467 & 0.072\\ 0.000 & 0.053 & 0.349 & 0.428 & 0.171\\ 0.007 & 0.026 & 0.283 & 0.520 & 0.164\\ 0.007 & 0.053 & 0.428 & 0.408 & 0.105\end{pmatrix}
$$

$$
\boldsymbol{A}_{a1}=(0.2\quad 0.2\quad 0.2\quad 0.2\quad 0.2)
$$

$$
\boldsymbol{B}_{a1}=\boldsymbol{A}_{a1}\cdot\boldsymbol{R}_{a1}=(0.017\quad 0.051\quad 0.300\quad 0.466\quad 0.166)
$$

结果表明，在生理状况方面，该校大学生选择“很不符合”的比例为 1.7%，“不符合”的比例为 5.1%，“一般”的比例为 30%，“符合”的比例为 46.6%，“很符合”的比例为 16.6%，根据最大隶属度原则，结论为“符合”。

## 二、因子 F2(个性特征) 评判结果

$$
\boldsymbol{R}_{a2}=\begin{pmatrix}0.000 & 0.013 & 0.224 & 0.625 & 0.138\\ 0.020 & 0.086 & 0.276 & 0.546 & 0.072\\ 0.026 & 0.164 & 0.362 & 0.388 & 0.059\\ 0.026 & 0.217 & 0.303 & 0.336 & 0.118\\ 0.020 & 0.171 & 0.309 & 0.428 & 0.072\\ 0.072 & 0.105 & 0.270 & 0.539 & 0.072\\ 0.013 & 0.270 & 0.388 & 0.283 & 0.046\\ 0.000 & 0.072 & 0.467 & 0.408 & 0.053\end{pmatrix}
$$

$$
\boldsymbol{A}_{a2}=(0.125\quad 0.125\quad 0.125\quad 0.125\quad 0.125)
$$

$$
\boldsymbol{B}_{a2}=\boldsymbol{A}_{a2}\cdot\boldsymbol{R}_{a2}=(0.022\quad 0.137\quad 0.325\quad 0.444\quad 0.079)
$$

结果表明，在个性特征方面，该校大学生选择“很不符合”的比例为 2.2%，“不符合”的比例为 13.7%，“一般”的比例为 32.5%，“符合”的比例为 44.4%，“很符合”的比例为 7.9%，根据最大隶属度原则，结论为“符合”。

## 三、因子 F3(应急知识) 评判结果

$$
\boldsymbol{R}_{a3}=\begin{pmatrix}0.092 & 0.336 & 0.309 & 0.197 & 0.066\\ 0.026 & 0.276 & 0.368 & 0.270 & 0.059\\ 0.118 & 0.368 & 0.296 & 0.197 & 0.020\\ 0.072 & 0.447 & 0.296 & 0.151 & 0.033\end{pmatrix}
$$

$$
\boldsymbol{A}_{a3}=(0.25\quad 0.25\quad 0.25\quad 0.25)
$$

$$
\boldsymbol{B}_{a3}=\boldsymbol{A}_{a3}\cdot\boldsymbol{R}_{a3}=(0.077\quad 0.357\quad 0.317\quad 0.204\quad 0.045)
$$

结果表明，在应急知识方面，该校大学生选择“很不符合”的比例为 7.7%，“不符合”的比例为 35.7%，“一般”的比例为 31.7%，“符合”的比例为 20.4%，“很符合”的比例为 4.5%，根据最大隶属度原则，结论为“不符合”。

## 四、因子 F4(不安全心理)评判结果

$$\boldsymbol{R}_{a4}=\begin{pmatrix}0.033 & 0.145 & 0.309 & 0.447 & 0.066\\0.151 & 0.342 & 0.230 & 0.164 & 0.112\\0.105 & 0.303 & 0.467 & 0.125 & 0.000\\0.066 & 0.263 & 0.362 & 0.309 & 0.000\\0.217 & 0.296 & 0.322 & 0.151 & 0.013\end{pmatrix}$$

$$\boldsymbol{A}_{a4}=(0.2\quad 0.2\quad 0.2\quad 0.2\quad 0.2)$$

$$\boldsymbol{B}_{a4}=\boldsymbol{A}_{a4}\cdot\boldsymbol{R}_{a4}=(0.114\quad 0.270\quad 0.338\quad 0.239\quad 0.038)$$

结果表明,在不安全心理方面,该校大学生选择“很不符合”的比例为11.4%,“不符合”的比例为27%,“一般”的比例为33.8%,“符合”的比例为23.9%,“很符合”的比例为3.8%,根据最大隶属度原则,结论为“一般”。

## 五、因子 F5(应急意识)评判结果

$$\boldsymbol{R}_{a5}=\begin{pmatrix}0.007 & 0.118 & 0.322 & 0.454 & 0.099\\0.020 & 0.184 & 0.401 & 0.283 & 0.112\\0.072 & 0.487 & 0.270 & 0.145 & 0.026\\0.033 & 0.138 & 0.546 & 0.230 & 0.053\end{pmatrix}$$

$$\boldsymbol{A}_{a5}=(0.25\quad 0.25\quad 0.25\quad 0.25)$$

$$\boldsymbol{B}_{a5}=\boldsymbol{A}_{a5}\cdot\boldsymbol{R}_{a5}=(0.033\quad 0.232\quad 0.385\quad 0.278\quad 0.073)$$

结果表明,在应急意识方面,该校大学生选择“很不符合”的比例为3.3%,“不符合”的比例为23.2%,“一般”的比例为31.7%,“符合”的比例为20.4%,“很符合”的比例为4.5%,根据最大隶属度原则,结论为“一般”。

## 六、因子 F6(人际关系)评判结果

$$\boldsymbol{R}_{a6}=\begin{pmatrix}0.026 & 0.099 & 0.270 & 0.533 & 0.072\\0.039 & 0.178 & 0.336 & 0.342 & 0.105\\0.020 & 0.217 & 0.263 & 0.487 & 0.013\\0.020 & 0.329 & 0.414 & 0.197 & 0.039\end{pmatrix}$$

$$\boldsymbol{A}_{a6}=(0.25\quad 0.25\quad 0.25\quad 0.25)$$

$$\boldsymbol{B}_{a6}=\boldsymbol{A}_{a6}\cdot\boldsymbol{R}_{a6}=(0.026\quad 0.206\quad 0.321\quad 0.390\quad 0.057)$$

结果表明,在人际关系方面,该校大学生选择“很不符合”的比例为2.6%,“不符合”的比例为20.6%,“一般”的比例为32.1%,“符合”的比例为39%,“很符合”的比例为5.7%,根据最大隶属度原则,结论为“符合”。

根据第5章因子分析得出的个人素质测量分量表公因子方差贡献率,对贡献率进行归一化处理,见表6-2。

**表6-2 个人素质测量分量表各公因子方差贡献率** 单位:%

| | F1 | F2 | F3 | F4 | F5 | F6 |
|---|---|---|---|---|---|---|
| 方差贡献率 | 6.321 | 20.066 | 12.658 | 5.653 | 4.448 | 4.098 |
| 归一化方差贡献率 | 11.679 | 37.076 | 23.388 | 12.066 | 8.219 | 7.572 |

根据前文所做的 6 个因子的单因素一级评判，以表 6－2 的归一化方差贡献率为权重，进行个人素质测量分量表测量结果的二级模糊评判。

$$\boldsymbol{R}_a=\begin{pmatrix}0.017 & 0.051 & 0.300 & 0.466 & 0.166\\ 0.022 & 0.137 & 0.325 & 0.444 & 0.079\\ 0.077 & 0.357 & 0.317 & 0.204 & 0.045\\ 0.186 & 0.153 & 0.303 & 0.363 & 0.176\\ 0.033 & 0.232 & 0.385 & 0.278 & 0.073\\ 0.026 & 0.206 & 0.321 & 0.390 & 0.057\end{pmatrix}$$

$$\boldsymbol{A}_a=(0.117 \quad 0.371 \quad 0.234 \quad 0.121 \quad 0.082 \quad 0.076)$$

$$\boldsymbol{B}_a=\boldsymbol{A}_a\cdot\boldsymbol{R}_a=(0.054 \quad 0.189 \quad 0.314 \quad 0.354 \quad 0.089)$$

个人素质测量分量表测量结果中，该校大学生选择“很不符合”的比例为 5.4%，“不符合”的比例为 18.9%，“一般”的比例为 31.4%，“符合”的比例为 35.4%，“很符合”的比例为 8.9%，根据最大隶属度原则，结论为“符合”。据此可以说明该校大学生个人素质测量结果良好。

**表 6－3　个人素质测量分量表测量模糊综合评价结果**

| 个人素质测量分量表(隶属度:符合) | | | | | | |
|---|---|---|---|---|---|---|
| 因子 | F1 | F2 | F3 | F4 | F5 | F6 |
| | 生理状况 | 个性特质 | 应急知识 | 不安全心理 | 应急意识 | 人际关系 |
| 隶属度 | 符合 | 符合 | 不符合 | 一般 | 一般 | 符合 |

从表 6－3 可以看出，个人素质测量分量表的 6 个因子中，生理状况、个性特征、人际关系三个因子的隶属度都是“符合”，说明该校大学生的生理状况良好，有比较好的身体素质和反应能力，其个性比较优良，人际关系良好。不安全心理和应急意识两个因子的隶属度为“一般”，说明该校大学生存在一定的冒险、侥幸等不安全心理，且应急意识有待提高。应急知识的隶属度为“不符合”，说明该校大学生应急知识比较匮乏，应引起足够的重视，予以加强。在实地调研和同学的交谈中发现，该校大学生在平时的生活中进行了多种形式的体育运动，包括体育课、篮球、足球等，对大学生身体素质的提升有一定的作用；而被问到会不会使用灭火器、能不能够识别校园突发事件等涉及应急知识的问题时，大部分人表现出茫然和回避。因此，个人素质分量表的测量结果与该校大学生的实际情况基本吻合，说明该分量表能够用来反映该校学生的个人素质情况。

为了更直观地反映该校大学生个人素质测量结果，将个人素质测量的各因素项目得分均值作条形图(见图 6－1～图 6－6)。

从图 6－1 可以看出，生理状况这一因素包含的 5 个项目得分均值在 3.42～4.06 之间，其中 a2(我常常很困，做事情无精打采)得分最低，在实际调研中发现大学生上网占用了大量的休息时间，学校和老师应予以关注，进行必要的干预以提高学生的身体素质。

从图 6－2 可以看出，个人特征这一因素所包含的 8 个项目得分均值在 2.63～3.89 之间，其中 a11(我做事看心情，心情好，做事就比较积极)得分最低，说明该校大学生偏情绪化，应该对情绪变化加以关注和干预；a14(在遇到困难或干扰时我会不由自主的紧张，感觉压力很大)

得分也较低，说明该校大学生的心理抗压能力比较弱，应更加关注心理问题，进行心理干预。

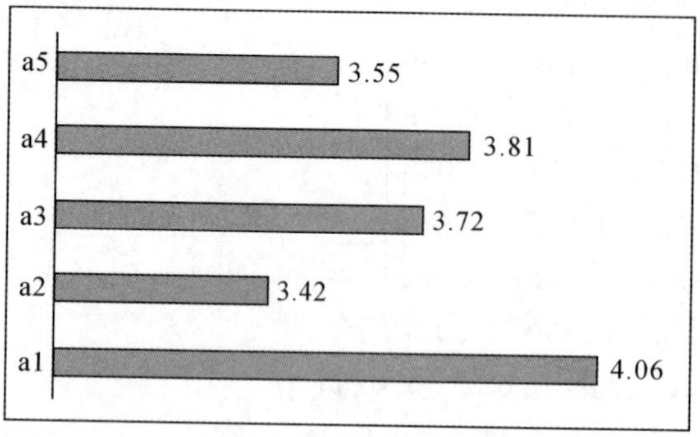


图 6－1　生理状况得分条形图

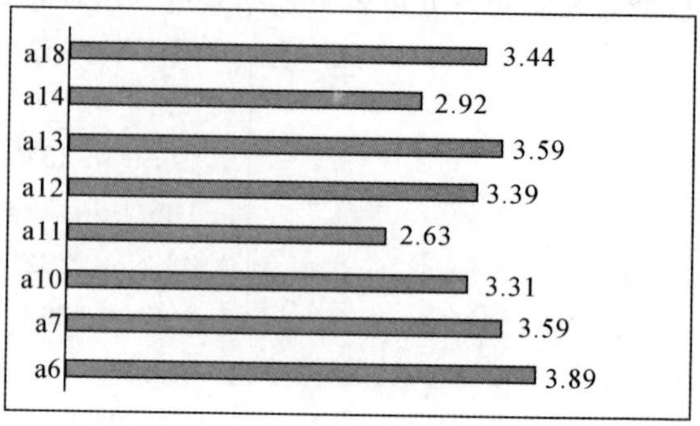


图 6－2　个性特征得分条形图

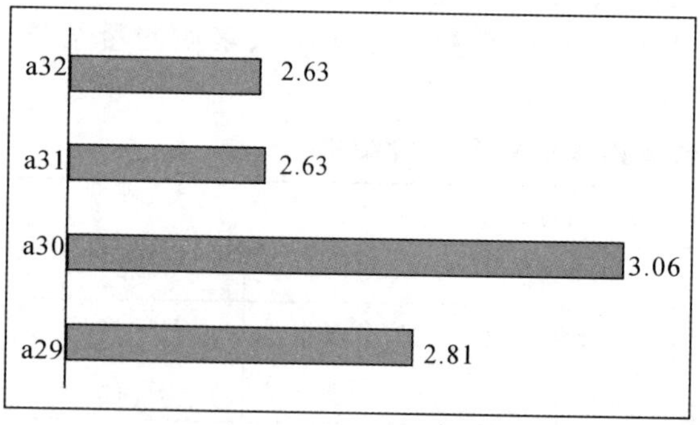


图 6－3　应急知识得分条形图

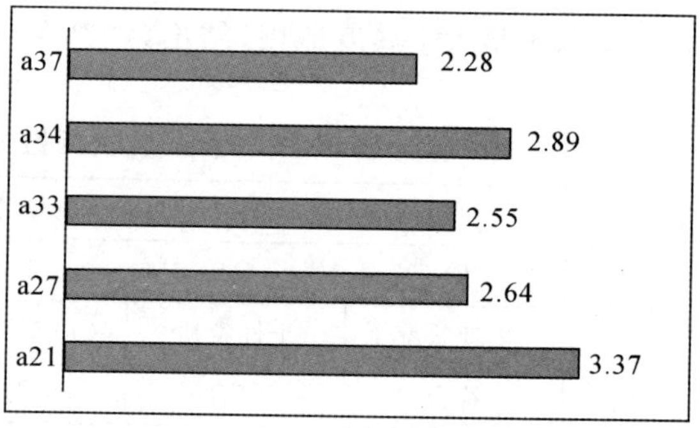


图 6－4　不安全心理得分条形图

从图 6－3 可以看出，应急知识这一因素所包含的 4 个项目得分均值都偏低，这 4 个项目分别测量了大学生应急理论知识、应急技能知识、对学校规章制度和应急预案掌握情况，说明该校大学生的应急知识亟待加强。对大学生应急知识的加强不仅包括理论知识，而且也应该加强实践操作知识。

从图 6－4 可以看出，不安全心理这一因素所包含的 5 个项目得分均值在 2.28～3.37 之间，说明该校大学生存在一定的侥幸、冒险、惯性、应付等不安全心理，学生、学校、老师都应该引起重视，及时干预和调整。

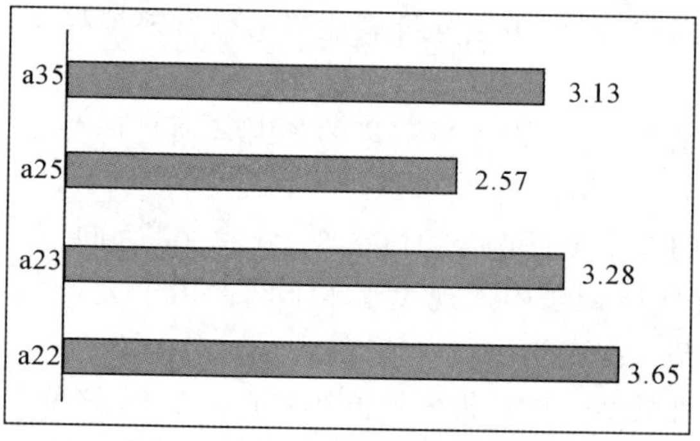


图 6－5　应急意识得分条形图

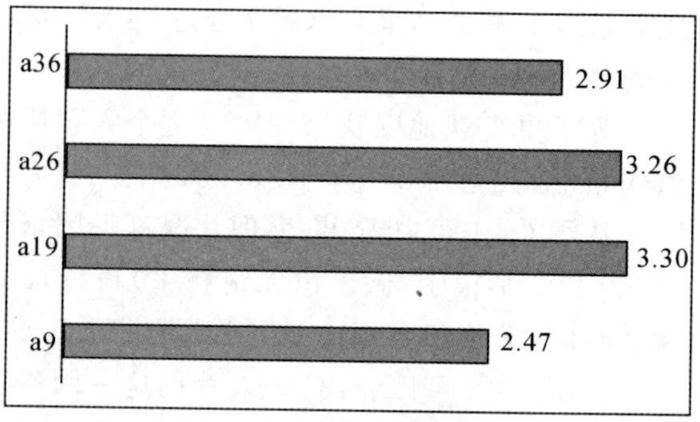


图 6－6　人际关系得分条形图

从图 6－5 可以看出，应急意识这一因素所包含的 4 个项目得分均值在 2.57～3.65 之间，其中得分最低的 a25（我知道或能在第一时间找到校保卫科和校医院的电话号码），充分说明该校大学生在校期间没有足够的自我保护意识。学校应该积极引导，鼓励该校大学生逐渐树立应急意识。

从图 6－6 可以看出，人际关系这一因素包含的 4 个项目得分均值在 2.47～3.30 之间，其中，得分最低的是 a9（当朋友遇到困难，我会义不容辞伸出援手），同学之间互助互爱的匮乏是该校存在的一种现象，也可能在突发事件发生时，不能够实现互救，应引起学校和老师的关注。

### 6.2.4　高校环境测量结果分析

**一、因子 F1（高校应急管理）评判结果**

$$\boldsymbol{R}_{b1}=\begin{pmatrix}0.026 & 0.322 & 0.408 & 0.217 & 0.026\\ 0.026 & 0.158 & 0.401 & 0.362 & 0.053\\ 0.066 & 0.336 & 0.382 & 0.184 & 0.033\\ 0.033 & 0.125 & 0.434 & 0.355 & 0.053\\ 0.000 & 0.053 & 0.164 & 0.592 & 0.191\\ 0.007 & 0.092 & 0.316 & 0.447 & 0.138\\ 0.039 & 0.112 & 0.454 & 0.296 & 0.099\\ 0.026 & 0.138 & 0.461 & 0.309 & 0.066\end{pmatrix}$$

$$\boldsymbol{A}_{b1}=(0.125\quad 0.125\quad 0.125\quad 0.125\quad 0.125)$$

$$\boldsymbol{B}_{b1}=\boldsymbol{A}_{b1}\cdot\boldsymbol{R}_{b1}=(0.028\quad 0.167\quad 0.378\quad 00.345\quad 0.082)$$

结果表明，在高校应急管理方面，该校大学生选择“很不符合”的比例为 2.8％，“不符合”的比例为 16.7％，“一般”的比例为 37.8％，“符合”的比例为 34.5％，“很符合”的比例为 8.2％，根据最大隶属度原则，结论为“一般”。

**二、因子 F2（应急沟通与反馈）评判结果**

$$\boldsymbol{R}_{b2}=\begin{pmatrix}0.020 & 0.184 & 0.474 & 0.257 & 0.066\\ 0.026 & 0.296 & 0.388 & 0.197 & 0.092\\ 0.046 & 0.204 & 0.401 & 0.263 & 0.086\\ 0.046 & 0.368 & 0.355 & 0.171 & 0.059\end{pmatrix}$$

$$\boldsymbol{A}_{b2}=(0.25\quad 0.25\quad 0.25\quad 0.25)$$

$$\boldsymbol{B}_{b2}=\boldsymbol{A}_{b2}\cdot\boldsymbol{R}_{b2}=(0.035\quad 0.263\quad 0.405\quad 0.222\quad 0.076)$$

结果表明，在高校应急沟通与反馈方面，该校大学生选择“很不符合”的比例为 3.5％，“不符合”的比例为 26.3％，“一般”的比例为 40.5％，“符合”的比例为 22.2％，“很符合”的比例为 7.6％，根据最大隶属度原则，结论为“一般”。

### 三、因子 F3(高校应急教育)评判结果

$$\boldsymbol{R}_{b3}=\begin{pmatrix}0.099 & 0.336 & 0.368 & 0.164 & 0.033\\0.066 & 0.250 & 0.342 & 0.303 & 0.039\\0.046 & 0.296 & 0.368 & 0.243 & 0.046\\0.079 & 0.355 & 0.342 & 0.178 & 0.046\\0.105 & 0.329 & 0.349 & 0.184 & 0.033\\0.105 & 0.349 & 0.336 & 0.164 & 0.064\\0.105 & 0.362 & 0.329 & 0.171 & 0.033\end{pmatrix}$$

$$\boldsymbol{A}_{b3}=(0.143\quad 0.143\quad 0.143\quad 0.143\quad 0.143\quad 0.143\quad 0.143)$$

$$\boldsymbol{B}_{b3}=\boldsymbol{A}_{b3}\cdot\boldsymbol{R}_{b3}=(0.086\quad 0.324\quad 0.347\quad 0.201\quad 0.042)$$

结果表明,在高校应急教育方面,该校大学生选择“很不符合”的比例为8.6%,“不符合”的比例为32.4%,“一般”的比例为34.7%,“符合”的比例为20.1%,“很符合”的比例为4.2%,根据最大隶属度原则,结论为“一般”。

### 四、因子 F4(高校心理教育)评判结果

$$\boldsymbol{R}_{b4}=\begin{pmatrix}0.026 & 0.243 & 0.428 & 0.257 & 0.046\\0.020 & 0.099 & 0.303 & 0.474 & 0.105\\0.026 & 0.434 & 0.309 & 0.191 & 0.039\end{pmatrix}$$

$$\boldsymbol{A}_{b4}=(0.33\quad 0.33\quad 0.33)$$

$$\boldsymbol{B}_{b4}=\boldsymbol{A}_{b4}\cdot\boldsymbol{R}_{b4}=(0.024\quad 0.259\quad 0.347\quad 0.307\quad 0.063)$$

结果表明,在高校心理教育方面,该校大学生选择“很不符合”的比例为2.4%,“不符合”的比例为25.9%,“一般”的比例为34.7%,“符合”的比例为30.7%,“很符合”的比例为6.3%,根据最大隶属度原则,结论为“一般”。

根据第5章因子分析得出的高校环境测量分量表公因子方差贡献率,对贡献率进行归一化处理,见表6-4。

**表6-4　高校环境测量分量表各公因子方差贡献率**　　单位:%

| | F1 | F2 | F3 | F4 |
|---|---|---|---|---|
| 方差贡献率 | 9.152 | 5.491 | 43.919 | 4.816 |
| 归一化方差贡献率 | 14.440 | 8.664 | 69.297 | 7.599 |

根据前文所做的4个因子的单因素一级评判,以表6-4的归一化方差贡献率为权重,进行高校环境测量分量表测量结果的二级模糊评判。

$$\boldsymbol{R}_{b}=\begin{pmatrix}0.028 & 0.167 & 0.378 & 0.345 & 0.082\\0.035 & 0.263 & 0.405 & 0.222 & 0.076\\0.086 & 0.324 & 0.347 & 0.201 & 0.042\\0.024 & 0.259 & 0.347 & 0.307 & 0.063\end{pmatrix}$$

$$\boldsymbol{A}_{b}=(0.144\quad 0.087\quad 0.693\quad 0.076)$$

$$\boldsymbol{B}_{b}=\boldsymbol{A}_{b}\cdot\boldsymbol{R}_{b}=(0.068\quad 0.291\quad 0.356\quad 0.232\quad 0.052)$$

高校环境分量表测量结果中，该校大学生选择“很不符合”的比例为6.8%，“不符合”的比例为29.1%，“一般”的比例为35.6%，“符合”的比例为23.2%，“很符合”的比例为5.2%，根据最大隶属度原则，结论为“一般”。据此说明该校大学生认为该校的应急环境存在一定的问题，对于应急能力的提升作用不大。

**表6-5 高校环境测量分量表测量模糊综合评价结果**

| 高校环境测量分量表(隶属度:一般) | | | | |
|---|---|---|---|---|
| 因子 | F1 | F2 | F3 | F4 |
| | 高校应急管理 | 应急沟通与反馈 | 高校应急教育 | 高校心理教育 |
| 隶属度 | 一般 | 一般 | 一般 | 一般 |

从表6-5可以看出，高校环境测量分量表中4个因子的隶属度都为“一般”，说明该校应急管理、应急沟通与反馈、应急教育、心理教育水平和效果都比较弱，应该加强。通过实地调研，该校大学生普遍反映其与学校、老师的沟通渠道比较单一，学生反映的安全隐患问题不能及时得到反馈；而学校开设的应急课程、应急演练、应急讲座的频次、规模、效果都有待提高。因此，高校环境测量分量表基本能够反映该校的实际问题，说明该分量表是有效的。

为了更直观地反映该校高校环境因素测量结果，将高校环境测量的各因素项目得分均值作条形图(见图6-7～图6-10)。

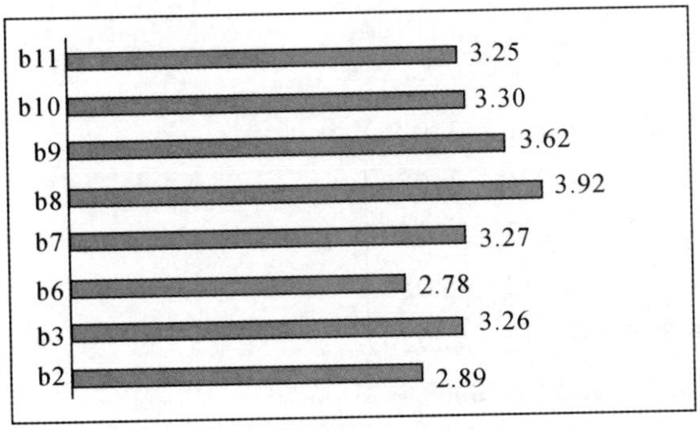


图6-7 高校应急管理得分条形图

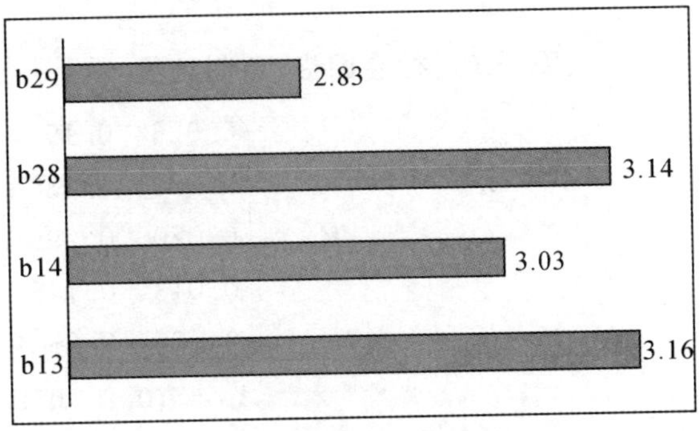


图6-8 应急沟通与反馈得分条形图

从图6-7可以看出，高校应急管理这一因素的8个项目得分均值在2.78～3.92之间，其中得分最高的为b8(学校设置了相应的安全基础设施，如灭火器，消火栓等)，说明该校的安全基础设施比较完善；得分比较低的是b2(学校的应急管理制度比较完善)和b6(学校有进行应急教育的专业老师)。因此，学校的应急管理制度应进一步完善，且学校应该培养和安排专业应急教育的老师，并且对其进行考核和培训，以加强应急教育的效果。

从图6-8可以看出，应急沟通与反馈这一因素所包含的4个项目得分均比较低，表现出该校学生认为学校对于生活的关注、答疑、反馈、信息披露等做得不到位，学校与学生之间的互动不强，应进一步加强和完善。

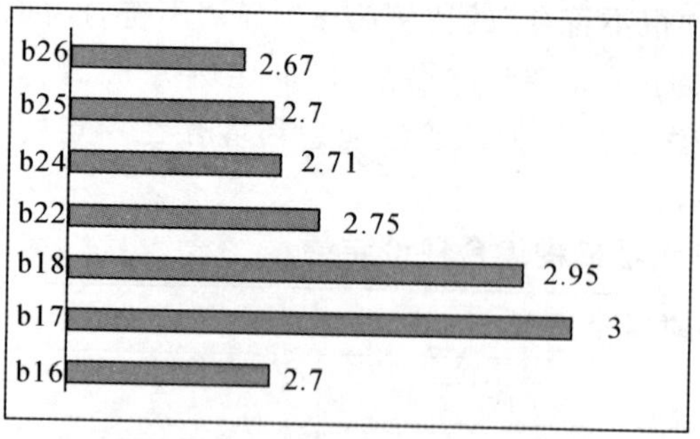


图 6－9　高校应急教育得分条形图

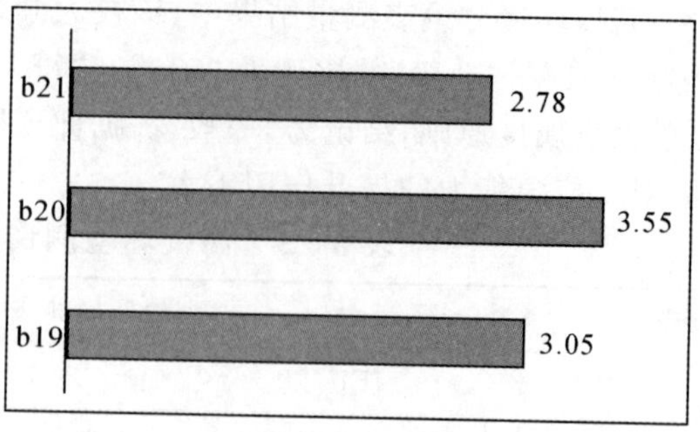


图 6－10　高校心理教育得分条形图

从图 6－9 可以看出，该校应急教育因素的 7 个项目得分均值在 2.67～3 之间，说明该校应急课程、应急培训、应急演练的规模、频次、范围均不能满足学生的需要，并且效果不明显。学校应该增设适合学生实际需求的应急课程、应急培训和应急演练，并且丰富授课方式，增强应急教育的效果。

从图 6－10 可以看出，该校心理教育 3 个项目得分均值在 2.78～3.55 之间，说明虽然对心理健康有所关注，但是关注度应有所提高。一方面是平时的心理健康关注和教育，另一方面也应提供灾后心理恢复和干预，使得学生以更健康的心态投入学习生活中。

### 6.2.5　社会环境测量结果分析

#### 一、因子 F1（社会因素）评判结果

$$\boldsymbol{R}_{c1}=\begin{pmatrix}0.026 & 0.197 & 0.454 & 0.296 & 0.026\\0.020 & 0.230 & 0.454 & 0.270 & 0.026\\0.020 & 0.296 & 0.421 & 0.211 & 0.053\\0.013 & 0.145 & 0.368 & 0.414 & 0.059\\0.086 & 0.263 & 0.388 & 0.211 & 0.053\end{pmatrix}$$

$$\boldsymbol{A}_{c1}=(0.2\quad 0.2\quad 0.2\quad 0.2\quad 0.2)$$

$$\boldsymbol{B}_{c1}=\boldsymbol{A}_{c1}\cdot\boldsymbol{R}_{c1}=(0.033\quad 0.226\quad 0.417\quad 0.280\quad 0.043)$$

结果表明，在社会因素方面，该校大学生选择“很不符合”的比例为 4.3%，“不符合”的比例为 28%，“一般”的比例为 41.7%，“符合”的比例为 22.6%，“很符合”的比例为 3.3%，根据最大隶属度原则，结论为“一般”。

#### 二、因子 F2（家庭因素）评判结果

$$\boldsymbol{R}_{c2}=\begin{pmatrix}0.000 & 0.033 & 0.132 & 0.487 & 0.349\\0.046 & 0.329 & 0.368 & 0.204 & 0.053\\0.086 & 0.408 & 0.303 & 0.171 & 0.033\\0.007 & 0.046 & 0.217 & 0.553 & 0.178\end{pmatrix}$$

$$\boldsymbol{A}_{c2}=(0.25\quad 0.25\quad 0.25\quad 0.25)$$

$$\boldsymbol{B}_{c2}=\boldsymbol{A}_{c2}\cdot\boldsymbol{R}_{c2}=(0.035\quad 0.203\quad 0.255\quad 0.353\quad 0.153)$$

结果表明，在家庭因素方面，该校大学生选择“很不符合”的比例为 3.5%，“不符合”的比

例为 20.3%，“一般”的比例为 25.5%，“符合”的比例为 35.3%，“很符合”的比例为 15.3%，根据最大隶属度原则，结论为“符合”。

### 三、因子 F3(网络因素)评判结果

$$\boldsymbol{R}_{c3}=\begin{pmatrix}0.033 & 0.171 & 0.303 & 0.408 & 0.086\\ 0.086 & 0.263 & 0.388 & 0.211 & 0.053\\ 0.020 & 0.191 & 0.428 & 0.230 & 0.132\\ 0.000 & 0.105 & 0.362 & 0.454 & 0.079\end{pmatrix}$$

$$\boldsymbol{A}_{c3}=(0.25\quad 0.25\quad 0.25\quad 0.25)$$

$$\boldsymbol{B}_{c3}=\boldsymbol{A}_{c3}\cdot\boldsymbol{R}_{c3}=(0.035\quad 0.182\quad 0.370\quad 0.326\quad 0.087)$$

结果表明，在网络因素方面，该校大学生选择“很不符合”的比例为 3.5%，“不符合”的比例为 18.2%，“一般”的比例为 37%，“符合”的比例为 32.6%，“很符合”的比例为 8.7%，根据最大隶属度原则，结论为“一般”。

根据第 5 章因子分析得出的社会环境测量分量表公因子方差贡献率，对贡献率进行归一化处理，见表 6－6。

**表 6－6　社会环境测量分量表各公因子方差贡献率**　　单位：%

| | F1 | F2 | F3 |
|---|---|---|---|
| 方差贡献率 | 11.952 | 23.530 | 14.888 |
| 归一化方差贡献率 | 23.728 | 46.714 | 29.557 |

根据前文所做的 3 个因子的单因素一级评判，以表 6－4 的归一化方差贡献率为权重，进行社会环境测量分量表测量结果的二级模糊评判。

$$\boldsymbol{R}_{c}=\begin{pmatrix}0.033 & 0.226 & 0.417 & 0.280 & 0.043\\ 0.035 & 0.203 & 0.255 & 0.353 & 0.153\\ 0.035 & 0.182 & 0.370 & 0.326 & 0.087\end{pmatrix}$$

$$\boldsymbol{A}_{c}=(0.237\quad 0.467\quad 0.296)$$

$$\boldsymbol{B}_{c}=\boldsymbol{A}_{c}\cdot\boldsymbol{R}_{c}=(0.037\quad 0.215\quad 0.328\quad 0.315\quad 0.105)$$

社会环境测量分量表的测量结果中，该校大学生选择“很不符合”的比例为 3.7%，“不符合”的比例为 21.5%，“一般”的比例为 32.8%，“符合”的比例为 31.5%，“很符合”的比例为 10.5%，根据最大隶属度原则，结论为“一般”。

**表 6－7　社会环境测量分量表测量模糊综合评价结果**

| 社会环境测量分量表(隶属度：一般) | | | |
|---|---|---|---|
| 因子 | F1 | F2 | F3 |
| | 社会因素 | 家庭因素 | 网络因素 |
| 隶属度 | 一般 | 符合 | 一般 |

从表 6－7 可以看出，社会环境测量分量表的 3 个因子中，社会因素和网络因素的隶属度都为“一般”，家庭因素的隶属度为“符合”。说明该校大学生受到社会舆论、政治事件、周围人

的影响比较大;对于网络的依赖和网络信息的筛选存在一定的弱点,这也给学校敲响了警钟,应予以必要的干预和控制。另外,该校大学生普遍认为家庭对自己的成长起到的都是积极作用。从实地调研中发现,该校大学生的行为和性格、情绪很容易受到周围人的影响,比如"甲流"期间,很多学生听信社会的传言,认为"甲流"很可怕,甚至有学生想退学;而该校的大学生都认为家庭给自己创造了优良的生活环境,对自己的成长极为重要。因此,社会环境测量分量表基本能够反映该校大学生的实际情况,说明该分量表是有效的。

为了更直观地反映该校社会环境因素测量结果,将社会环境测量的各因素项目得分均值作条形图(见图 6-11～图 6-13)。

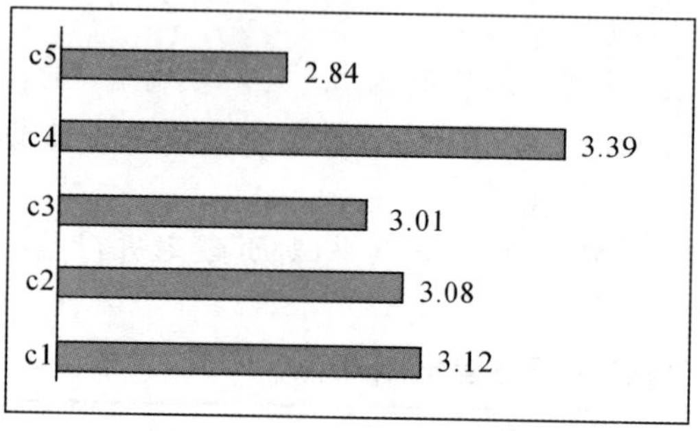


图 6-11　社会因素得分条形图

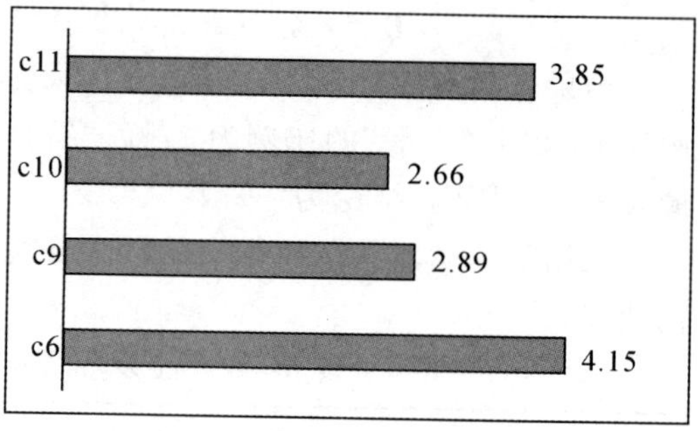


图 6-12　家庭因素得分条形图

从图 6-11 可以看出,社会因素这一因素中的 5 个项目的得分均值在 2.84～3.39 之间,其中 c5(我容易受到周围人言论和行动的影响)得分最低,说明该校大学生容易受到周围环境和人的影响;另外,c3(涉及国家安全和尊严的问题,我会表现出不理智的一面)的得分也比较低,说明该校大学生的爱国意识比较强烈,容易冲动,极易造成表达方式偏激。如果有政治事件发生时,该校应该更加关注学生的动态。

从图 6-12 可以看出,家庭因素的 4 个项目得分均值处于 2.66～4.15 之间,其中,得分比较高的是 c6(我和家人关系比较融洽,家人给我很多关注)和 c11(我和家人的沟通比较好,有助于我人际关系的处理),说明好的家庭氛围和家庭关系对于大学生有着比较正面的影响;另外,c9(从小父母就培养我的安全意识)和 c10(父母教给我应对危险的简单方法和技能)得分均不到 3 分,说明家庭应该加强对孩子的安全教育。

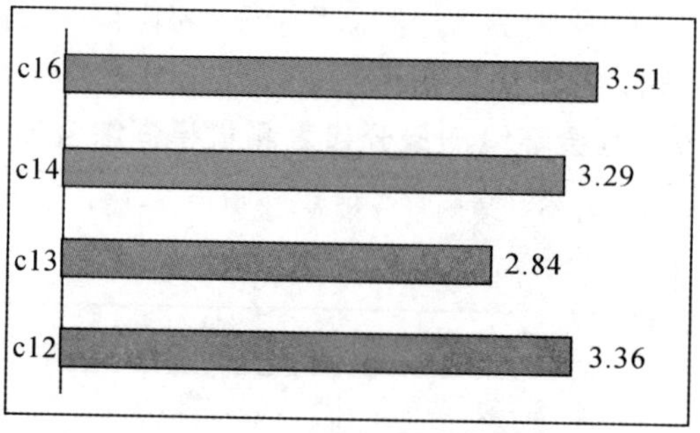


图 6-13　网络因素得分条形图

从图 6-13 可以看出,网络因素的 4 个项目的得分均值在 2.84～3.51 之间,其中得分最低是c13(我的生活离不开网络,为此我付出了比较长的时间),说明该校的学生在网络中投入了比较多的时间,应该进行必要的干预;c16(网络是我发泄情绪的重要场所)的得分比较高,说明该校学生将网络作为调节情绪最重要的途径,应该合理引导并规范其行为,避免做出过激行为。

## 6.3　大学生应急能力提升的对策和建议

通过大学生应急能力测量量表各分量表模糊综合评价结果和各因子项目得分均值分析结果,可以看出该校大学生应急能力存在以下问题:①应急知识比较匮乏;②应急意识比较薄弱,并且存在一定的不安全心理;③心理抗压能力比较薄弱;④该校学生对学校的应急教育、应急演练评价不高,不能够满足学生的需要;⑤该校大学生对于网络的依赖比较高;⑥该校没有建立良好的应急沟通和反馈渠道。基于此,结合行为科学理论,提出提升大学生应急能力的对策和建议。

### 6.3.1　丰富大学生的应急理论知识

大学生应急能力的提升和培养应该建立在丰富的应急理论知识的基础之上。大学生应急理论知识的匮乏,造成大学生应急意识薄弱,不能很好地处理危机,且缺乏辨别力,其行为更容易受到外界环境和人的影响。而大学生应急知识最主要是来源于应急课程、培训、讲座等应急教育。高校应该重视应急教育的作用,并将其作用最大化。

1. 应急教育的内容要具体、全面,授课方式要多样灵活

一方面,应急教育的内容应以贴近学生生活、通俗易懂为原则,既要包含地震、火灾、打架斗殴等常见的突发事件,也要包含大学生不太重视的卫生安全、心理健康问题等,尽量做到全面、具体。另一方面,应急课程、培训、讲座等不再局限于传统教学,应更多结合案例剖析、情景模拟等方式,以更加有感官冲击的形式或模拟场景的体验式环节来加强学生学习的兴趣和记忆点,培养和开发大学生的战略观念、决策能力、分析判断能力和应急潜能。

2. 增强应急教育的时效性

随着高校突发事件的种类不断复杂化,应急教育的内容和形式都应结合经济社会发展趋势,及时补充新的信息,更新应急教育内容,了解可能潜伏在身边的危险,并且及时做出反应来不断提升大学生的应急能力。

3. 保证应急教育的效果

为了保障和提高应急教育的效果,可以将其计入考核评估,一方面能促使老师提高其应急知识水平,并且创新授课方式;另一方面也能增强大学生的应急知识和应急意识,促使师生进入主动学习阶段,最大限度地保证应急教育的效果,丰富大学生应急理论知识。

### 6.3.2　培养大学生的应急操作技能

提升大学生应急能力,需要培养大学生的应急操作技能。而大学生应急操作技能培养的最有效的形式是参加高校应急演练。高校应急演练效果的保障需要各高校相关部门及广大大学生重视应急演练的持续性、针对性和有效性。

1. 应急演练的持续性

大学生的应急能力提升是一个持续的过程，高校应急演练也应持续进行。增强应急演练的持续性，首先需要详细的应急演练方案，方案应该具有直观性，思路清晰、通俗易懂，简单明了，能够让大学生在短时间内掌握应急措施；其次应急演练的频率应该适当，能够满足大学生的需要。应急演练的频率应根据大学生应急操作技能的水平而制定。

2. 应急演练的针对性

一是分层调查学生的应急能力水平，对应急意识淡薄、应急能力低下的学生应给予更多的培养，进而改善高校应急教育的整体水平；二是整合学校现有应急演练内容，并根据实际情况来制定最适合学生的内容。高校可根据高校突发事件发展的规律性，如不同季节、时期开展针对性的应急演练。

3. 应急演练的有效性

一方面，应急演练应该遵循开放式原则。高校突发事件在近几年的发展中呈现多样性和复杂性趋势，因此在设计应急演练计划时，应不拘泥于特定的场景和环境，应急场景模拟应内容生动、形式多样，使得学生在操作的时候伸缩性强、自由度高，为学生提供更为开阔、灵活、自主的空间，使学生在遇到多样化突发事件时具备较强的综合能力和思维能力，减少危险的发生以及增强对危机灾害的控制。另一方面，将演练效果进行强制性考核，例如不定期抽查演练效果，采取考试、竞赛等形式，逐渐地增强学校、老师、学生之间的互动关系，从根本上增强大学生学习的主动性。

### 6.3.3　增强大学生的应急意识

大学生所处的学校环境已经发生了比较大的改变，高校突发事件的频发已经危及大学生的安全。应培养大学生在平时的学习、生活中对风险和危机应对的意识。突发事件在发生之前往往会出现征兆，大学生有意识地培养自己，就能够及时、准确地辨别出这些信息，并且做出科学的预测和判断，做出应急反应和措施，减少伤害。

大学生的应急意识的增强，不仅仅是让其意识到人身安全、宿舍防火、饮食卫生的重要性，也应注意财产、交通、网络等方面可能出现的新问题。通过增强对于高校突发事件的认知、增加应急知识、强调应急和安全的重要性，能够提高大学生的应急能力，进而减少其不安全心理。

### 6.3.4　关注大学生的心理健康

由于社会转型和高校生存环境的变化，使得大学生不仅要面对社会、家庭压力，还要面对来自于学业、竞争、就业等方面的压力。众多压力使得大学生的身心长期处于应急状态，一旦控制不当，就容易出现心理问题，有时可能导致更严重的后果。为了保持大学生积极向上的健康心理，需要家庭、社会、学校、学生共同努力。

(1)从大学生自己来说，要及时调整自己的心态，督促自己多学习和接触正面、向上的事情和人。寻找适合自己的减压方式，如和要好的同学、家长沟通，或通过运动、娱乐进行排解。

(2)从学校来说，学校要给予学生更多的心理关注，进行必要的心理干预。一方面，高校应该成立“心理健康教育”或“心理咨询中心”，在每个班级中可选举一名心理委员，将学校心理健康辅导和教育的信息传达给同学；另一方面，高校要定时、持续地开设心理健康教育选修课、举办心理健康专题教育讲座以及心理健康教育主题活动等，通过多样化和有趣味的心理健康活动和宣传使得大学生能够关注自己的心理健康，参与到心理健康专题活动中来，进而培养大学生的适应能力、抗压能力、自我调控能力等，促进大学生的心理健康。

(3)从家庭和社会来说，应该尽量为大学生构建充满爱和正能量的环境，甚至可以通过法律、行政、道德等手段，降低或减少社会负面信息或不良现象带给大学生的消极影响。

### 6.3.5　提升大学生的网络素养

网络已经成为大学生学习、生活不可或缺的一部分。网络信息的良莠不齐以及对网络的不合理利用等问题使得大学生面临很多的威胁和挑战。一方面要提高大学生对于网络信息的识别能力，即培养大学生能够在错综复杂的网络信息中筛选有助于其学习和生活的信息；另一方面要提高大学生对于网络的合理利用，即大学生能够充分利用网络解决学习和生活中的难题的同时，还应遵循网络行为规范和相关法律，提高网络安全意识。培养大学生的网络素养，就是要从提高大学生对于网络的认知，规范大学生的行为，合理安排上网时间，减少网络对于大学生的负面影响等方面入手。

### 6.3.6　创建良好的沟通与反馈渠道

创建良好的沟通与反馈渠道，首先要形成学生与学生之间、学生与老师之间、老师与学校管理层之间三个层级的有效沟通。学校应提倡学生之间的沟通，减少其存在的矛盾和冲突。一旦发现学生之间的问题，学校要及时予以关注和处理，避免造成更坏的局面；其次，老师也应该将平时遇到的学生之间的问题、学校安全问题等及时汇报给学校，对于这些问题，学校应该及时给予回应和处理。最后，鼓励学生参与到学校应急管理和应急教育中来，对学校应急工作存在的不足提出意见和建议，加强学生的自主性和积极性。

## 6.4　本章小结

(1)本章运用正式量表对某高校大学生的应急能力进行测试，并运用模糊综合评价法对该校大学生应急能力测量结果的总体情况进行分析，对三个分量表进行评价，其中个人素质测量分量表的 6 个因子中，生理状况、个性特征、人际关系三个因子的隶属度都是“符合”，不安全心理和应急意识 2 个因子的隶属度为“一般”，应急知识的隶属度为“不符合”；高校环境测量分量表中 4 个因子的隶属度都为“一般”；社会环境测量分量表的 3 个因子中，社会因素和网络因素的隶属度都为“一般”，家庭因素的隶属度为“符合”。这与调研得到的该高校的实际情况基本吻合，说明设计的大学生应急能力测量量表是有效和准确的。

(2)通过对某高校大学生应急能力测量分析的结果，总结了该校大学生应急能力存在的问题，并从提高应急知识、应急意识，增强网络素养，进行心理干预和构建应急沟通与反馈渠道等方面提出提升大学生应急能力的对策和建议。

# 第7章　高校应急教育与应急管理能力评估

由于经济发展和社会需要，高校已经从相对封闭的状态变为社会环境下的组成部分并与社会互动起来，然而教育体制未能随着高校规模不断扩大及时改革，导致高校大学生自身的生理和心理问题丛生，他们在面对诸多压力时极易做出不理智行为而诱发突发事件，这是我国高校应急教育与应急管理所处的客观环境。相对经济发展和社会需要而言，我国高校应急能力水平比较落后。为进一步详细了解高校的应急教育与应急管理水平，在对高校的应急教育与应急管理现状调研的基础上，本章结合文献综述中高校应急教育与应急管理评估指标，确定评估指标体系，并采用突变理论评价方法，以西安某高校为例对该校的应急教育与应急管理水平进行评估，并根据评估结果提出改进意见。

## 7.1　构建高校应急教育与应急管理能力评估指标体系

确定高校应急教育与应急管理能力评估指标体系是评估的核心问题。针对陕西省高校应急教育与应急管理的现状和特点，选取应急预防和准备能力、应急处置能力、应急恢复能力 3 个一级指标、10 个二级指标以及 33 个三级指标来构建高校应急教育与应急管理能力的评价指标体系，见表 7-1。

**表 7-1　高校应急能力评估指标体系**

| 总指标 | 一级指标 | 二级指标 | 三级指标 |
| --- | --- | --- | --- |
| 高校应急能力 | 应急预防和准备 $u$ | 应急组织机构 $u_1$ | 组织机构设置　$u_{11}$ |
| | | | 人员配备　$v_{11}$ |
| | | | 制度规范建设　$w_{11}$ |
| | | 应急预案建设 $v_1$ | 应急预案编制　$u_{12}$ |
| | | | 应急预案演练　$v_{12}$ |
| | | | 应急预案的修订　$w_{12}$ |
| | | 应急资源配置 $w_1$ | 设施完备情况　$u_{13}$ |
| | | | 资源清单　$v_{13}$ |
| | | | 应急资金投入　$w_{13}$ |
| | | | 后勤保障　$t_{13}$ |
| | | 应急信息处理能力 $t_1$ | 信息平台建设情况　$u_{14}$ |
| | | | 信息监测能力 $v_{14}$ |
| | | | 信息分析与预警能力　$w_{14}$ |

续 表

| 总指标 | 一级指标 | 二级指标 | 三级指标 |
|---|---|---|---|
| 高校应急能力 | 应急预防和准备 $u$ | 应急教育能力 $e_1$ | 应急知识与信息宣传情况　$u_{15}$ |
| | | | 应急教育情况　$v_{15}$ |
| | 应急处置能力 $v$ | 应急指挥能力 $u_2$ | 势态评估能力　$u_{21}$ |
| | | | 应急决策能力　$v_{21}$ |
| | | | 预案启动与执行情况　$w_{21}$ |
| | | | 人员调动能力　$t_{21}$ |
| | | 应急协调能力 $v_2$ | 信息沟通能力　$u_{22}$ |
| | | | 部门间的协调能力　$v_{22}$ |
| | | | 人员间的协调能力　$w_{22}$ |
| | | 应急控制能力 $w_2$ | 势态控制情况　$u_{23}$ |
| | | | 人员安置情况　$v_{23}$ |
| | | | 警戒与治安情况　$w_{23}$ |
| | 应急恢复能力 $w$ | 事后处置能力 $u_3$ | 事故原因分析情况　$u_{31}$ |
| | | | 责任追究与处置情况　$v_{31}$ |
| | | | 损失评估　$w_{31}$ |
| | | | 处置过程的总结分析　$t_{31}$ |
| | | 恢复建设能力 $v_3$ | 校园秩序恢复　$u_{32}$ |
| | | | 设施修复重建　$v_{32}$ |
| | | | 制度修订与重建　$w_{32}$ |
| | | | 心理疏导　$t_{32}$ |

### 7.1.1　应急预防和准备维度

为了初步确定维度，通过查阅文献，总结出国内外应急预防和准备维度中经常出现的因素，选出了 5 个维度：应急组织机构、应急预案建设、应急资源配置、应急信息处理能力和应急教育能力。

#### 一、应急组织机构维度的指标设计

诸多研究显示，应急组织机构的设置及人员配备是预防和准备维度中相当重要的一环，是高校应急预防和准备的核心。因此根据文献构建了包括 3 个指标的“应急组织机构”指标体系，见表 7－2。

**表 7－2　应急组织机构的指标体系**

| 二级指标 | 三级指标 |
| --- | --- |
| 应急组织机构 $u_1$ | 组织机构设置　$u_{11}$ |
| | 人员配备　$v_{11}$ |
| | 制度规范建设　$w_{11}$ |

1. 组织机构设置

组织机构的设置是应急组织机构的重要评价指标。对于各层管理人员来说，在一个设计良好的机构组织中工作，能保持较高的效率，并且能充分显示其才能；而在一个结构紊乱，职责不明的组织中工作，工作绩效就很低下，从而难以完成对突发事件的处理。

2. 人员配备

组织是由人员构成的，人员数量以及质量很大程度影响着机构对突发事件的应对速度以及应对能力。

3. 制度规范建设

合理的组织机构设置和高素质的人员，需要有规范的制度来进行约束，如果制度不够全面，那么人员将缺少统一规范，影响工作开展，所以建立完善的制度规范也是应急组织机构建设的一部分。

## 二、应急预案建设维度的指标设计

应急预案建设是应急管理的基础环节，对提升应急管理能力有非常重要的意义。应急预案加强了应急处置的针对性和前瞻性，为应急处置做了充分准备，应急处置的过程就是应急预案实施与调整的过程，同时，预案建设也是基层应急管理能力的集中体现。应急预案的建设可以从三方面进行设计，见表 7－3。

**表 7－3　应急预案建设的指标体系**

| 二级指标 | 三级指标 |
| --- | --- |
| 应急预案建设 $v_1$ | 应急预案编制　$u_{12}$ |
| | 应急预案演练　$v_{12}$ |
| | 应急预案的修订　$w_{12}$ |

1. 应急预案编制

完善的应急预案框架是包含总预案、程序、说明书和记录的四级文件体系，同时应急预案还应包括预案概括、预防内容、预备程序、应急程序和恢复程序。应急预案明确了在突发事件发生之前，发生过程中以及刚刚结束之后，谁负责做什么，何时做，怎么做，以及相应的策略和资源准备等。针对不同的突发事件编制有效的应急预案是应急预案建设的基础内容。只有编制了完整的预案，才能让应急预案演练有据可循，使得各种应急资源处于良好的备战状态。

2. 应急预案演练

不定期进行应急预案的演练，是预案建设后期管理的主要内容。就预期演练的特性和目的来看，应不定期的突击进行应急演练，才能达到效果，发现在应急处置过程中的缺陷，进而及时补充完善应急预案。

3. 应急预案的修订

各大高校由于管辖范围较小，人员固定，预案编制和演练也主要是前期处置阶段，例如人员疏散、简单灭火处理、急救等等，不会涉及多个单位的大范围人员和物资的流动，操作方便，故应经常对预案进行修订，以防万一。

## 三、应急资源配置维度的指标设计

应急管理成败的关键在于支撑要素——应急资源，它也是应急能力的主要体现之一。应急资源配置需要在应急管理的各个阶段对应急资源进行全程管理，构成一个循环开放的系统，确保资源有序生产、合理存储、优化调运、有效使用、节约环保，见表 7-4。

**表 7-4　应急资源配置的指标体系**

| 二级指标 | 三级指标 |
| --- | --- |
| 应急资源配置 $w_1$ | 设施完备情况　$u_{13}$ |
| | 资源清单　$v_{13}$ |
| | 应急资金投入　$w_{13}$ |
| | 后勤保障　$t_{13}$ |

1. 设施完备情况

当高校发生重大突发事件，能否在最短时间内将各种应急资源送抵事故现场是应急救援工作能否迅速开展的关键环节。而设施的完备情况直接决定了救援工作开展的速度，因此设施完备情况是应急资源配置的一个重要检查指标。

2. 资源清单

资源清单可以作为应急管理规划、应急管理评估和应急管理培训的工具。最重要的，它是决策者和管理者检查应急资源配置情况的直接凭证。另外，设立了资源清单，可以确保救援工作更加明晰准确、便于操作、有序开展。

3. 应急资金投入

应急资金的投入多少直接决定了应急资源的配置情况。没有充足的应急资金，救援工作将难以展开。赵尚梅曾指出，在突发公共事件应急管理的整个体系之中，资金保障是一项核心内容，充足的应急资金支持是整个应急管理体系有效运作的支撑和基础。

4. 后勤保障

后勤保障工作随着应急管理的发展而不断进步，离开了后勤保障，其他各项工作也就会因没有物质基础而无法进行。为了能够在最短的时间内配齐人员、物资，将危害减少到最低程度就必须储备充足的物资，只有在平时保证库存物资的充足完好，在处理突发事件时才能使后勤保障和物资供应准时到位。

## 四、应急信息处理能力维度的指标设计

信息准确性、及时性、丰富性、可用性是综合应急管理的前提与保障。只有应急信息处理得当，才能加强对紧急情况、突发事件的处理应对能力，进一步提高工作效率，防止误时误事情况的发生，确保紧急工作反应迅速、应对得当、规范有序、处置到位，见表 7-5。

**表 7-5　信息处理能力的指标体系**

| 二级指标 | 三级指标 |
|---|---|
| 应急信息处理能力 $t_1$ | 信息平台建设情况　$u_{14}$ |
| | 信息监测能力　$v_{14}$ |
| | 信息分析与预警能力　$w_{14}$ |

1. 信息平台建设情况

李永丽(2010)在博士论文中指出,应急信息平台是应急管理部门实现应急管理职责的主要载体。构建突发事件应急信息平台,及时准确地在第一时间向社会发布有关信息,并且在突发事件的处理过程中延伸和拓宽信息平台的功能,对于应急信息的处理是十分必要的。

2. 信息监测能力

从突发事件的演进过程看,对危险源的信息监测是进行应急信息处理最为基础的一个环节。在信息监测过程中必须突出重点领域进行重点监测,及时发现和解决苗头性问题,做好不稳定因素的控制或消除工作,并对得到的反馈信息及时处理,从而最大可能降低不安全事件的发生率。

3. 信息分析能力与预警能力

信息分析能力与预警能力是应急信息处理的核心。突发事件种类繁多,关联性强,事前往往有所征兆。即便突发事件稍纵即逝,但只要把握规律,活学活用,事前预警信息,事中分析信息,就有助于提高应急信息处理的能力。

**五、应急教育能力维度的指标设计**

事实证明,薄弱的教育结构和错误的教育内容很可能成为灾难的"帮凶",相反,某种危机状况反而能够为教育的改革和进步提供转机,因此,应急教育的完善和发展将为整个高校应急教育和管理系统的发展做出贡献。应急教育运用社会危机管理的经验可以进一步提高大学生对于紧急情况的预防和应对水平,保障大学生在各种特殊情况下的受教育权,见表 7-6。

**表 7-6　应急教育能力指标体系**

| 二级指标 | 三级指标 |
|---|---|
| 应急教育能力 $e_1$ | 应急知识与信息宣传情况　$u_{15}$ |
| | 应急教育情况　$v_{15}$ |

1. 应急知识与信息宣传情况

大学生是突发事件应急的一个重要责任主体,其应急准备素质与能力的水平高低关系到突发事件应急的有效性和及时性。姜秀慧、邢娟娟等人曾指出应急知识的宣传与教育是培养和提高公众应急准备能力的重要手段。应急知识的宣传是传授大学生应对突发事件的基础知识与一般技能的基本途径,是灌输和影响大学生应急意识与思想的重要手段,是培养和提高大学生应急准备素质与能力的重要渠道。

2. 应急教育情况

各大高校通过将应急知识和文化的教育列入应急管理工作中,有计划、有步骤地提供给学生应急知识多样化的教育，增强吸引力，扩大效果，使得在各种灾害来临时能从容面对，减少灾害带来的影响。

### 7.1.2　应急处置维度

无论是参与高校安全危机事件应急处置的机构、组织和人力资源，还是需要处理的具体事务，均是一个复杂的系统，需要进行有效的管理。宋劲松(2011)等人指出，为了使大地震等灾难的应急指挥更加合理有效，在平时就应该建立相应的组织指挥体系，以备巨灾来临时应急指挥的切实有效，将灾害损失尽可能降到最低。应急处置的成效在一定程度上取决于应急组织机构内部的运行机制，其中包括应急指挥能力、应急协调能力、应急控制能力三方面。这三方面都需要在应急处置预案中得到体现，这是现代高校突发事件应急处置管理工作的重要特点之一。

#### 一、应急指挥能力维度的指标设计

应急行动展开后，联合指挥机构迅速启用，现场应急指挥机构率救援队伍和相关保障力量应及时进入事故现场。2008 年四川汶川大地震发生后，温总理及其率领的应急指挥机构，第一时间出现在灾情最严重地区的前线，灾情得到高效和稳妥的处置，凸显应急指挥重要性和时效性，见表 7－7。

**表 7－7　应急指挥能力指标体系**

| 二级指标 | 三级指标 |
|---|---|
| 应急指挥能力 $u_2$ | 势态评估能力　$u_{21}$ |
| | 应急决策能力　$v_{21}$ |
| | 预案启动与执行情况 $w_{21}$ |
| | 人员调动能力 $t_{21}$ |

1. 势态评估能力

聂高众等(2011)提出，地震应急的势态评估与决策工作是地震应急救援的基础，需要在基础数据的支持下，对震害损失和决策目标相关信息进行科学的预估。势态评估包括关联分析和势态分析。势态评估的结果是形成势态分析报告和综合势态图，为管理者提供辅助决策信息。

2. 应急决策能力

为了建立健全预警体系，形成统一指挥、功能齐全、反应灵敏、运转高效的应急机制，提高保障高校安全和处置突发事件的能力，各大高校必须要提高各级组织和领导干部应对突发事件做出决断的能力，即应急决策能力。各级领导干部必须居安思危，增强忧患意识，积极应对各种突发事件，努力提高应急决策水平。

3. 预案启动与执行情况

突发事件具有不确定性，往往是防不胜防，一旦发生，需要及时采取应对措施，应急预案的启动有助于做出及时的应急反应，降低事故的损失。在突发事件发生后，指挥应急力量及时出动，采取有效的应对措施同时根据制定的应急预案灵活规则进行应急预案的动态调整，最大限

度降低突发事件造成的损失，是应急指挥能力的集中体现。应急预案先明确了应急各方的职责和响应程序，在应急力量和应急资源等方面做了大量准备，可以帮助应急指挥迅速、高效、有序的展开，将事故的人员伤亡、财产损失和环境破坏降到最低限度。

4.人员调动能力

我国高校学生忧患意识和互救能力较差，校园应急人员专业素质良莠不齐，所以提高应急人员的专业技能以及调动能力是一项迫切的任务。处置高校突发事件，事关全局，容不得半点松懈和大意，必须精心组织，周密安排，而如何调动人员决定了管理人员应急指挥水平。

## 二、应急协调能力维度的指标设计

高校应急教育和管理体系是一个由各种相互依赖关系组成的高度复杂系统。其中任何一个部分受到扰动，负面影响就可能沿着各种关系链迅速扩展、蔓延。突发事件发生后，应急需求突然膨胀。任何一个组织都难以单独提供充足的应急人力、物力与财力资源。应急管理者必须进行广泛的动员将各个力量都调动起来并进行有效的协调才能在最短的时间内完成对突发事件的处理，见表 7－8。

**表 7－8　应急协调能力指标体系**

| 二级指标 | 三级指标 |
|---|---|
| 应急协调能力　$v_2$ | 信息沟通能力　$u_{22}$ |
| | 部门间的协调能力　$v_{22}$ |
| | 人员间的协调能力　$w_{22}$ |

1.信息沟通能力

沟通是合作与协调的基础。在应急协调的过程中，如果信息沟通不畅，就会导致信息碎片化，应急服务就会出现缺失或者重复的现象，从而导致资源浪费。

2.部门间的协调能力

在应急管理庞大的系统中，机构众多可能会使得应急管理职责不清，相互推诿，致使重要事项或环节被遗漏。所以，做好部门间的协调工作是必不可少的。

3.人员间的协调能力

人员是部门的主要组成部分，如果人员间不能做到协调有序，部门的工作就无法开展。所以只要将人员之间的责任关系协调好，才有助于进一步开展工作。

## 三、应急控制能力维度的指标设计

灾害发生时，高校的应急管理中心是减灾、救灾的核心，是抢险救灾的第一线。因此应急管理中心的应急控制能力在很大程度上决定了救灾减灾的成功与否。应急管理中心应急控制能力是对灾害反应多方面能力的综合，是高校应急教育和管理中的重要组成部分。应急控制能力是对应急管理能力的集中体现，见表 7－9。

**表 7－9　应急控制能力指标体系**

| 二级指标 | 三级指标 |
| --- | --- |
| 应急控制能力　$w_2$ | 势态控制情况　$u_{23}$ |
| | 人员安置情况　$v_{23}$ |
| | 警戒与治安情况　$w_{23}$ |

1.势态控制情况

势态控制情况是对突发事件控制能力的最集中体现。若势态控制情况较差，则说明应急控制能力有待提高；若势态控制在可掌握的范围之内，则说明应急控制这一部分做得比较到位。

2.人员安置情况

在势态得到一定控制之后，如何对受灾学生进行安置则是应急管理亟须解决的问题。如果安置不当，则可能导致学生二次受灾。所以人员安置是在势态得到控制之后首先需要解决并且必须解决妥当的问题。

3.警戒与治安情况

为保障现场应急救援工作的顺利开展，在事故现场周围建立警戒区域，实施交通管制，维护现场治安秩序是十分必要的。其目的是要防止与救援无关人员进入事故现场，保障救援队伍、物资运输和人群疏散等的交通畅通，并避免发生不必要的伤亡。

### 7.1.3　应急恢复维度

应急恢复在高校应急教育和管理中占有重要地位。邱志鹏在对汶川地震的研究中指出，灾后恢复重建是灾害紧急救援完成之后灾区从无序状态转变到有序状态的必经过程，是灾区人民恢复正常生活和生产状态的必然步骤。在此阶段主要完成事故原因分析、经验积累以及灾后重建。本书根据应急恢复的主要工作内容，构建了包括事后处置能力和恢复建设能力在内的两个指标体系。

**一、事后处置能力维度的指标设计**

事后处置应明确应急终止的条件。事故现场得以控制，环境符合有关标准，次生、衍生事故隐患消除后，经事故现场应急指挥机构批准后，现场应急结束。接下来主要进行事后处置的工作，此阶段主要完成经验总结，对下一次的事故处理提供丰富的经验，见表 7－10。

**表 7－10　事后处置能力指标体系**

| 二级指标 | 三级指标 |
| --- | --- |
| 事后处置能力 $u_3$ | 事故原因分析　$u_{31}$ |
| | 责任追究与处置　$v_{31}$ |
| | 损失评估　$w_{31}$ |
| | 处置过程的总结分析　$t_{31}$ |

1. 事故原因分析

事故原因分析是人们向事故学习的最好途径。事故原因分析的目的不仅仅是查明事故责任者,而且更重要的是汲取事故教训,指导今后的事故预防工作。随着人们安全观念的变化,事故致因理论在不断发展,根据事故因果连锁论的事故原因分析已经不能满足当今事故原因分析的需求,应该运用系统安全分析技术和失败曼陀罗的思路,深入剖析事故发生的技术和管理的、个人和组织的原因。只有以准确、合理的事故分析作为依据,才能第一时间制定出适合的事故处理方案,提高事故处置能力。

2. 责任追究与处置

事故发生在人类为实现某种意图而进行的活动之中,人往往既是事故的受难者又是肇事者。因此,人的责任追究与处置是事后处置的重要内容。

3. 损失评估

损失评估是事后处置的重要组成部分,也是应急组织制定应急预案的基础和依据。因此如何准确评估事故造成的损失具有重要的理论和现实意义。

4. 处置过程的总结分析

处置过程是否合理、高效,这对下一次事故发生后的处理步骤以及处理方案有可借鉴的实际意义。通过分析,找出优点,在下次应急管理中进行充分发挥;反之,对于处置过程中的不足和漏洞要进行及时的改正和弥补。

## 二、恢复建设能力维度的指标设计

作为应急教育和管理的扫尾工作,恢复建设能力是对管理团队综合能力的集中体现。作为一个优秀的团队,不仅要能应对突发的事件,更应该在最短的时间内完成灾后重建工作。根据灾后重建的工作内容,我们将恢复建设能力分为校园秩序恢复、设施修复重建、制度修订与重建、心理疏导 4 个维度,见表 7-11。

**表 7-11　恢复建设能力指标体系**

| 二级指标 | 三级指标 |
|---|---|
| 恢复建设能力 $v_3$ | 校园秩序恢复　$u_{32}$ |
| | 设施修复重建　$v_{32}$ |
| | 制度修订与重建　$w_{32}$ |
| | 心理疏导　$t_{32}$ |

1. 校园秩序恢复

事故过后,学生身体和心理都受到冲击,此时校园秩序比较混乱。如何能在短时间内完成校园秩序的恢复是管理团队亟须解决的问题。只有先创造良好的秩序,后期的恢复建设工作才能逐渐开展。

2.设施修复重建

当校园秩序得到一定恢复之后,管理团队应集中处理受创设施的修复与重建。只有将校园硬件设施逐一恢复才能将学生从灾难的阴影中逐渐拉出。

3.制度修订与重建

在回顾此次事故中,我们会发现制度中存在的漏洞与不足,如果不及时进行修订,这类问题还会暴露在下次的事故之中。为了避免悲剧重演以及充分做好应急准备,制度的修订与重建也是必不可少的。

4.心理疏导

灾后的重建工作异常繁重,不仅要集全校之人力、物力和财力保障受灾学生、老师的生活、学习和工作,重建校园更重要的是关注他们的心理疏导,帮助他们安抚心灵上的伤口。尤其是学生,无论是生理和心理上都比较脆弱,经过灾难后会出现惶恐、心悸、悲伤和无助等等。这种情况如果没有及时进行正确的心理疏导和干预,会给学生今后发展带来不可估量的心理伤害。

## 7.2 突变理论评价原理及方法

### 7.2.1 突变理论的评价原理

#### 一、突变理论原理概述

突变理论的数学原理主要是对系统的各临界点进行分类,通过研究各种临界点附近的非连续特性,进而对系统中的突变现象进行描述与研究。

突变理论通过状态(行为)变量和控制变量表示研究对象,控制变量是造成突变持续变化的因子,状态变量表示将会发生的现象。如果把评估目标对象看作是系统,当系统没有突变时,系统变量有唯一的值。控制参数变化时,该变量值出现多个极值,系统发生突变,突变过程就是如此循环往复的。

突变理论表明,若控制参数不超过4个时,能够归结成7类初等突变类型。其中4种类型的变量数量、归一公式对应情况见表7-12。

**表7-12 四种突变类型的归一公式及控制变量主次关系表**

| 类型 | 状态变量 | 控制变量 | 归一公式 | 控制变量关系 |
|---|---|---|---|---|
| 尖点 | 1($x$) | 2($u,v$) | $x_u=u^{1/2}$, $x_v=v^{1/3}$ | $u\rightarrow v$ |
| 燕尾 | 1($x$) | 3($u,v,w$) | $x_u=u^{1/2}$, $x_v=v^{1/3}$, $x_w=w^{1/3}$ | $u\rightarrow v\rightarrow w$ |
| 蝴蝶 | 1($x$) | 4($u,v,w,t$) | $x_u=u^{1/2}$, $x_v=v^{1/3}$, $x_w=u^{1/4}$, $x_t=t^{1/5}$ | $u\rightarrow v\rightarrow w\rightarrow t$ |
| 棚屋 | 1($x$) | 5($u,v,w,t,e$) | $x_u=u^{1/2}$, $x_v=v^{1/3}$, $x_w=u^{1/4}$, $x_t=t^{1/5}$, $x_e=e^{1/6}$ | $u\rightarrow v\rightarrow w\rightarrow t\rightarrow e$ |

#### 二、突变理论评价方法的优点

目前,我国评估的方法主要以专家评分为依据,这些方法中均涉及指标权重的确定,在确定时常常存在较强的主观因素。此外，如层次分析法、综合模糊评价法等都属静态评价，动态评价甚少，评价结论大多反映的是系统综合能力水平，而缺少对应急子系统间、应对流程段好坏的评价。

突变理论在能力评估上的应用具有某些其他理论所不具备的长处。该方法不需人为地对评价指标赋以权重，对于指标重要性的量化是据各系统在归一公式中的内在矛盾地位和机制决定的。突变理论使用归一公式，综合考虑了各评价指标的相对重要性，定性和定量分析相结合。过程简捷，结果准确。

### 7.2.2 初始数据的预处理

在突变理论归一公式中，控制变量表征的是状态变量 $x$ 的多方面特征，为了顺利使用归一公式，根据突变理论决策的要求，引入三角模糊数对数据进行预处理，并将底层指标的原始数据转化为 0～1 范围内的数值。这样能更好地模糊处理评分者对底层指标评分的不确定性。

模糊数是精确实数与实数区间值构成的一个模糊集合。在此将选用方便的三角模糊数，它的三元组对应关系为

$$\left.\begin{array}{ll}(1,1,2), & x=1 \\ (x-1,x,x+1), & x=2,3,4,5,6,7,8 \\ (8,9,9), & x=9\end{array}\right\} \tag{7-1}$$

式(7－1)中，$x$ 为模糊数。

由专家的评分算出其对指标信心度值，将其视为某一指标的初始隶属函数值 $T=(t_1,t_2,t_3)$。若 $\lambda$ 代表评分者信心度（$\lambda\in[0,1]$），对乐观评分者 $\lambda=0$；对客观态度的评分者 $\lambda=0.5$；对悲观评分者 $\lambda=1$。$\alpha$ 为 $\alpha$ 截集，$D_{\lambda\alpha}(i)$ 是第 $i$ 个测评对象的信心度，则有

$$D_{\lambda\alpha}(i)=\lambda((t_2-t_1)\cdot\alpha+t_1+(1-\lambda)(t_3-t_3-t_2)\cdot\alpha) \tag{7-2}$$

值得说明的是突变理论的评价预警方法在实际应用时，根据实际问题的性质不同，控制变量值要采用不同准则进行取舍（见表 7－13）。

**表 7－13 控制变量取值准则**

| 准则 | 控制变量间的关系 | 取值原则 |
|---|---|---|
| 非互补 | 不可相互弥补其不足时 | $x=\min(x_u+x_v+x_w+x_t)$ |
| 互补 | 可以相互弥补其不足时 | $x=(x_u+x_v+x_w+x_t)/4$ |
| 过阀互补 | 到某一阀值才互补 | |

### 7.2.3 基于突变理论评估的应用步骤

突变理论评价方法首先将评价目标按一定原则构建成指标体系，将原始数据模糊化后，再用归一公式算出隶属函数，进而获得总隶属函数，得到评价结果。具体应用步骤如下：

(1) 构建指标体系，确定指标间关系。按照系统的内在机制，建立多层指标系统，并且分

清主次指标，只要收集到最底层指标的数据即可。通常控制变量、状态变量少于 5 个。

(2) 划分应急能力等级，设置评价标度。在评估问卷时，一般设立相应的评价准则和应急能力等级。在本课题中评价分数范围为 1 ～ 9，分数越高，代表对评价目标该项指标的评价越高。

(3) 知道底层指标评分后，运用模糊数将它们模糊化，计算出不同的评估者对每个底层指标的信心度值。

(4) 由于所有指标均为正向，标准化变换使其处于[0,1] 范围内，获得初始隶属函数值。现用极差变换法进行变换，有

$$\left.\begin{array}{ll} 1, & x \leqslant a_2 \\ (x-a_1)/(a_2-a_1), & a_1 < x < a_2 \\ 0, & 0 \leqslant x \leqslant a_1 \end{array}\right\} \tag{7-3}$$

(5) 用表 7 - 12 中的公式进行递归计算，按照表 7 - 13 中的准则，求出总隶属函数值。

(6) 参照总隶属函数值，检验结论的稳定性。

## 7.3　高校应急教育与应急管理评估问卷调查

综合考虑高校的具体情况、课题研究的目的以及实际操作能力，选择陕西省某具有代表性的普通高等院校进行问卷调查，获得原始数据，对原始数据加工处理后，再用突变理论模型对该校的应急能力进行评估。

选择了解调查对象的专家对某高校应急关键环节——应急准备能力情况，危机处置能力和应急恢复能力评分，力求能为本研究提供足够的数据支持，并且可以对评估数据进行数据分析及横向对比。

本次问卷的设计思路与高校应急教育和管理评估指标体系一致，针对应急预防和准备、应急处置和应急恢复三个主要部分进行设问，并且对影响这三方面的因素列举了要点，然后让专家考虑现实情况进行评分。

本研究调查了从事高校应急管理工作的相关专家和工作人员，他们分别在地质灾害、应急信息决策以及信息决策技术等领域有着自己的专长，调查时充分发挥了他们相关方面的优势。调查专家数量较少，但通过选择不同领域的专家保证了调查质量。调查结果总体上可以分为两组，一组对该高校应急能力持乐观态度，评估分数较高；一组对该高校应急能力评估较为悲观，评估分数较低。两个不同组的组内专家评分差距较小，但两组评分总体对比明显。

## 7.4　以某高校为例的高校应急教育与应急管理能力评估

### 7.4.1　高校应急教育与应急管理能力等级划分

通常把突发事件预警等级划分为一般、较大、重大、特别重大等四个等级，依照这种分法将

高校应急教育和管理能力分为低、较低、中、较高和高五个等级。另外，对五个等级的简单描述见表7－14，用0～1之间的数字表示高校应急能力的五个等级。

**表 7－14　高校应急教育和管理能力等级及其描述**

| 等级 | 低 | 较低 | 中 | 较高 | 高 |
|---|---|---|---|---|---|
| 标度值 | (0,0.6) | [0.6,0.7) | [0.7,0.8) | [0.8,0.9) | [0.9,1) |
| 高校应急教育和管理能力等级简单描述 | 高校完全不能应对突发事件，并且与政府职能部门配合较差以致事件失控，对社会产生较大影响 | 高校不能单独应对突发事件，能够和政府职能部门联合勉强平息事件 | 高校通过预防措施和应急准备工作能够对突发事件及时、有效地控制 | 高校基本能够通过常规的预防手段和应急预案阻止事态蔓延，能够很快制止事件，解决问题 | 高校能够通过自身协调内部组织和教育及政府部门，组织资源，及时、有效地解决各种突发事件 |

### 7.4.2　基于突变理论的某高校应急教育与应急管理能力评估

（1）根据选定的指标，构建研究对象的多级指标体系并顺序排列了主次指标，对相关方面的专家进行了调查，收集到的原始数据见表 7－15。

**表 7－15　两组专家的应急能力评分**

| 三级指标 | $u_{11}$ | $v_{11}$ | $w_{11}$ | $u_{12}$ | $v_{12}$ | $w_{12}$ | $u_{13}$ | $v_{13}$ | $w_{13}$ | $t_{13}$ | $u_{14}$ | $v_{14}$ | $w_{14}$ | $u_{15}$ | $v_{15}$ | $u_{21}$ | $v_{21}$ |
|---|---|---|---|---|---|---|---|---|---|---|---|---|---|---|---|---|---|
| 第一组 | 3 | 2 | 2 | 5 | 2 | 2 | 2 | 2 | 3 | 4 | 2 | 2 | 2 | 2 | 4 | 3 | 3 |
| 第二组 | 7 | 6 | 5 | 5 | 6 | 5 | 5 | 5 | 4 | 4 | 4 | 4 | 6 | 4 | 5 | 6 | 6 |
| 三级指标 | $w_{21}$ | $t_{21}$ | $u_{22}$ | $v_{22}$ | $w_{22}$ | $u_{23}$ | $v_{23}$ | $w_{23}$ | $u_{31}$ | $v_{31}$ | $w_{31}$ | $t_{31}$ | $u_{32}$ | $v_{32}$ | $w_{32}$ | $t_{32}$ | |
| 第一组 | 3 | 4 | 2 | 5 | 5 | 4 | 3 | 6 | 4 | 3 | 2 | 2 | 4 | 2 | 2 | 3 | |
| 第二组 | 6 | 6 | 5 | 6 | 6 | 6 | 6 | 6 | 5 | 5 | 4 | 4 | 6 | 5 | 5 | 5 | |

（2）在问卷评估时，评价指标分数范围为 1～9，通过不同专家的打分收集到数据后，使用式（7－1）分别进行模糊处理。

（3）将评分模糊化后，利用式（7－2）算出不同的评估者对每个底层指标的信心度值，结果见表 7－16。

（4）计算出不同评估者对每个底层指标信心度值后，利用式（7－3）对其进行标准化变换使其处于[0,1]范围内，从而获得底层指标初始的隶属函数值，结果见表 7－17。

（5）用突变理论归一公式计算出三级指标的突变级数，结果见表 7－18。按照突变理论的评价准则发现指标 $u_1$，$v_1$，$w_1$，$u_2$，$u_3$，$v_3$ 的下级指标，即它们对应的三级指标间不可以相互弥补其不足，采用非互补准则，其余二级指标对应三级指标均适用互补原则，结果见表7－18，而一级指标 $u$ 和 $w$ 对应的二级指标间不可弥补其不足，采用非互补准则，一级指标 $v$ 对应二级指标 $u_2, v_2, w_2$ 适用互补原则，这样选出二级指标的隶属函数值（见表7－19），最后算出一级指标的隶属函数值（见表7－20）和系统的隶属函数值（见表7－21）。

（6）依据评判结果隶属函数 $x_1, x_2$ 的值进行稳定性分析，结果如图7－1所示。

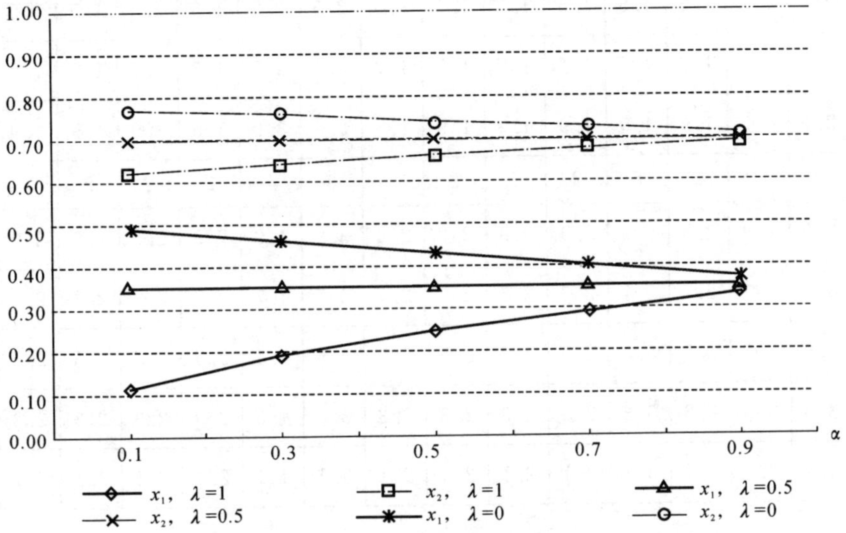


图7－1　结果稳定性分析

经过上述一系列计算后，可以得出以下结论：

（1）当 $\lambda, a$ 处于不同值时，即充分考虑了不同决策者间差异性（乐观与悲观等风格），某高校的应急教育和管理能力水平处于0.1～0.8之间，这说明其应急教育和管理能力整体水平非常低，极有可能发生较大突发事件和重大突发事件。有些应急关键环节相当薄弱，尤其是应急人员配备、制度规章的修改、应急演练、应急信息分析与预警、人员调动和安置能力、各级间的协调能力、应急事件后的总结与反思、心理疏导等方面急需加强，而事实情况也的确如此。

（2）通过对两组专家评分计算结果的比较发现：同样是对同一个目标进行评分，但是领导层与基层应急人员的评分相比，领导层明显表现出对学校应急教育和管理能力的态度乐观，原因可能是由于领导与基层工作层面不同，思考角度不同，对学校应急能力的了解不同。在应急管理领导层可能有清晰明确的应急方法与思路，并且安排了具体的实施策略和专门的机构设置，而领导层的应急管理思路却没有被应急管理人员很好地理解，也未被真正地贯彻和落实，基层应急人员在接触应急实践中的许多困难也会被领导忽略，这说明加强部门协作，加强领导与基层沟通对应急管理工作来说甚为重要。

**表 7-16 底层指标模糊**

| λ | α | $u_{11}$ | $v_{11}$ | $w_{11}$ | $u_{12}$ | $v_{12}$ | $w_{12}$ | $u_{13}$ | $v_{13}$ | $w_{13}$ | $t_{13}$ | $u_{14}$ | $v_{14}$ | $w_{14}$ | $u_{15}$ | $v_{15}$ | $u_{21}$ |
|---|---|---|---|---|---|---|---|---|---|---|---|---|---|---|---|---|---|
| 1 | 0.1 | 2.1 | 1.1 | 1.1 | 4.1 | 1.1 | 1.1 | 1.1 | 1.1 | 2.1 | 3.1 | 1.1 | 1.1 | 1.1 | 1.1 | 3.1 | 2.1 |
| | 0.3 | 2.3 | 1.3 | 1.3 | 4.3 | 1.3 | 1.3 | 1.3 | 1.3 | 2.3 | 3.3 | 1.3 | 1.3 | 1.3 | 1.3 | 3.3 | 2.3 |
| | 0.5 | 2.5 | 1.5 | 1.5 | 4.5 | 1.5 | 1.5 | 1.5 | 1.5 | 2.5 | 3.5 | 1.5 | 1.5 | 1.5 | 1.5 | 3.5 | 2.5 |
| | 0.7 | 2.7 | 1.7 | 1.7 | 4.7 | 1.7 | 1.7 | 1.7 | 1.7 | 2.7 | 3.7 | 1.7 | 1.7 | 1.7 | 1.7 | 3.7 | 2.7 |
| | 0.9 | 2.9 | 1.9 | 1.9 | 4.9 | 1.9 | 1.9 | 1.9 | 1.9 | 2.9 | 3.9 | 1.9 | 1.9 | 1.9 | 1.9 | 3.9 | 2.9 |
| 0.5 | 0～1 | 3 | 2 | 2 | 5 | 2 | 2 | 2 | 2 | 3 | 4 | 2 | 2 | 2 | 2 | 4 | 3 |
| 0 | 0.1 | 3.9 | 2.9 | 2.9 | 5.9 | 2.9 | 2.9 | 2.9 | 2.9 | 3.9 | 4.9 | 2.9 | 2.9 | 2.9 | 2.9 | 4.9 | 3.9 |
| | 0.3 | 3.7 | 2.7 | 2.7 | 5.7 | 2.7 | 2.7 | 2.7 | 2.7 | 3.7 | 4.7 | 2.7 | 2.7 | 2.7 | 2.7 | 4.7 | 3.7 |
| | 0.5 | 3.5 | 2.5 | 2.5 | 5.5 | 2.5 | 2.5 | 2.5 | 2.5 | 3.5 | 4.5 | 2.5 | 2.5 | 2.5 | 2.5 | 4.5 | 3.5 |
| | 0.7 | 3.3 | 2.3 | 2.3 | 5.3 | 2.3 | 2.3 | 2.3 | 2.3 | 3.3 | 4.3 | 2.3 | 2.3 | 2.3 | 2.3 | 4.3 | 3.3 |
| | 0.9 | 3.1 | 2.1 | 2.1 | 5.1 | 2.1 | 2.1 | 2.1 | 2.1 | 3.1 | 4.1 | 2.1 | 2.1 | 2.1 | 2.1 | 4.1 | 3.1 |

**表 7-17 底层指标**

| λ | α | $u_{11}$ | $v_{11}$ | $w_{11}$ | $u_{12}$ | $v_{12}$ | $w_{12}$ | $u_{13}$ | $v_{13}$ | $w_{13}$ | $t_{13}$ | $u_{14}$ | $v_{14}$ | $w_{14}$ | $u_{15}$ | $v_{15}$ | $u_{21}$ |
|---|---|---|---|---|---|---|---|---|---|---|---|---|---|---|---|---|---|
| 1 | 0.1 | 0.14 | 0.01 | 0.01 | 0.39 | 0.01 | 0.01 | 0.01 | 0.01 | 0.14 | 0.26 | 0.01 | 0.01 | 0.01 | 0.01 | 0.26 | 0.26 |
| | 0.3 | 0.16 | 0.04 | 0.04 | 0.41 | 0.04 | 0.04 | 0.04 | 0.04 | 0.16 | 0.29 | 0.04 | 0.04 | 0.04 | 0.04 | 0.29 | 0.29 |
| | 0.5 | 0.19 | 0.06 | 0.06 | 0.44 | 0.06 | 0.06 | 0.06 | 0.06 | 0.19 | 0.31 | 0.06 | 0.06 | 0.06 | 0.06 | 0.31 | 0.31 |
| | 0.7 | 0.21 | 0.09 | 0.09 | 0.46 | 0.09 | 0.09 | 0.09 | 0.09 | 0.21 | 0.34 | 0.09 | 0.09 | 0.09 | 0.09 | 0.34 | 0.34 |
| | 0.9 | 0.24 | 0.11 | 0.11 | 0.49 | 0.11 | 0.11 | 0.11 | 0.11 | 0.24 | 0.36 | 0.11 | 0.11 | 0.11 | 0.11 | 0.36 | 0.36 |
| 0.5 | 0～1 | 0.25 | 0.13 | 0.13 | 0.50 | 0.13 | 0.13 | 0.13 | 0.13 | 0.25 | 0.38 | 0.13 | 0.13 | 0.13 | 0.13 | 0.38 | 0.38 |
| 0 | 0.1 | 0.36 | 0.24 | 0.24 | 0.61 | 0.24 | 0.24 | 0.24 | 0.24 | 0.36 | 0.49 | 0.24 | 0.24 | 0.24 | 0.24 | 0.49 | 0.49 |
| | 0.3 | 0.34 | 0.21 | 0.21 | 0.59 | 0.21 | 0.21 | 0.21 | 0.21 | 0.34 | 0.46 | 0.21 | 0.21 | 0.21 | 0.21 | 0.46 | 0.46 |
| | 0.5 | 0.31 | 0.19 | 0.19 | 0.56 | 0.19 | 0.19 | 0.19 | 0.19 | 0.31 | 0.44 | 0.19 | 0.19 | 0.19 | 0.19 | 0.44 | 0.44 |
| | 0.7 | 0.29 | 0.16 | 0.16 | 0.54 | 0.16 | 0.16 | 0.16 | 0.16 | 0.29 | 0.41 | 0.16 | 0.16 | 0.16 | 0.16 | 0.41 | 0.41 |
| | 0.9 | 0.26 | 0.14 | 0.14 | 0.51 | 0.14 | 0.14 | 0.14 | 0.14 | 0.26 | 0.39 | 0.14 | 0.14 | 0.14 | 0.14 | 0.39 | 0.39 |

**数及其信心度值**

| $v_{21}$ | $w_{21}$ | $t_{21}$ | $u_{22}$ | $v_{22}$ | $w_{22}$ | $u_{23}$ | $v_{23}$ | $w_{23}$ | $u_{31}$ | $v_{31}$ | $w_{31}$ | $t_{31}$ | $u_{32}$ | $v_{32}$ | $w_{32}$ | $t_{32}$ |
|---|---|---|---|---|---|---|---|---|---|---|---|---|---|---|---|---|
| 2.1 | 2.1 | 3.1 | 1.1 | 4.1 | 4.1 | 3.1 | 2.1 | 5.1 | 3.1 | 2.1 | 1.1 | 1.1 | 3.1 | 1.1 | 1.1 | 2.1 |
| 2.3 | 2.3 | 3.3 | 1.3 | 4.3 | 4.3 | 3.3 | 2.3 | 5.3 | 3.3 | 2.3 | 1.3 | 1.3 | 3.3 | 1.3 | 1.3 | 2.3 |
| 2.5 | 2.5 | 3.5 | 1.5 | 4.5 | 4.5 | 3.5 | 2.5 | 5.5 | 3.5 | 2.5 | 1.5 | 1.5 | 3.5 | 1.5 | 1.5 | 2.5 |
| 2.7 | 2.7 | 3.7 | 1.7 | 4.7 | 4.7 | 3.7 | 2.7 | 5.7 | 3.7 | 2.7 | 1.7 | 1.7 | 3.7 | 1.7 | 1.7 | 2.7 |
| 2.9 | 2.9 | 3.9 | 1.9 | 4.9 | 4.9 | 3.9 | 2.9 | 5.9 | 3.9 | 2.9 | 1.9 | 1.9 | 3.9 | 1.9 | 1.9 | 2.9 |
| 3 | 3 | 4 | 2 | 5 | 5 | 4 | 3 | 6 | 4 | 3 | 2 | 2 | 4 | 2 | 2 | 3 |
| 3.9 | 3.9 | 4.9 | 2.9 | 5.9 | 5.9 | 4.9 | 3.9 | 6.9 | 4.9 | 3.9 | 2.9 | 2.9 | 4.9 | 2.9 | 2.9 | 3.9 |
| 3.7 | 3.7 | 4.7 | 2.7 | 5.7 | 5.7 | 4.7 | 3.7 | 6.7 | 4.7 | 3.7 | 2.7 | 2.7 | 4.7 | 2.7 | 2.7 | 3.7 |
| 3.5 | 3.5 | 4.5 | 2.5 | 5.5 | 5.5 | 4.5 | 3.5 | 6.5 | 4.5 | 3.5 | 2.5 | 2.5 | 4.5 | 2.5 | 2.5 | 3.5 |
| 3.3 | 3.3 | 4.3 | 2.3 | 5.3 | 5.3 | 4.3 | 3.3 | 6.3 | 4.3 | 3.3 | 2.3 | 2.3 | 4.3 | 2.3 | 2.3 | 3.3 |
| 3.1 | 3.1 | 4.1 | 2.1 | 5.1 | 5.1 | 4.1 | 3.1 | 6.1 | 4.1 | 3.1 | 2.1 | 2.1 | 4.1 | 2.1 | 2.1 | 3.1 |

**隶属函数值**

| $v_{21}$ | $w_{21}$ | $t_{21}$ | $u_{22}$ | $v_{22}$ | $w_{22}$ | $u_{23}$ | $v_{23}$ | $w_{23}$ | $u_{31}$ | $v_{31}$ | $w_{31}$ | $t_{31}$ | $u_{32}$ | $v_{32}$ | $w_{32}$ | $t_{32}$ |
|---|---|---|---|---|---|---|---|---|---|---|---|---|---|---|---|---|
| 0.14 | 0.14 | 0.14 | 0.26 | 0.01 | 0.39 | 0.39 | 0.26 | 0.14 | 0.51 | 0.26 | 0.14 | 0.01 | 0.26 | 0.01 | 0.01 | 0.14 |
| 0.16 | 0.16 | 0.16 | 0.29 | 0.04 | 0.41 | 0.41 | 0.29 | 0.16 | 0.54 | 0.29 | 0.16 | 0.04 | 0.29 | 0.04 | 0.04 | 0.16 |
| 0.19 | 0.19 | 0.19 | 0.31 | 0.06 | 0.44 | 0.44 | 0.31 | 0.19 | 0.56 | 0.31 | 0.19 | 0.06 | 0.31 | 0.06 | 0.06 | 0.19 |
| 0.21 | 0.21 | 0.21 | 0.34 | 0.09 | 0.46 | 0.46 | 0.34 | 0.21 | 0.59 | 0.34 | 0.21 | 0.09 | 0.34 | 0.09 | 0.09 | 0.21 |
| 0.24 | 0.24 | 0.24 | 0.36 | 0.11 | 0.49 | 0.49 | 0.36 | 0.24 | 0.61 | 0.36 | 0.24 | 0.11 | 0.36 | 0.11 | 0.11 | 0.24 |
| 0.25 | 0.25 | 0.25 | 0.38 | 0.13 | 0.50 | 0.50 | 0.38 | 0.25 | 0.63 | 0.38 | 0.25 | 0.13 | 0.38 | 0.13 | 0.13 | 0.25 |
| 0.36 | 0.36 | 0.36 | 0.49 | 0.24 | 0.61 | 0.61 | 0.49 | 0.36 | 0.74 | 0.49 | 0.36 | 0.24 | 0.49 | 0.24 | 0.24 | 0.36 |
| 0.34 | 0.34 | 0.34 | 0.46 | 0.21 | 0.59 | 0.59 | 0.46 | 0.34 | 0.71 | 0.46 | 0.34 | 0.21 | 0.46 | 0.21 | 0.21 | 0.34 |
| 0.31 | 0.31 | 0.31 | 0.44 | 0.19 | 0.56 | 0.56 | 0.44 | 0.31 | 0.69 | 0.44 | 0.31 | 0.19 | 0.44 | 0.19 | 0.19 | 0.31 |
| 0.29 | 0.29 | 0.29 | 0.41 | 0.16 | 0.54 | 0.54 | 0.41 | 0.29 | 0.66 | 0.41 | 0.29 | 0.16 | 0.41 | 0.16 | 0.16 | 0.29 |
| 0.26 | 0.26 | 0.26 | 0.39 | 0.14 | 0.51 | 0.51 | 0.39 | 0.26 | 0.64 | 0.39 | 0.26 | 0.14 | 0.39 | 0.14 | 0.14 | 0.26 |

**表 7-18　底层指标的**

| $\lambda$ | $\alpha$ | $u_{11}$ | $v_{11}$ | $w_{11}$ | $u_{12}$ | $v_{12}$ | $w_{12}$ | $u_{13}$ | $v_{13}$ | $w_{13}$ | $t_{13}$ | $u_{14}$ | $v_{14}$ | $w_{14}$ | $u_{15}$ | $v_{15}$ | $u_{21}$ |
|---|---|---|---|---|---|---|---|---|---|---|---|---|---|---|---|---|---|
| 1 | 0.1 | 0.37 | 0.23 | 0.334 | 0.62 | 0.23 | 0.334 | 0.11 | 0.23 | 0.61 | 0.77 | 0.11 | 0.23 | 0.33 | 0.11 | 0.64 | 0.37 |
| | 0.3 | 0.4 | 0.33 | 0.44 | 0.64 | 0.33 | 0.44 | 0.19 | 0.33 | 0.63 | 0.78 | 0.19 | 0.33 | 0.44 | 0.19 | 0.66 | 0.4 |
| | 0.5 | 0.43 | 0.397 | 0.5 | 0.66 | 0.4 | 0.5 | 0.25 | 0.4 | 0.66 | 0.79 | 0.25 | 0.4 | 0.5 | 0.25 | 0.68 | 0.43 |
| | 0.7 | 0.46 | 0.444 | 0.544 | 0.68 | 0.44 | 0.544 | 0.3 | 0.44 | 0.68 | 0.8 | 0.3 | 0.44 | 0.54 | 0.3 | 0.7 | 0.46 |
| | 0.9 | 0.49 | 0.483 | 0.579 | 0.7 | 0.48 | 0.579 | 0.34 | 0.48 | 0.7 | 0.82 | 0.34 | 0.48 | 0.58 | 0.34 | 0.71 | 0.49 |
| 0.5 | 0～1 | 0.5 | 0.5 | 0.595 | 0.71 | 0.5 | 0.595 | 0.35 | 0.5 | 0.71 | 0.82 | 0.35 | 0.5 | 0.59 | 0.35 | 0.72 | 0.5 |
| 0 | 0.1 | 0.6 | 0.619 | 0.698 | 0.78 | 0.62 | 0.698 | 0.49 | 0.62 | 0.78 | 0.87 | 0.49 | 0.62 | 0.7 | 0.49 | 0.79 | 0.6 |
| | 0.3 | 0.58 | 0.597 | 0.679 | 0.77 | 0.6 | 0.679 | 0.46 | 0.6 | 0.76 | 0.86 | 0.46 | 0.6 | 0.68 | 0.46 | 0.77 | 0.58 |
| | 0.5 | 0.56 | 0.572 | 0.658 | 0.75 | 0.57 | 0.658 | 0.43 | 0.57 | 0.75 | 0.85 | 0.43 | 0.57 | 0.66 | 0.43 | 0.76 | 0.56 |
| | 0.7 | 0.54 | 0.546 | 0.635 | 0.73 | 0.55 | 0.635 | 0.4 | 0.55 | 0.73 | 0.84 | 0.4 | 0.55 | 0.63 | 0.4 | 0.74 | 0.54 |
| | 0.9 | 0.51 | 0.516 | 0.609 | 0.72 | 0.52 | 0.609 | 0.37 | 0.52 | 0.72 | 0.83 | 0.37 | 0.52 | 0.61 | 0.37 | 0.73 | 0.51 |

**表 7-19　二级指标隶属函数值**

| $\lambda$ | $\alpha$ | $u_1$ | $v_1$ | $w_1$ | $t_1$ | $e_1$ | $u_2$ | $v_2$ | $w_2$ | $u_3$ | $v_3$ |
|---|---|---|---|---|---|---|---|---|---|---|---|
| 1 | 0.1 | 0.23 | 0.23 | 0.11 | 0.23 | 0.38 | 0.37 | 0.38 | 0.62 | 0.33 | 0.23 |
| | 0.3 | 0.33 | 0.33 | 0.19 | 0.32 | 0.43 | 0.4 | 0.44 | 0.65 | 0.44 | 0.33 |
| | 0.5 | 0.4 | 0.4 | 0.25 | 0.38 | 0.46 | 0.43 | 0.49 | 0.67 | 0.5 | 0.4 |
| | 0.7 | 0.44 | 0.44 | 0.3 | 0.43 | 0.5 | 0.46 | 0.52 | 0.68 | 0.54 | 0.44 |
| | 0.9 | 0.48 | 0.48 | 0.34 | 0.47 | 0.52 | 0.49 | 0.55 | 0.7 | 0.58 | 0.48 |
| 0.5 | 0～1 | 0.5 | 0.5 | 0.35 | 0.48 | 0.54 | 0.5 | 0.56 | 0.71 | 0.59 | 0.5 |
| 0 | 0.1 | 0.6 | 0.62 | 0.49 | 0.6 | 0.64 | 0.6 | 0.66 | 0.78 | 0.7 | 0.62 |
| | 0.3 | 0.58 | 0.6 | 0.46 | 0.58 | 0.62 | 0.58 | 0.64 | 0.77 | 0.68 | 0.6 |
| | 0.5 | 0.56 | 0.57 | 0.43 | 0.55 | 0.6 | 0.56 | 0.62 | 0.75 | 0.66 | 0.57 |
| | 0.7 | 0.54 | 0.55 | 0.4 | 0.53 | 0.57 | 0.54 | 0.6 | 0.73 | 0.63 | 0.55 |
| | 0.9 | 0.51 | 0.52 | 0.37 | 0.5 | 0.55 | 0.51 | 0.58 | 0.72 | 0.61 | 0.52 |

**突变级数值**

| $v_{21}$ | $w_{21}$ | $t_{21}$ | $u_{22}$ | $v_{22}$ | $w_{22}$ | $u_{23}$ | $v_{23}$ | $w_{23}$ | $u_{31}$ | $v_{31}$ | $w_{31}$ | $t_{31}$ | $u_{32}$ | $v_{32}$ | $w_{32}$ | $t_{32}$ |
|---|---|---|---|---|---|---|---|---|---|---|---|---|---|---|---|---|
| 0.52 | 0.61 | 0.77 | 0.11 | 0.23 | 0.79 | 0.51 | 0.52 | 0.85 | 0.51 | 0.52 | 0.33 | 0.42 | 0.51 | 0.23 | 0.33 | 0.67 |
| 0.55 | 0.63 | 0.78 | 0.19 | 0.33 | 0.8 | 0.54 | 0.55 | 0.86 | 0.54 | 0.55 | 0.44 | 0.52 | 0.54 | 0.33 | 0.44 | 0.7 |
| 0.57 | 0.66 | 0.79 | 0.25 | 0.4 | 0.81 | 0.56 | 0.57 | 0.87 | 0.56 | 0.57 | 0.5 | 0.57 | 0.56 | 0.4 | 0.5 | 0.72 |
| 0.6 | 0.68 | 0.8 | 0.3 | 0.44 | 0.82 | 0.58 | 0.6 | 0.88 | 0.58 | 0.6 | 0.54 | 0.61 | 0.58 | 0.44 | 0.54 | 0.73 |
| 0.62 | 0.7 | 0.82 | 0.34 | 0.48 | 0.84 | 0.6 | 0.62 | 0.88 | 0.6 | 0.62 | 0.58 | 0.65 | 0.6 | 0.48 | 0.58 | 0.75 |
| 0.63 | 0.71 | 0.82 | 0.35 | 0.5 | 0.84 | 0.61 | 0.63 | 0.89 | 0.61 | 0.63 | 0.59 | 0.66 | 0.61 | 0.5 | 0.59 | 0.76 |
| 0.71 | 0.78 | 0.87 | 0.49 | 0.62 | 0.88 | 0.7 | 0.71 | 0.93 | 0.7 | 0.71 | 0.7 | 0.75 | 0.7 | 0.62 | 0.7 | 0.82 |
| 0.7 | 0.76 | 0.86 | 0.46 | 0.6 | 0.88 | 0.68 | 0.7 | 0.92 | 0.68 | 0.7 | 0.68 | 0.73 | 0.68 | 0.6 | 0.68 | 0.8 |
| 0.68 | 0.75 | 0.85 | 0.43 | 0.57 | 0.87 | 0.66 | 0.68 | 0.91 | 0.66 | 0.68 | 0.66 | 0.72 | 0.66 | 0.57 | 0.66 | 0.79 |
| 0.66 | 0.73 | 0.84 | 0.4 | 0.55 | 0.86 | 0.64 | 0.66 | 0.9 | 0.64 | 0.66 | 0.63 | 0.7 | 0.64 | 0.55 | 0.63 | 0.78 |
| 0.64 | 0.72 | 0.83 | 0.37 | 0.52 | 0.85 | 0.62 | 0.64 | 0.89 | 0.62 | 0.64 | 0.61 | 0.67 | 0.62 | 0.52 | 0.61 | 0.77 |

**表 7－20　一级指标的隶属函数值表**

| $\lambda$ | $a$ | $u$ | $v$ | $w$ |
|---|---|---|---|---|
| 1 | 0.1 | 0.11 | 0.46 | 0.23 |
| | 0.3 | 0.19 | 0.5 | 0.33 |
| | 0.5 | 0.25 | 0.53 | 0.4 |
| | 0.7 | 0.3 | 0.56 | 0.44 |
| | 0.9 | 0.34 | 0.58 | 0.48 |
| 0.5 | 0～1 | 0.35 | 0.59 | 0.5 |
| 0 | 0.1 | 0.49 | 0.68 | 0.62 |
| | 0.3 | 0.46 | 0.66 | 0.6 |
| | 0.5 | 0.43 | 0.64 | 0.57 |
| | 0.7 | 0.4 | 0.62 | 0.55 |
| | 0.9 | 0.37 | 0.6 | 0.52 |

**表 7-21 系统隶属函数值**

| $\lambda$ | $a$ | $x_1$ | $x_2$ |
|---|---|---|---|
| 1 | 0.1 | 0.11 | 0.62 |
| | 0.3 | 0.19 | 0.64 |
| | 0.5 | 0.25 | 0.66 |
| | 0.7 | 0.30 | 0.68 |
| | 0.9 | 0.34 | 0.69 |
| 0.5 | 0～1 | 0.35 | 0.7 |
| 0 | 0.1 | 0.49 | 0.77 |
| | 0.3 | 0.46 | 0.76 |
| | 0.5 | 0.43 | 0.74 |
| | 0.7 | 0.40 | 0.73 |
| | 0.9 | 0.37 | 0.71 |

### 7.4.3 结果分析

通过以突变理论对陕西省某高校应急教育与应急管理能力的评估，发现该校的应急教育和应急管理能力的确令人担忧，存在诸多问题，亟须改进。

**一、应急准备能力尤为欠缺，应予以改进**

(1)在对该校基层的调查中发现，该校没有常设应急组织机构，一般都是突发事件发生后，匆忙组织临时处置小组。应急组织机构是高校对突发事件的认识程度以及自身的管理组织能力的重要体现。该校应建立和完善应急组织机构，将应急管理部门作为常设机构，并配备专门的人员，做好预防和应急准备。

(2)该高校的应急规章制度并没有及时更新，更不能应对复杂的事件，学校已经发生的多例事件表明学校规章制度对学生安全的责任确认不清楚。学校应该强化制度规章的完善，提高应急制度的科学性可行性，重视随时代变化和学校发展调整规章制度。此外，还要尽量使制度具体完善，避免事后出现纠纷。

(3)尽管学校编制了一定的应急预案，但是预案关键环节过于简陋，而且并未进行过有学生参与的正规演练，也没有对预案进行及时优化等。定期组织常规演练，不应将应急预案作为摆设，及时修改预案中的不合理之处以增强预案的行动指南作用。另外，要让学生熟悉学校的应急预案以便学生能够“有章可循”地配合学校的应急工作。

(4)该校应急资源投入较少。许多应急设备陈旧，应急设施也多有损坏，遇到公共突发事件时将无法满足使用要求。学校应该重视应急资源建设，保障应急资金投入，及时更换已报废设备，检修已损坏设施，设置必需的应急设备等，只有这样才能有备无患。

(5)学校的信息沟通平台建设落后，不能提供有效的监测信息，更不能对校园隐患进行预警。该校应建立并改善应急信息网络，提高复杂信息分析与处理能力，减少学校因信息不畅而带来的损失。

(6)高校的应急教育与宣传工作不到位，这是学校应急方面的巨大漏洞。学生自救能力的提高是大学生应急能力提升的重要途径，也是高校应急教育的主要内容。学校应采取多种形式进行应急知识的教育与宣传，确保教育和宣传的效果。

**二、应急处置能力评价较为乐观，但仍有改进空间**

在调查中发现，应急处置能力评价较为乐观，但仍存在一些问题。该校部门间以及人员之间的沟通、协调能力有待提高。另外，该校的事态控制能力、人员安置能力稍弱。因此，该校有必要调整校内、校外部门间的联动情况，各部门间应进行积极地配合。在面对突发事件时，应对指挥、协调和控制等能力全面予以重视，改变应急的传统错误观念，迅速控制突发事件，避免突发事件负面影响的扩散，杜绝事后推脱责任，防止纠纷。

**三、事后恢复能力较差，应引起更多重视**

该校的突发事件事后恢复能力较差，不重视事故原因分析和以往处理经验的积累，责任追究不合理。事件后，学校警惕性放松，校园秩序和硬件设施重建缓慢，对师生的身心健康关注持久度不够。为此，学校应把突发事件的处理和事后安置工作放在一个高度，让事件快速止息，以最快速度使一切恢复正常。对学生而言，除了积极配合学校做好应急工作外，自身身心健康发展更值得关注。

## 7.5 本章小结

本章运用突变理论对高校应急教育与应急管理能力进行评估研究。

(1)结合文献和现场调研，从应急预防和准备、应急处置、应急恢复 3 个维度，总结出应急组织机构、应急预案建设、应急资源配置、应急信息处理能力、应急教育能力、应急指挥能力、应急协调能力、应急控制能力、事后处置能力、恢复建设能力 10 个二级指标和 33 个三级指标，构建了高校应急管理能力评估指标体系。

(2)以陕西省某高校为例，运用突变理论对该高校应急教育和应急管理能力进行了评估，结果表明该高校应急准备和事后恢复能力较缺乏，应急处置能力评价虽较为乐观，但总体来说高校的应急教育与应急管理能力需要进一步的提升。

# 第8章 基于行为科学的陕西省高校应急教育与管理新模式

为了进一步研究陕西省高校应急教育和管理新模式，本章以高校的应急教育和应急管理为主要研究对象，利用系统动力学(System Dynamics，SD)方法进一步研究大学生应急能力的培养；同时在前期研究中发现应急演练对大学生应急能力提高有重大影响，此外，运用结构方程模型进一步分析应急演练对大学生应急能力提升的影响；最后，在这些研究的基础上构建高校突发事件应急教育与应急管理新模式。

## 8.1 基于系统动力学的大学生应急能力培养分析

### 8.1.1 大学生应急能力培养的相关影响因素分析

通过对大量文献的分析和总结，从高校方面考虑，可将大学生应急能力培养的相关影响因素归纳为以下几方面：高校投资(教学与管理方面)、高校应急环境、培训人员、行政管理及学生配合程度(大学生自身素质)。高校在进行应急规划和应急投入时，都必须围绕以培养大学生应急能力这一中心来展开。大学生应急能力的培养可归结为教学水平、管理水平、大学生自身素质等三方面。

第一，良好的学习氛围、完善的应急教育师资队伍、有针对性的培训课程以及合理有效的应急演练等都有助于提高教学水平，进而提升培养大学生应急能力的水平。第二，完整的管理队伍、完善的管理制度、合适的管理方式有利于高校在出现突发事件后，能够及时准确地采取应急处理措施，这样既能妥善处理好突发事件，又能安抚好学生情绪。同时高校的管理水平也决定了高校对于培养大学生应急能力的水平。第三，大学生应急能力的提升最关键还是取决于大学生自身素质。其身体素质、心理素质、应急技能操作等都对大学生在应对突发事件的行为产生了很重要的影响[83]。

综上所述，依据大学生应急能力现状，得出如图 8-1 所示关系。

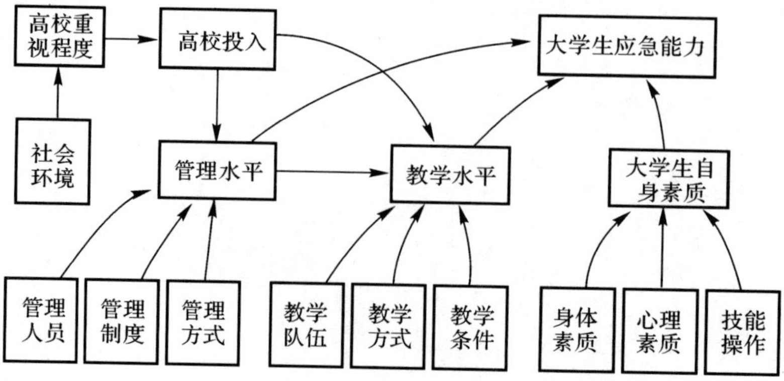


图 8-1 高校与大学生应急能力的主要相关因素

### 8.1.2 大学生应急能力培养的 SD 方法及建模过程

系统动力学是由麻省理工学院(MIT)的福瑞斯特(Jay W. Forrester)教授于 1956 年创立的,它是一门横跨系统科学与管理科学的独立交叉学科。本研究应用 SD 建模法,从系统实际出发,通过对子系统的分析,建立流位流率树,分析出大学生应急能力培养的各因子间影响关系。

1. 流位及流率设置

通过对高校应急教育及大学生应急能力培养的分析,确定了模型主要的 6 个状态变量,同时确定了相应的辅助变量以及其他调控参数等。其具体流位、流率及参数见表 8-1。

**表 8-1 参数定义和量纲**

| 变量 | 定义 | 类型 | 量纲 |
|---|---|---|---|
| $L1(t)$ | 教学水平 | 流位 | 高校自身 |
| $R1(t)$ | 教学水平变化量 | 流率 | 高校自身/年 |
| $K1(t)$ | 教学水平调整参数 | 参数 | 无量纲 |
| $C11(t)$ | 教学队伍变化量 | 辅助变量 | 高校自身/年 |
| $C12(t)$ | 教学条件变化量 | 辅助变量 | 高校自身/年 |
| $C13(t)$ | 教学方式变化量 | 辅助变量 | 高校自身/年 |
| $L2(t)$ | 人员绩效薪酬(总量) | 流位 | 万元 |
| $R2(t)$ | 人员绩效薪酬变化量 | 流率 | 万元/年 |
| $K2(t)$ | 人员绩效薪酬调整参数 | 参数 | 无量纲 |
| $L3(t)$ | 高校投入 | 流位 | 万元 |
| $R3(t)$ | 高校投入变化量 | 流率 | 万元/年 |
| $K3(t)$ | 高校投入调整参数 | 参数 | 无量纲 |
| $L4(t)$ | 高校应急环境 | 流位 | 高校自身 |
| $R4(t)$ | 高校应急环境变化量 | 流率 | 高校自身 |
| $K4(t)$ | 高校应急环境调整参数 | 参数 | 无量纲 |
| $L5(t)$ | 管理水平 | 流位 | 高校自身 |
| $R5(t)$ | 管理水平变化量 | 流率 | 高校自身/年 |
| $K5(t)$ | 管理水平调整参数 | 参数 | 无量纲 |
| $C51(t)$ | 管理队伍变化量 | 辅助变量 | 高校自身/年 |
| $C52(t)$ | 管理制度变化量 | 辅助变量 | 高校自身/年 |
| $C53(t)$ | 管理方式变化量 | 辅助变量 | 高校自身/年 |
| $L6(t)$ | 学生应急能力绩效 | 流位 | 高校自身 |
| $R6(t)$ | 学生应急能力绩效变化量 | 流率 | 高校自身 /年 |
| $K6(t)$ | 学生应急能力绩效调整参数 | 参数 | 无量纲 |
| $M6(t)$ | 大学生自身素质变化量 | 辅助变量 | 高校自身/年 |
| $M61(t)$ | 身体素质变化量 | 辅助变量 | 高校自身/年 |
| $M62(t)$ | 心理素质变化量 | 辅助变量 | 高校自身/年 |
| $M63(t)$ | 技能操作变化量 | 辅助变量 | 高校自身/年 |

2. 流率基本入树

在设置相关流位流率之后，分别建立以流率变量 $Ri(t)$ 为根，以流位变量 $Li(t)$ 为尾，且流位变量直接或通过辅助变量控制流率变量的流率基本入树。系统动力学流率基本入树模型如图 8－2 所示。

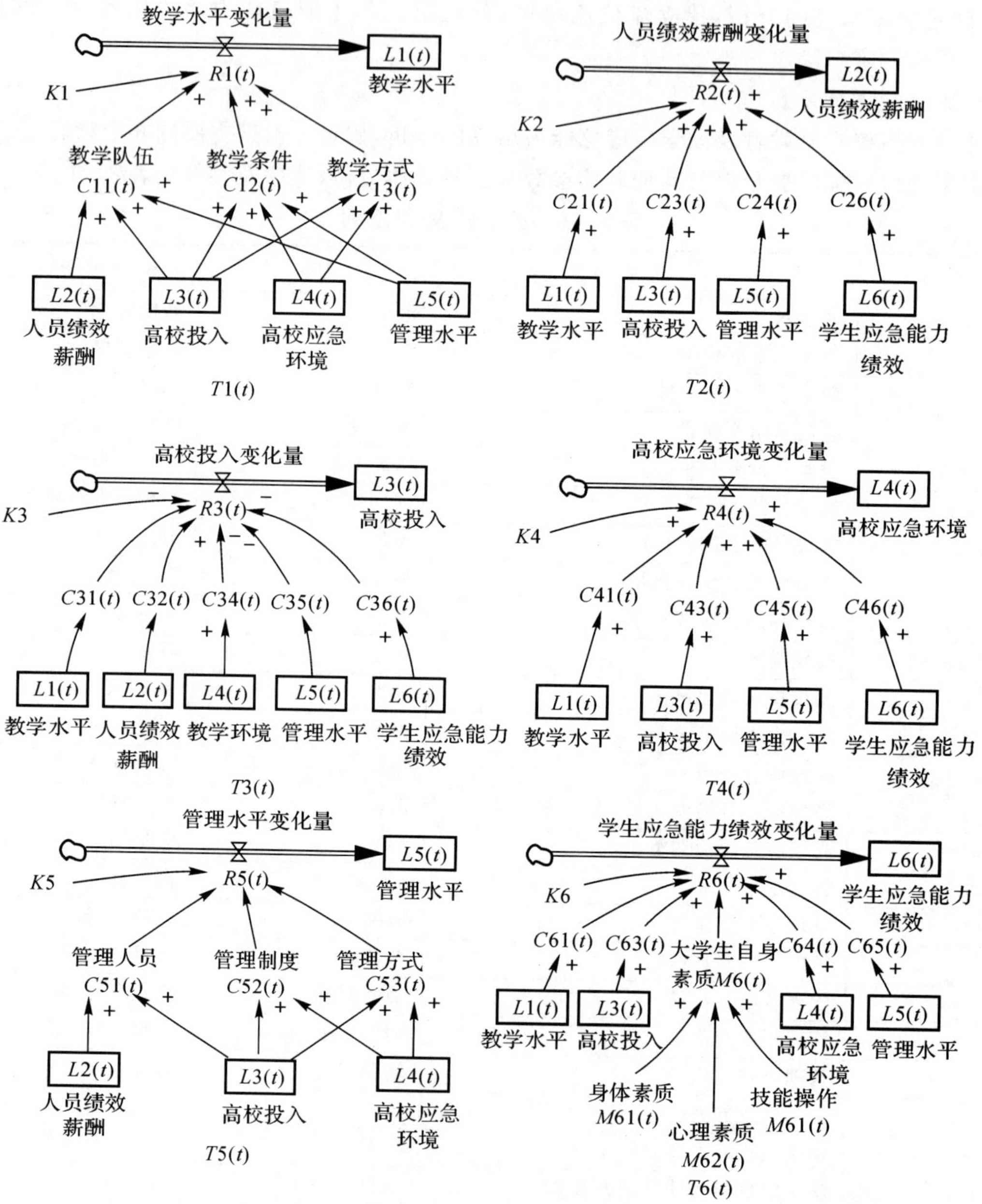


图 8－2 系统动力学流率基本入树模型

入树 $T1(t)$ 中教学水平变化量 $L1(t)$ 同时受人员绩效薪酬、高校投入、高校应急环境、管理水平这四个流位的控制[84]。首先，教学队伍的绩效受到了人员绩效薪酬的影响和控制；其次，高校投入的越多，教学人员、教学方式、教学条件的水平就越高，高校应急环境越好，教学条件和教学方式都会有所改善，教学水平也会得到提升；另外，教学水平需接受高校行政部门的管理，教学水平与管理水平也呈同向关系。

入树 $T2(t)$ 中人员绩效薪酬变化量 $L2(t)$ 同时受教学水平、高校投入、学生应急能力绩效控制。首先，人员绩效薪酬对教职工提高教学水平有很大激励作用，人员绩效薪酬与教学水平成正向作用；其次，高校投入越多则人员绩效薪酬也越高，学生应急能力作为培训人员考查绩效的一方面因素自然也受人员绩效薪酬的影响。

入树 $T3(t)$ 中高校投入变化量 $L3(t)$ 同时受到教学水平、人员绩效薪酬、高校应急环境、管理水平、学生应急能力绩效这五个流位控制。因为高校投入多少必须根据现今高校的应急现状来决定，教学水平、高校应急环境、管理水平、学生应急能力绩效越好，则高校在各方面投入的就越少，但人员绩效薪酬越高，高校需要投入的也会越高。

入树 $T4(t)$ 中高校应急环境变化量 $L4(t)$ 受到教学水平、高校投入、管理水平、学生应急能力绩效四个流位的控制。首先，教职工教学水平有所提升，则高校应急环境也会更加完善。而高校投入越多，可使教学水平、管理水平相应提升，高校应急环境也会间接有所改善。管理水平提升，直接促进高校应急环境的改善。学生应急能力绩效越好会促进高校应急环境的改善，应急效果也将会有所提升。

入树 $T5(t)$ 中管理水平变化量 $L5(t)$ 受到人员绩效薪酬、高校投入和高校应急环境三个流位的控制，管理人员同样需要绩效薪酬制度的激励，人员绩效薪酬越好，管理人员绩效上升，管理水平也就越高。管理水平同高校投入与高校应急环境呈同向关联，高校投入越多，管理人员绩效越好、管理制度越完善，管理方式就越丰富、合理，管理水平就越好，高校应急环境越好，则相应应急体制和管理方式会越高，管理水平就会上升。

入树 $T6(t)$ 学生应急能力绩效变化量同时受到教学水平、高校投入、高校应急环境、管理水平 4 个流位的控制。教学水平与管理水平两方面与学生应急能力绩效有最直接的关系，教学水平与管理水平越高，学生应急能力绩效也越好，高校投入越多，高校应急环境越好，最直接会使高校各方面水平有所提升；间接的，学生所得到的知识和锻炼就越多。而学生应急自身素质越好，心理素质、身体素质、技能操作能力越强，应急能力就会越好。

综上所述，大学生应急能力培养与教学水平、人员绩效薪酬、高校投入、应急环境、学生应急能力绩效相关，且教学水平、人员绩效薪酬、高校投入、应急环境、学生应急能力绩效等因素并不是独立的，它们通过相互影响、协同作用来提高大学生应急能力培养水平。

基于以上研究，高校在大学生应急教育方面的工作应有要点，高校要构建稳定的应急教育环境、提供优质的教学服务，做到安全教育与管理相结合。

1. 构建稳定应急教育环境，提高教学质量

为了提高应急教育的效果，高校应该建立或优化应急师资队伍。高校要完善应急教育环境，保证教学质量，应选择专业性比较强的老师，或者拓展应急岗位人员的专业知识或进行更专业更深层次的培训，从根本上增强教师的应急教育素质，切实提高大学生的应急能力。

2. 安全教育与管理相结合

高校为大学生提供了学习的平台，同时也起到引导和管理的作用。高校首先要注重加强学生的思想安全教育和安全意识；其次要加强对学生的管理，将隐患降到最小。学校对学生的管理不仅包括制度的强制性管理，也包括有效沟通、方向性引导、心理疏导等非强制性管理方式。

## 8.2 应急演练对大学生应急能力提升的影响分析

通过调研发现高校对于应急演练的重视程度不够，但它却是高校大学生应急能力提升的重要组成部分，对于大学生应急能力的提升有着非常重要的作用，不仅可以检验大学生对应急理论知识、应急操作技能等的掌握情况；而且也提供了实训实践的机会，从而可以增强大学生安全意识，提升大学生的应急能力，进一步促进高校应急管理与应急教育工作。

### 8.2.1 应急演练的重要性

在大学生素质教育中，应急知识与应急演练一直是大学教育中的一个薄弱环节。由于应急教育不完善，大学生应急知识严重短缺，应急能力很差，一旦遇到突发情况，学生很可能无法做出正确的应对措施，产生不利的后果。可见，应急演练的重要性不容忽视，它不仅对学生来说至关重要，对于学校乃至政府都必不可少。

1. 针对学生——提高学生危险识别能力

危险识别能力提高，学生可以在第一时间做出正确的防范和应对，并且为摆脱困境争取时间，提高大学生应急反应能力。在长时间的学习中，大学生也许接触过很多应急知识，但却没有真正在实际生活中运用过，当危险来临时，大家还是会手足无措。通过应急演练的培养，可以弥补大学生这些方面的不足，提高大学生自救能力与互相救助的能力；可以不断强化大学生的危机识别意识，这不仅有利于自救，而且在他人遇险时还可以救助别人，或者相互救助[85]。

2. 针对学校——增强师生的应急意识与能力

校园就是学生的另一个家庭，学校的工作除了传授学生们知识以外，还要教会学生如何有效应对校园突发事件。除此之外，还可以增强学校的应急管理体制，增强师生的应急意识与能力。

3. 针对政府——培养大学生应急演练更不可或缺

对大学生进行应急演练，不仅可以增强大学生的能力，而且有益于社会。大学生是一个十分巨大的知识群体，连接着社会的各个方面和诸多家庭，连接着社会和国家的未来，而且大学生迟早都是要进入社会，成为社会的骨干力量，其影响渗透在社会的各个角落。如果他们的应急意识和应急能力较强，就可以为全社会应急意识与应急能力的提高贡献一分力量。

### 8.2.2 提出假设并进行问卷设计

#### 一、提出假设并构建模型图

通过研究分析和查阅资料，得出大学生应急演练对大学生应急能力提升的因子主要体现在五方面：演练资源保障、演练行政支持、演练时间构成、演练性质、演练效果。

(1)演练资源保障包括组织机构的设置、人员配备、经费保障、硬件设施；

(2)演练行政支持包括领导重视、政策支持、部门间协调合作；

(3)演练时间构成包括演练频率、演练时间安排；

(4)演练性质包括演练类型、演练规模、演练内容、演练前培训质量、应急演练指南；

(5)演练效果包括演练后的总结分析、演练效果评价。

那么，基于上述观测变量与潜在变量形成下列假设：

H1:演练资源保障与演练性质显著相关;
H2:演练行政支持与演练性质显著相关;
H3:演练时间构成与演练性质显著相关;
H4:演练资源保障与演练效果显著相关;
H5:演练行政支持与演练效果显著相关;
H6:演练时间构成与演练效果显著相关;
H7:演练性质与演练效果显著相关;
H8:演练资源保障与演练行政支持显著相关;
H9:演练行政支持与演练时间构成显著相关;
H10:演练时间构成与演练资源保障显著相关。
根据假设构成模型图,如图 8-3 所示。

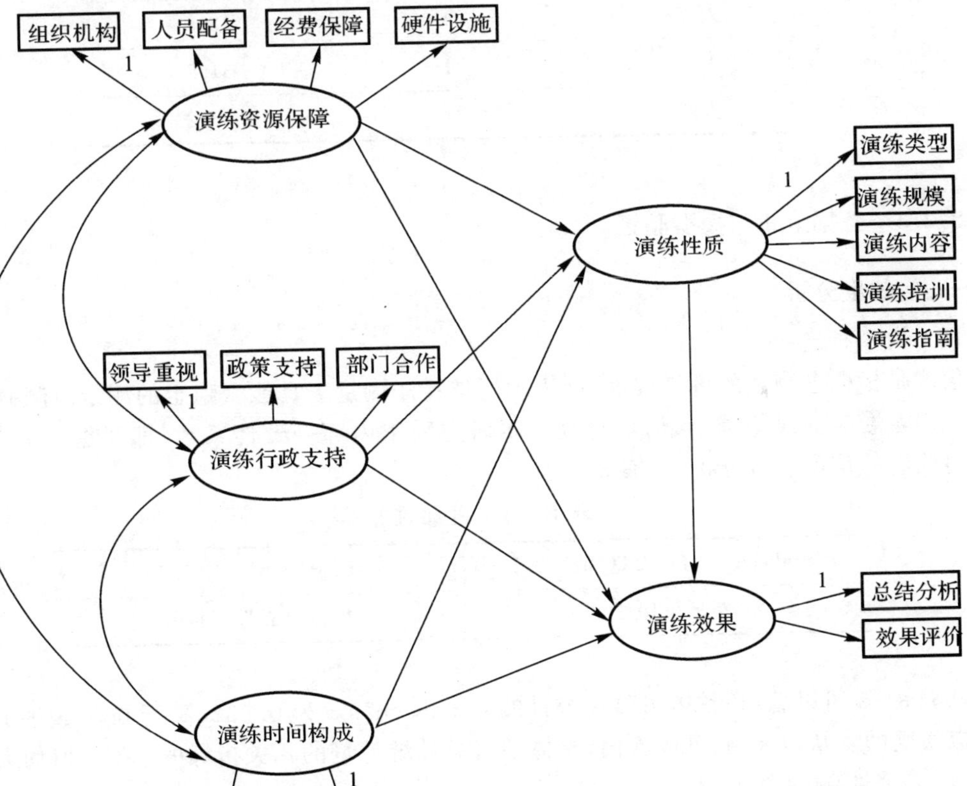


图 8-3　假设模型图

## 二、设计调查问卷并进行问卷分析

根据假设和构建的模型设计出一套调查问卷,问卷内容设计成两部分:第一部分是基本资料;第二部分是应急演练与应急能力关系,以 5 分制赋值:5 表示"同意",4 表示"比较同意",3 表示"既不同意也不反对",2 表示"不太同意",1 表示"不同意"。

这次问卷是针对西安市部分高校发放的，共发放200份。回收进行筛选后，得到有效问卷130份。采用SPSS17.0软件进行基本资料分析，见表8－2、表8－3。

**表8－2 学生性别所占百分比**

| 性别 | 频率 | 百分比/(%) |
|---|---|---|
| 男 | 74 | 56.9 |
| 女 | 56 | 43.1 |

**表8－3 学生年级所占百分比**

| 年级 | 频率 | 百分比/(%) |
|---|---|---|
| 大一 | 44 | 33.8 |
| 大二 | 24 | 18.5 |
| 大三 | 41 | 31.5 |
| 大四 | 21 | 16.2 |

### 8.2.3 数据分析与模型验证

#### 一、信效度分析

1.信度分析

信度是指概念测量的可靠程度，即表示所选择的测量工具能否稳定的测量所测概念，测量受随机因素影响的误差越小，信度越高。本研究采用内部一致性系数，即根据Cronbach's $\alpha$系数对问卷的信度进行分析(见表8－4)。

**表8－4 可靠性指标**

| Cronbach's $\alpha$的CITC值>0.5 | Cronbach's $\alpha$>0.6 |
|---|---|
| 指标可保留 | 指标可靠性可接受 |

从表8－5可以看出，整体可靠性统计的Cronbach's $\alpha$为0.932，高于0.6，说明其可靠性是可以接受的。从表8－6可以看出，整体项目总计统计量的相关指标的CICT值均大于0.5，因此，这26个指标都能保留。

**表8－5 整体可靠性分析统计**

| Cronbach's $\alpha$ | 基于标准化项的Cronbach's $\alpha$ | 项数 |
|---|---|---|
| 0.932 | 0.931 | 26 |

**表 8－6　整体项目总计统计量**

| | 项已删除的刻度均值 | 项已删除的刻度方差 | 校正的项总计相关性 | 多相关性的平方 | 项已删除的 Cronbach's α 值 |
|---|---|---|---|---|---|
| A1 | 73.77 | 298.117 | 0.527 | 0.461 | 0.931 |
| A2 | 72.97 | 309.472 | 0.374 | 0.431 | 0.932 |
| A3 | 74.33 | 296.425 | 0.663 | 0.651 | 0.928 |
| A4 | 74.48 | 293.337 | 0.690 | 0.637 | 0.928 |
| B1 | 74.20 | 296.843 | 0.669 | 0.611 | 0.928 |
| B2 | 72.87 | 315.200 | 0.190 | 0.362 | 0.935 |
| B3 | 73.65 | 303.515 | 0.492 | 0.423 | 0.931 |
| C1 | 74.57 | 294.650 | 0.655 | 0.640 | 0.928 |
| C2 | 74.41 | 293.716 | 0.678 | 0.769 | 0.928 |
| C3 | 74.38 | 296.254 | 0.673 | 0.683 | 0.928 |
| D1 | 74.47 | 299.321 | 0.512 | 0.437 | 0.931 |
| D2 | 74.43 | 296.759 | 0.577 | 0.641 | 0.930 |
| D3 | 74.36 | 293.318 | 0.740 | 0.748 | 0.927 |
| D4 | 74.27 | 292.539 | 0.715 | 0.663 | 0.928 |
| D5 | 74.65 | 294.137 | 0.669 | 0.681 | 0.928 |
| D6 | 74.55 | 294.870 | 0.694 | 0.686 | 0.928 |
| D7 | 74.51 | 294.872 | 0.663 | 0.644 | 0.928 |
| D8 | 74.53 | 295.352 | 0.725 | 0.648 | 0.928 |
| E1 | 73.96 | 299.386 | 0.572 | 0.569 | 0.930 |
| E2 | 73.82 | 297.837 | 0.604 | 0.649 | 0.929 |
| E3 | 73.37 | 305.522 | 0.415 | 0.527 | 0.932 |
| E4 | 73.68 | 302.577 | 0.528 | 0.576 | 0.930 |
| E5 | 73.65 | 308.959 | 0.373 | 0.410 | 0.932 |
| E6 | 73.61 | 303.930 | 0.508 | 0.626 | 0.931 |
| E7 | 73.85 | 303.108 | 0.521 | 0.581 | 0.930 |
| E8 | 73.29 | 310.472 | 0.291 | 0.439 | 0.934 |

*2. 效度分析*

因子分析是统计学里检验结构效度最常用的方法，而 KMO 值是检验观测变量能否进行因子分析的重要标准，一般要求 KMO 值大于 0.5，接近于 1，另外，巴特利特球形检验的 $p$ 值为 0.000，达到显著水平，表明适合进行因子分析。

表 8－7 表明，整体项目的 KMO 值为 0.900，适合做因子分析。巴特利特球形检验的近似

卡方值为 1 944.1，df 为 325，其 $p$ 值为 0.000，小于 0.001，说明数据具有相关性，因此，适合做因子分析。因此，问卷具有较好的结构效度。

**表 8-7　整体项目的 KMO 值和巴特利特球形检验**

| KMO 值 | | 0.900 |
|---|---|---|
| 巴特利特球形检验 | 近似卡方 | 1 944.100 |
| | df | 325 |
| | Sig. | 0.000 |

## 二、结构方程模型分析

为了验证应急演练能提高大学生应急能力的合理性，运用结构方程模型原理，采用 AMOS7.0 软件对所提假设模型进行验证。大学生应急演练对应急能力提升的结构方程如图 8-4 所示。

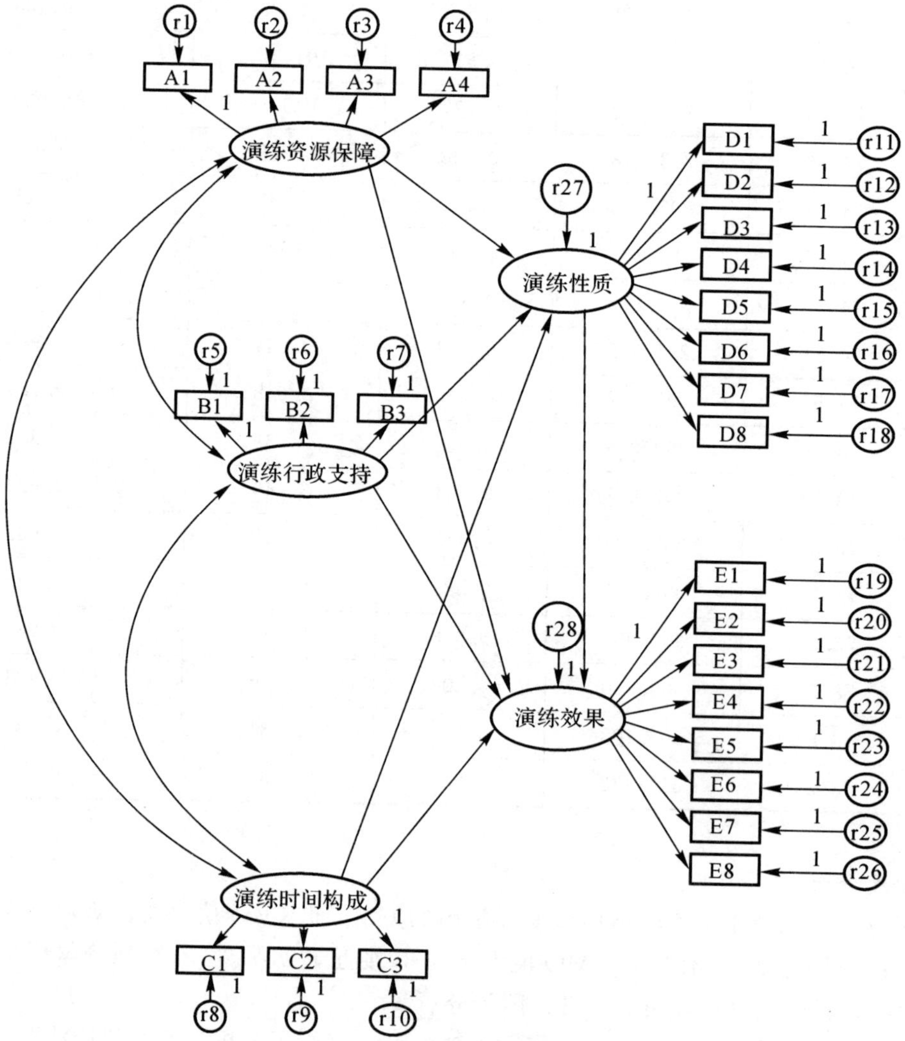


图 8-4　结构方程图

模型拟合结果如图 8－5 所示，模型中误差方差的值为 0.001～0.14 之间，且无负值。从标准化系数表中可以看出，模型中标准化系数的绝对值为 0.20～0.859，都没有超过 0.95，因此该模型没有违反估计存在的情况，可以对整体模型拟合度进行检验。

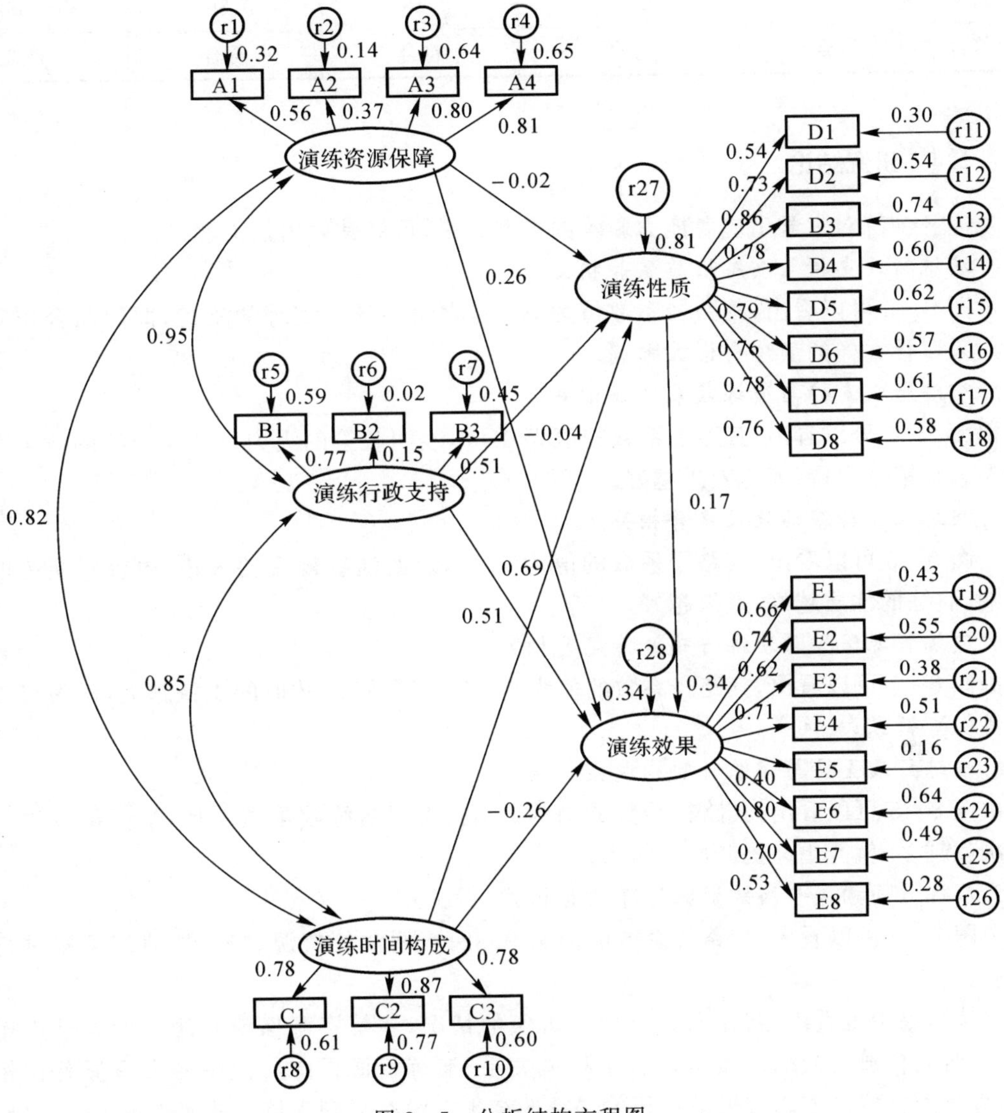


图 8－5　分析结构方程图

表 8－8 为模型评价结果，可以看出，CMID/df，RMSEA，IFI，TLI，CFI 都符合评价标准，都处在可以接受的范围之内。因此检验结果表明模型可以与数据拟合。

**表 8－8　结构模型的拟合程度分析表**

| | CMID/df<br>相对卡方/自由度 | RMSEA<br>近似误差均方根 | IFI<br>增值拟合指数 | TLI<br>非规范拟合指数 | CFI<br>拟合优度指数 |
|---|---|---|---|---|---|
| 评价标准 | 小于 3，越小越好 | 小于 0.1，越小越好 | 大于 0.8，越接近 1 越好 | 大于 0.8，越接近 1 越好 | 大于 0.8，越接近 1 越好 |

续 表

| | CMID/df 相对卡方/自由度 | RMSEA 近似误差均方根 | IFI 增值拟合指数 | TLI 非规范拟合指数 | CFI 拟合优度指数 |
|---|---|---|---|---|---|
| 模型结果 | 1.727 | 0.075 | 0.884 | 0.867 | 0.882 |
| 是否符合 | 符合 | 符合 | 符合 | 符合 | 符合 |

### 8.2.4 研究结论

从应急演练对大学生应急能力影响的模型结果，可对其做出如下解释：

1. 演练行政支持与演练性质显著相关

由图 8-5 可以看出，其路径系数值为 0.45，表明领导对演练的支持，部门间合作等政策支持对采取什么样的演练有很大影响。

2. 演练行政支持与演练效果显著相关

由图 8-5 可以看出，其路径系数的值为 0.69，表明政策的大力支持对演练的效果有很大的影响。政策越支持，演练效果越好。

3. 演练性质与演练效果显著相关

由图 8-5 可以看出，其路径系数的值为 0.17，表明演练规模的大小、内容对演练的结果有影响，演练的性质越好，效果越好。

4. 演练资源保障与演练行政支持显著相关

由图 8-5 可以看出，其路径系数的值为 0.95，表明政策、政府的支持越大，学习可以得到的演练保障就越大。

5. 演练行政支持与演练时间构成显著相关

由图 8-5 可以看出，其路径系数的值为 0.85，表明演练政策越支持，学生可以进行演练的频次就越多，就能更高提升应急能力。

6. 演练时间构成与演练资源保障显著相关

由图 8-5 可以看出，其路径系数的值为 0.82，表明演练资源越充足，演练可以进行的次数越多。

但从结果中也看出，路径系数出现了负值的情况，演练资源保障与演练性质呈正相关关系、演练时间构成与演练性质呈显著正相关关系、演练资源保障与演练效果呈显著正相关关系、演练时间构成与演练效果呈正相关关系的结果都没有得到支持。按照理论来说，这些其实都是应该得到支持的，但却没有得到数据的支持。从问卷的调查情况看，学生普遍认为很难回答，因为学校里很少进行应急演练，甚至没有，所以会对分析结果造成一定的影响。

从上述研究中可以看出，应急演练应当作为一个提升大学生应急能力的重要因素来看待，无论是政府、学校都应提供这样的培养平台，从大学生自身来看要主动参与到应急演练中，获得更多的知识，提升自己的应急能力[86]。

## 8.3　构建高校突发事件应急教育与管理的新模式

行为科学是以人的行为及其产生的原因作为研究对象，研究人与人之间的关系、个人与群体之间的关系，并借助于对其内在规律性的认识来预测和控制人的行为，以提高工作效率，达成组织的目标。其主要内容包括个体行为、群体行为、组织行为等方面。因此，可以将行为科学理论应用在高校的应急教育和应急管理中，提升大学生的应急能力。本研究基于行为科学理论，在大学生应急能力培养和应急能力提升影响因素分析基础上，构建基于行为科学的高校应急教育与应急管理“321”模式，如图 8-6 所示。

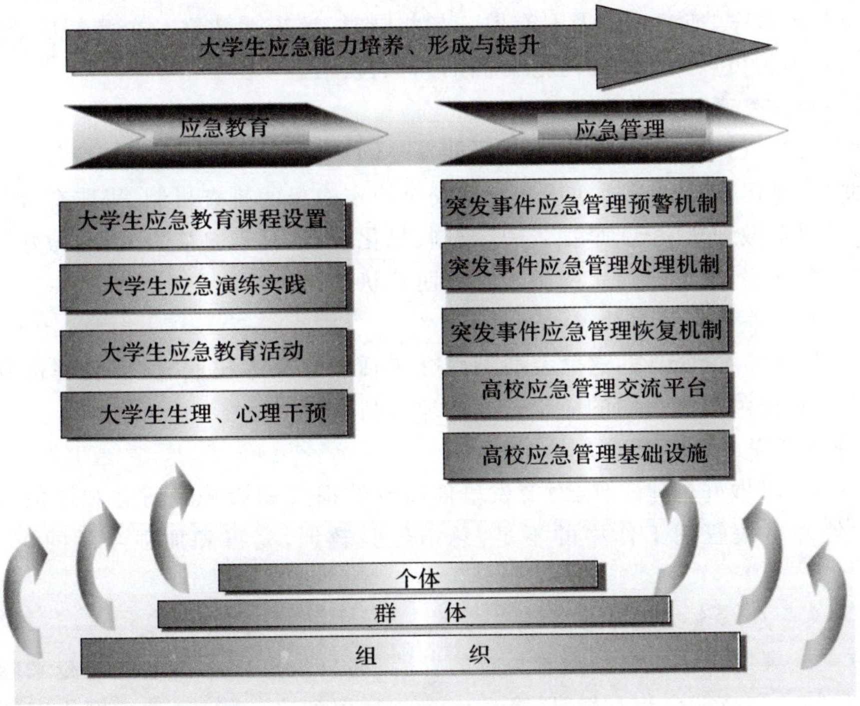


图 8-6　基于行为科学的高校应急管理与教育“321”模式

本书提出的“321”模式中，其中“3”指三个层面，即组织(学校)、群体(班级、学生会、大学生社团等)、个体(大学生)。“2”指两个保障，即应急管理与应急教育。“1”指最终目标，提高大学生应急能力。该模式从行为科学理论出发，以大学生应急能力的提升为最终目标。在实现目标过程中，发挥组织的关键因素，即从应急管理和应急教育两个方面保障大学生应急能力的提高。同时不容忽视班级、学生会及社团等群体对大学生应急能力提升的影响力。班级作为大学的“细胞”，在提升大学生应急能力上发挥着重要作用，一个班级应急能力的提升，很可能会带动整个院系甚至学校的应急能力建设。此外，学生会以及大学生社团中积聚了许多大学生积极分子，他们大多热衷于学校学院开展的各项活动，充分调动这部分大学生的积极性，将会对整个高校的应急管理能力以及大学生的应急能力产生积极影响。因此大学生应急能力的提高离不开高校的管理与教育，也离不开群体的宣传与影响，更离不开大学生个人应急能力与应急意识的提高。

### 8.3.1 组织——管理与教育齐发展

从狭义上说，组织就是指人们为实现一定的目标，互相协作结合而成的集体或团体，如党团组织、工会组织等等。这里，组织是指高校本身，从应急管理和应急教育两个方面来保障大学生应急能力的提升。高校的应急教育和应急管理是高校应急水平发展的两个重点。应急管理水平的提高需要应急教育辅助，而应急教育水平的提升也离不开应急管理的支持。应急教育和应急管理相辅相成，高校应急教育和管理齐发展势必构成一个内在的循环提升体系。

**一、应急管理**

高校应该建立“预警——处理——恢复”三步式应急管理机制，将安全隐患消除在萌芽状态、提高应急处理效率、应急恢复及时有效。与此同时，还需要建立一个高校应急管理信息交流平台，使高校师生可以共享关于应急方面的知识、技巧。

1. 建立高校突发事件应急管理预警机制

亡羊补牢，犹时已晚。如果能及时对可能发生的突发事件采取防范和预警措施，则可防止该类事件发生。要建立健全矛盾纠纷和校园安全稳定隐患的排查机制，采取有效的排查措施，对各种不安定因素做到早发现、早报告、早控制、早化解，提高预警能力，提前做好工作，努力把矛盾纠纷化解在基层，把安全稳定隐患消除在萌芽状态。

2. 建立突发事件应急管理处理机制

由于突发事件的不确定性，这就要我们建立包括应急决策机制、应急处理机制、应急沟通机制、应急宣传和保障机制在内的应急管理处理机制。

3. 建立突发事件应急管理恢复机制

危机过后，及时做好重建工作，对突发事件造成的损失和影响进行客观评估，反思事故发生原因和在处理事故管理工作中的不足，总结经验教训，完善和加强今后的应急管理工作机制。

4. 高校应急管理信息交流平台建设

(1)建立高校舆情工作机制。随着科技的发展，高校信息技术设施配备越来越齐全，学生及老师的信息技术和技能也相对较高，高校应充分利用到这一优势，建立网络舆情工作机制。例如，中国人民大学建立了一个舆情电话调查系统，一旦有国内国际重大事件发生，学校辅导员或者相关舆情收集人员会通过电话来调查学生的反应和下一步将要采取的行动。

(2)建立扁平型的信息传递网络。压缩组织结构层级，缩减应急管理层次，由自上而下的垂直结构向扁平型的横向结构转化，并赋予基层单位危机处置的适当权力，对于高校应急管理来说是十分必要的。重塑信息传递网络的目的是要实现应急管理信息的即时快速流动。为此，建立和完善高校新闻发言人制度很有必要，它有利于在应急管理的各个阶段及时发布权威真实信息，实现与公众及媒体的良好沟通，引导公众舆论朝好的方向发展。

5. 高校应急管理基础设施建设

加强高校应急管理基础设施建设是降低突发事件危害程度的一个关键因素。构筑以校园治安中心为枢纽，集人防、物防和技防于一体的校园治安防控体系，加强校园电子监控系统、防盗报警系统、消防烟感自动报警系统、消防设施系统等防范系统建设，全面提高高校的治安防范能力。

## 二、应急教育

众所周知，教育主要指学校教育，即教育者根据一定的社会要求和受教育者的发展规律，有目的、有计划、有组织地对受教育者的身心施加影响，期望受教育者发生预期变化的活动。应急教育可使学生达到掌握应急知识、熟练应急技能的目标。本研究对理论教学与实践演练实行“两手抓、两手都要硬”的策略。

### 1.大学生应急教育教学设置

(1)课程内容要具体、全面。高校首先要从主观上加强对应急课程的重视，深刻认识到应急课程是大学生应急知识来源的最主要途径之一。应急课程的设置应以贴近生活、贴近学生、贴近实际、通俗易懂为原则，内容既要包含常见的突发事件，如地震、火灾等自然灾害，打架、斗殴等治安管理事件等，也要包含大学生不太重视的卫生安全事件等方面，尽量做到全面、具体。

(2)授课方式要多样灵活。应急课程的授课方式不再仅仅局限于传统教学模式，应更多结合大学生日常生活中遇到的各种突发事件，如案例剖析、情景模拟等，以更加有代表性和感官冲击的形式，或是增加体验式的环节来加强学生学习的兴趣和记忆点，培养开发大学生的应急潜能、战略观念、决策能力、分析判断能力。

(3)增强应急课程的时效性。应急课程的设置应该增强时效性，防患于未然，这要求学校和授课老师结合经济社会发展趋势，随着高校突发事件的种类不断复杂化，及时补充新的信息，更新应急课程内容，了解可能潜伏在身边的危险，并且及时做出反应，做到师生共同进步。目前阶段来说，高校网络安全教育和电梯安全教育等都是高校应急教育的弱点，高校应加强这方面的教育。

(4)应急课程要计入考核评估。这样不仅能提高老师的应急知识水平，而且督促授课老师创新授课方式，更能增强大学生的应急知识和应急意识，直到师生进入主动学习阶段。

### 2.大学生应急演练实践

高校应急演练是高校进行应急教育不可或缺的方式，也是实现大学生应急能力培养的重要途径。通过实践演练，大学生能够更加深刻体验遇到突发事件时的环境和心理状态，有助于培养大学生的战略观念、组织能力、分析判断能力、信息获取和发布能力、法律运用能力和创新意识，开发大学生应急潜能，使得大学生在现实社会中遇到突发事件时，能够在最短的时间做出反应，有效实施预防和应急措施。高校应急演练应注重演练的持续性、针对性和有效性。

(1)持续性。高校应急教育是一个持续的过程，大学生的应急能力提升也是一个持续的过程。增强应急演练的持续性要求学校制定详细的应急演练方案，方案应该具有直观性，思路清晰，通俗易懂，简单明了，能够让大学生在短时间内掌握应急措施。

(2)针对性。一是分层调查学生的应急能力水平，对应急意识淡薄、应急能力低下的学生应给予更多的培养，进而改善高校应急教育的整体水平；二是高校应对现有演练内容进行整合，选择学生最适合、最需要的内容。高校可根据高校突发事件发展的规律性，即按照不同季节、不同时期开展针对性应急演练活动。

(3)有效性。调研中发现只有约三成的学生认为高校应急演练的效果比较明显。高校应急演练也是提升大学生应急能力的一个重要方面。首先，应急演练应该遵循开放式原则。高校突发事件在近几年的发展呈现多样性和复杂性趋势，因此在设计应急演练计划时，应不拘泥于特定的场景和环境，应急场景模拟应内容生动、形式多样，使得学生在操作的时候伸缩性强、自由度高，为学生提供更为开阔、灵活、自主的空间，使学生在遇到多样化突发事件时具备较强的综合能力和思维能力，减少危险的发生以及增强对危机灾害的控制。其次高校可实行柔性考核，例如不定期抽查演练效果，采取考试、竞赛等形式。逐渐地增强学校、老师、学生之间的互动关系，并且从根本上增强学习的主动性。

3. 大学生应急教育活动

应急教育活动的开展是培养大学生安全意识、突发事件应急自救、互救能力，预防高校突发事件的有效途径。其不但可以补充课堂应急教育的不完善之处，还可以更加有针对性地向大学生提供应急知识实践的平台，如应急知识的宣传普及、应急知识竞赛等等。

4. 大学生生理、心理干预

大学生自身的特点，往往使他们的生理与心理容易出现问题，有时可能导致严重的后果，高校应该重视对大学进行生理与心理健康的指导。

(1)大学生生理干预。身体素质是大学生应对突发事件的一个重要影响因素。由前面论述可知，影响大学生生理机能的因素主要包括睡眠不足和身体健康状况两个因素。睡眠不足以及身体健康水平差容易导致人体生理机能的下降，在突发事件发生时，不能迅速、准确的应对突发事件，造成不可挽回的损失。因此有必要对大学生的生理进行干预，如开展大学生体质检测工作、限制大学生晚上用电量、开展丰富多彩的体育活动等等。

(2)大学生心理干预。心理健康问题在大学生中普遍存在，引起社会、高校的持续关注。加强大学生心理干预工作，是加强和改进大学生思想教育的需要，也是帮助大学生树立正确人生观、价值观、世界观的迫切需要。在高校应急管理中实施心理干预，能够对处于心理危机状态的个人及时给予适当的心理援助，使其心理得到较好的修复，避免事态进一步扩展。不仅能够为高校提供一条更好的解决危机的有效途径，而且能尽快恢复校园秩序，维护高校的安全稳定。高校可成立“心理健康教育”或“心理咨询中心”以及每个班级可选举一名心理委员，在新生入校时就开始进行普及和强化心理健康教育，并且要在随后的大学生活中持续开设心理健康教育选修课、举办心理健康专题教育讲座和开展心理健康教育主题活动，通过这些活动培养大学生在突发事件面前的应急能力、适应能力、抗挫折能力、面对压力的自我调控能力。

### 8.3.2 群体——宣传与影响营氛围

群体中，各成员相互依赖，心理上彼此意识到对方的存在；相互作用，彼此影响；成员间有“我们同属于一群”的归属感。本课题的群体主要包括大学班集体、学生会、大学生社团等，群体动力学理论告诉我们，人们经常会有从众心理。群体成员都希望被群体其他成员所接纳，当一个人在群体中与大多数人意见分歧时，会感到群体的压力，有时该压力会导致群体成员违背自己的意愿产生完全相反的行为。如果一个群体凝聚力强，则从众现象更为突出。

1. 发挥班集体的应急能力影响力

大学班集体作为大学的组成细胞，具有较强的凝聚力，一个班级应急能力提升，很可能带动整个院系甚至学校的应急能力建设。例如，作为一个班级，可以定期开展一些应急知识学习、竞赛，丰富班级学生的应急理论知识，此外，可以学练结合，围绕近期所学应急理论知识，开展小型的应急演练活动，充分做到理论与实践相结合，收到事半功倍的效果。此外，大学生多数有从众心理，这样可以由一个班级带动本院系其他班级的积极性，进而使全校师生都燃起学习应急文化、应急演练的热情。

2.扩大学生会、学生社团应急能力影响力

学生会以及大学生社团中积聚了许多大学生积极分子,他们大多数热衷于学校学院开展各项活动,且他们大多数是大学生中的佼佼者。例如,学生会、学生社团中的很多成员都来自不同的专业,由他们可以带动本专业其他学生学习应急知识的热情。此外,大学社团、学生会等组织可经常组织一些有关应急知识的多媒体宣传片。若充分调动这部分大学生的积极性,将会对整个高校的应急管理能力以及大学生的应急能力起到很好的模范带头和宣传作用。

### 8.3.3　个体——理论与实践相结合

高校应急管理与教育的最终落脚点是提升学生的应急能力。现代行为科学注重激发人的动机,调动人的积极性,发掘人的潜力。行为科学的核心是以人为本。在提升大学生应急能力过程中,大学生的个体行为是一个比较关键的因素,因为良好的组织和群体都是为了加强大学生应急能力,增强安全意识。在高校,大学生由于生源、受教育水平等的差异性,在思想观念、价值观念以及行为上存在差异性。因此以行为科学的个体行为理论为指导,以高校为组织,以班级为单位,调查学生安全防范意识及应急能力现状,进行分析总结,分出强弱层次。针对不同层级的个体,采取不同的教育及激励方式提高学生安全防范意识和应急能力水平。在一段时间后,对学生安全意识及应急能力状况进行再调查,反馈信息,找出不足之处,然后有针对性地开展安全教育工作,以此循环,最终全面提高学生安全防范意识和应急能力。

应急教育可以增强大学生的安全意识和应急能力。在教育上,通过理论课程的学习以及实践课程的参与,以理论与实践相结合的方式全面提升大学生的应急能力。

## 8.4　本章小结

本章采用系统动力学方法研究提升大学生应急能力的培养路径,并运用结构方程模型重点分析、验证应急演练对大学生应急能力提升的重要性,最终提出基于行为科学的高校应急管理与教育“321”模式及具体措施。

(1)对大学生应急能力培养进行了分析。首先分析了影响大学生应急能力培养的因素,包括三方面:教学水平、管理水平和大学生自身素质。其次从以上三个因素入手,运用SD方法对大学生应急能力的培养路径进一步研究,得出高校对大学生应急教育工作要点,即高校要构建稳定的应急教育环境、优质的教学质量、做到应急教育与管理相结合。

(2)高校应急演练作为一种综合性应急实战,是检验应急教育效果最有效的方式之一,也是高校应急教育和管理的重要组成部分。针对高校缺乏应急演练及应急演练对提升大学生应急能力的重要性,为后期模式构建提供指导,构建了应急演练对提升大学生应急能力的结构方程模型,并进行了验证分析。结果表明:演练资源保障、演练行政支持、演练时间构成、演练性质、演练效果是通过应急演练提升大学生应急能力的5个主要因子。

(3)构建了基于行为科学的高校应急管理与教育“321”模式。基于行为科学理论,从组织、群体、个人三个层面出发,提出了高校应急管理与教育“321”模式,从应急管理和应急教育两个方面保障大学生应急能力的提高,同时不能忽视班级、学生会及社团等群体对大学生应急能力提升的影响力。

# 第9章　大学生突发事件应急能力、应急教育与应急管理应用实践

## 9.1　大学生突发事件应急能力、应急教育与应急管理应用实践概述

大学生是民族的希望、祖国的未来，大学生的安全不仅关系到千家万户的幸福，也关系到校园和社会的稳定和谐，更关系到中华民族的复兴。但近年来，大学校园内频繁发生的学生自杀、火灾伤害、管教冲突等危机事件，凸显了当前应试教育模式对大学生生命教育、安全教育、应急教育、应急演练等方面的忽视与不足，使得大学生缺乏足够的安全意识和应急能力，一旦面临突如其来的火灾、中毒、地震、骚乱等突发事件，容易产生群体无意识、自主能力不足、恐慌、焦虑、失控等现象，最终导致悲剧的发生。因此，重视和加强大学生安全与应急教育工作，全面提高身心健康素质和应急能力，既是高校稳定、社会和谐的客观要求，也是时代赋予高校的新任务。

在研究国内外相关文献资料和对陕西省14所高校进行现场走访、问卷调研的基础上，分析了陕西省高校在大学生应急教育、应急管理和应急能力培养中的不足。针对存在的应急培训不全面、应急课程设置单一、师资队伍不足、应急教育不均衡、应急设施设置不合理、应急预案缺乏针对性、大学生安全意识淡薄、大学生应急知识和应急技能匮乏、大学生身心素质有待提高等问题，本书从行为科学的角度入手，分析影响大学生应急行为能力的个体因素和环境因素，构建了基于行为科学的大学生应急能力概念模型，并进行实证分析；明确高校应急教育体系的构成要素，采用系统动力学方法研究提升大学生应急能力的培养路径，构建了基于行为科学的陕西省高校应急教育与应急管理"321"模式；主要出版了《大学生安全与应急教育》，并编写了教学大纲；开设生命教育与行为安全管理、大学生安全教育、大学生安全文化等公选课；开发网络教学平台；加强行为安全实验室建设；开展应急演练等一系列安全应急活动，实施了大学生应急能力培养教学环节的教学内容、教学方法、教学手段的研究与实践。

实践证明，这一系列教学改革，对促进大学生应急能力培养和身心综合素质的提高，起到显著作用，并取得了可喜的成绩。

下面以西安科技大学为实践对象，讲述大学生突发事件应急能力、应急教育与应急管理的应用。

## 9.2　编制"大学生安全与应急教育"教学大纲

大学生安全与应急教育是高等素质教育的一个重要内容，也是大学生知识体系不可缺少的一个组成部分。大学生涉世未深、生活阅历不足，缺乏必要的预防和应对外来侵害、灾害事

故方面的基本常识和经验，安全防范意识和能力比较欠缺，心理承受能力也相对较弱。针对这一实际情况，基于国家重点学科安全科学与工程的丰厚积累和优势，在广泛调查和借鉴各高校安全与应急教育经验的基础上，为了进一步明确"大学生安全与应急教育"的教学目标、内容和方式，结合学校具体实际情况，多次组织专家讨论、教师交流、学生访谈，总结多方意见和要求，特别是学生的自身需求，经过多次讨论，研究制定"大学生安全与应急教育"教学大纲，希望通过组织实施高校大学生安全与应急教育活动，积极促进大学生突发事件应急能力的提高和高校安全与应急管理工作水平的提升。

### 一、课程性质、地位和作用

2013年4～6月，全国多个地区接连发生多起重特大安全生产事故，造成重大人员伤亡和财产损失。习近平同志指出：人命关天，发展决不能以牺牲人的生命为代价，这必须作为一条不可逾越的红线。针对近期全国部分地方发生的多起校园安全事故，教育部发布了《教育部关于教育系统集中开展安全生产大检查的通知》(教发函[2013]106号)《教育部办公厅关于进一步加强高等学校实验室危险化学品安全管理工作的通知》(教技厅[2013]1号)等文件，进一步部署校园安全工作。研究开设"大学生安全与应急教育"课程是贯彻落实党和政府关于安全校园和安全生产一系列政策和精神的必然选择，是贯彻落实科学发展观、构建和谐社会的具体措施，是培养大学生树立国民意识、提高国民素质和公民道德素养的重要途径和手段。大学生安全与应急教育，既强调安全在人生发展中的重要地位，又关注学生的全面、终身发展。既能帮助大学生树立起"安全第一"的意识和积极正确的安全观，并努力在学习过程中主动掌握安全防范知识和主动增强应急管理能力，以加强自身修养，保持健康心理，养成良好的安全习惯；又能帮助大学生提高安全与应急意识，掌握安全知识和防范技能，增强自我防范与应急能力。

### 二、课程教学目标、对象和要求

1. 教学目标

通过安全与应急知识的学习，大学生应当在态度、知识和技能三个层面达到如下目标。

态度层面：通过安全与应急教育，大学生应当充分认识生命的价值与意义，树立起安全第一的意识，树立积极正确的安全观，把安全问题与个人发展和国家需要、社会发展相结合，为构筑平安人生主动付出积极的努力。

知识层面：通过安全与应急教育，大学生应当了解安全与应急管理的基本知识，掌握安全与应急管理相关的法律法规知识，安全与应急管理所包含的基本内容，突发事件的诱发原因及特点，了解安全与应急管理体制和资源，能够自觉及时准确地对突发事件做出科学判断和对应急预警做出合理响应。

技能层面：通过安全与应急教育，大学生应当掌握基本的安全与应急防范技能，掌握如何预防各类事件的发生，以及面对各类事件时应该如何应急与自救，掌握以安全为前提的自我保护技能、沟通技能、问题解决技能等。

2. 对象

本课程面向西安科技大学全校学生，被列入全校公选课，是新生入学教育必须环节，以及每学期大学生第二课堂主题教育活动，重点在一、二年级实施，并贯穿学生从入学到毕业的整个培养过程，经过一段时间的教学实践和课程建设，计划逐步把"大学生安全与应急教育"列入基础必修课。

3.要求

教学内容应力求实践性、科学性，突出强调理论联系实际，切实增强针对性，注重实效。在遵循教学规律的前提下，引入多种教学方法，有效激发学生学习的主动性和参与性，提高教学效果。

## 三、课程内容及学时分配

大学生安全与应急教育的内容，应该从大学生正确认识生命、认识安全、认识应急入手，以大学生日常的生活场景为模块，如缤纷校园、实验室安全、人在旅途、公共场所、户外活动、身心健康、温馨家庭、食品药品安全、自然灾害等，分别讲授大学生如何预防各类突发事件的发生，以及面对各类事件时应该如何应急与自救，以达到增强大学生安全与应急意识、掌握提高安全与应急技能的目的。本课程共16个学时，课程具体内容及学时分配见表9-1。

**表9-1 课程内容及学时分配表**

| 教学章节 | 教学内容 | 课时安排(16学时) |
|---|---|---|
| 第一章 | 认识生命、安全与应急 | 2 |
| 第二章 | 缤纷校园 | 2 |
| 第三章 | 实验室安全 | 1 |
| 第四章 | 人在旅途 | 1 |
| 第五章 | 公共场所 | 2 |
| 第六章 | 户外运动 | 2 |
| 第七章 | 身心健康 | 2 |
| 第八章 | 温馨家庭 | 1 |
| 第九章 | 食品、药品安全 | 1 |
| 第十章 | 自然灾害 | 1 |
| 第十一章 | 应急演练模拟 | 1 |

## 四、教学模式

(1)大学生安全与应急教育课程既有知识的传授，又有技能的培养，更有态度、观念的转变，是集理论、实务和经验为一体的综合课程。态度、观念的转变和技能的获得比知识的掌握更重要，态度、观念的改变是课程教学的核心。

(2)在教学中，教师应重视师生双方在教学中的互动，引导学生认识到安全与应急教育的重要性。通过教师的讲解和引导，学生要按照课程内容，积极开展问题分析、安全与应急演练、社会实践与调查、小组讨论等活动，提高对自我、校园和社会安全与应急环境的认识，为全面、安全的发展打下扎实基础。

(3)本课程应将理论与实践相结合，采用讲授与训练相结合的方式进行。教学可采用课堂讲授、典型案例分析、安全与应急技能训练、小组讨论、社会调查等方法。

(4)在教学的过程中,要充分利用各种资源,可采取与外聘专家专题讲座和座谈相结合的方法,丰富教学内容,提高教学质量。

综上所述,“大学生安全与应急教育”教学大纲的编制具有如下作用:能够明确该学科教学的指导思想,为撰写相关教科书提供指导性原则;具体规定该门学科知识范围、目的、教学任务和重点、难点、教学时间及方法等;为上级教育主管部门监督学校的教学工作提供依据,也是教师进行教学工作的重要依据,更是教学工作顺利进行的保证和评判学生学业成绩的重要标准;是教学计划的具体表现,以纲要的形式体现了课程的教学内容。

## 9.3　以多彩课堂教学为主渠道培养大学生的安全意识

“人命关天”“学校的安全教育大于天”。课程组在广泛调查和借鉴各高校安全教育经验的基础上,结合近年来在高校发生的一些典型事故案例,编写了“大学生安全与应急教育”教学大纲。同时为了培养大学生的安全和应急意识,进一步开设了生命教育与行为安全管理、大学生应急教育、大学生安全文化、大学生安全教育、大学生生活心理学、大学生心理健康教育和安全心理学等 7 门公选课,选课人数达 5 500 人次。并且为进一步加强学生应对各种突发事件的能力,西安科技大学教务处、学工部等部门联合下发《关于鼓励学生选定大学生安全与应急教育等选修课的通知》,积极鼓励各学院(部)推荐学生选修相关课程,以提高安全意识、安全技能和应急常识。

以“生命教育与行为安全管理”和“大学生安全与应急教育”为例,这两门课程都是贯彻落实科学发展观的具体措施,培养大学生树立安全意识,提高国民素质和公民道德素养的重要途径和手段。“生命教育与行为安全管理”课程针对大学生群体压力过大引发的各种社会问题和危机,通过介绍生命价值及属性、“四不伤害”理念、人的失误及不安全行为管控、减缓压力的快乐秘籍、预防自杀、抵御应对突发事件的危机知识、如何进行自救与互救等课程内容,旨在引导大学生充分尊重生命、认识生命、珍惜生命,提升大学生的安全与应急意识,掌握常识性的突发事件应急知识,减少不安全行为,促进大学生身心健康成长。“大学生安全与应急教育”既强调安全在人生发展中的重要地位,又关注学生的全面、终身发展。要激发大学生树立“安全第一”的意识,并努力在学习过程中主动掌握安全防范知识和主动增强应急管理能力,既能加强大学生自身修养,保持健康心理,养成良好的安全习惯,又能帮助大学生提高安全与应急意识,掌握安全知识和防范技能,增强自我防范与应急能力。

课程组田水承教授、王莉博士等受煤矿安全研究和实践的启发,在全国高校最早开展了“生命教育与行为安全管理”教学方面的研究与探索。从 2011 年开始作为全校性公选课,面向全校学生,重点在一、二、三年级实施,并贯穿学生从入学到毕业的整个培养过程。“大学生安全与应急教育”也是课程组李红霞教授、袁晓芳博士和沈剑博士在西安科技大学较早开展的关于培养大学生安全与应急能力的课程,不仅是全校性公选课,而且被列入新生入学教育和每学期大学生第二课堂主题教育活动。

经过近几年的教学实践与研究,课程组在教学实践中研究探索总结出一套独特的教学方法,并收到了良好的教学效果;通过制作内容丰富、形式多样的多媒体课件和改进完善教学资料不断改进教学手段(见图 9－1)。

图 9－1　部分授课掠影

## 9.4　完善理论教学环节，编写出版教材

教材是教师教学、学生学习的重要部分，是教师进行教学设计、编写教案、制订教学计划的基础；是教师备好课、上好课和达到预期教学目的的前提和关键；是学生充分、深入获取知识的重要途径，对顺利完成教学任务具有十分重要的意义。但当前与大学生安全应急教育有关的教材大部分重理论、轻实践，重安全、轻应急。针对这一实际情况，在广泛调研和借鉴各高校安全与应急教育经验的基础上，结合近年来在高校发生的一些典型事故案例，课程组编写了《大学生安全与应急教育》和《大学生安全教育教程》两部教材，力求帮助大学生了解更多的安全与应急知识，提高安全防范意识。

(1)李红霞、田水承、袁晓芳主编《大学生安全与应急教育》，该书针对当前大学生生命教育、安全教育、应急教育的现状，从大学生日常生活中常见的隐患入手，从缤纷校园、实验室安全、人在旅途、公共场所、户外活动、身心健康、温馨家庭、食品药品安全、自然灾害九个场景，分别讲述大学生如何预防各类事件的发生，以及面对各类事件时应该如何应急与自救。此书针对大学生的特点，行文摒弃冗长、繁杂的理论说教，以典型、短小的案例为引子，用精练的语句讲述大学生安全与应急教育的内容，并配以漫画和插图进行解释说明，提高了可读性和趣味性。

该书引用大量的案例来说明安全与应急的重要性，这些案例源于我们的生活，有的就发生在我们周围，既能帮助大学生发挥主观能动性，加强自身安全修养，保持健康心理，养成良好的安全习惯，又能帮助大学生提高安全与应急意识，掌握安全知识和防范技能，增强自我防范与应急能力。适合作为高等院校安全与应急教育的教材，也可作为广大学生的课外读物。

(2)课程组成员陈霂参与主编的普通高等院校“十二五”规划教材《大学生安全教育教程》，针对当前大学生状况，系统介绍了大学生安全教育的方方面面，包括国家安全教育、预防刑事犯罪教育、学习安全教育、生活安全教育、公共安全教育、网络安全教育、消防安全教育、心理健康教育和自救常识教育，旨在帮助大学生养成良好的安全习惯，提高安全意识，掌握安全知识和防范技能，增强自我防范能力。教材内容丰富，图文并茂。书中各内容板块用真实生动的案例警示学生，让学生引以为戒，“学习目标”板块给学生以重要提示，起到画龙点睛的作用；“思考练习”板块可以帮助学生巩固所学的知识。总之，此书集知识性、实用性、可操作性于一体，文字通俗易懂，适合在校大学生学习使用。

《大学生安全与应急教育》《大学生安全教育教程》等教材的编写出版，对于抓好大学生安全与应急教育理论教学环节，加强高等院校的日常管理，维护学校的正常教学、科研及生活秩序，保障学生人身和财产安全，促进学生健康心理的形成，都具有十分重要的现实意义和战略意义。

## 9.5 开发“第二课堂”，强化大学生的安全意识和应急能力

安全与应急教育活动的开展是培养大学生安全意识，提高突发事件应急自救、互救能力，预防高校突发事件的有效途径。安全与应急教育活动的开展不但可以补充课堂应急教育的不完善之处，还可以更加有针对性地对某一特殊的突发事件场景向大学生提供应急知识实践的平台。在研究推广过程中，西安科技大学近年来倍加重视学生的应急知识能力培养，积极开展形式多样、贴近生活、针对实际、实用性强的安全应急活动，对学校、学生应急能力的提高起到了很好的促进和推动作用。

**一、定期开展相关应急演练工作，提高突发事件的快速反应能力**

高校应急演练是提高大学生在突发事件下快速反应能力和确保其采取正确有效措施的重要途径。西安科技大学在应急演练的开展方面做了积极的相关部署和组织，分领域、分部门、分学院、分批次有序地推进应急演练的部署，有针对地定期开展一系列应急演练。在校级范围内每半年开展一次火灾和地震的模拟演练，每季度开展一次小型突发事件演练活动，每个学院、每个管理部门根据相关专业和实际情况在学院、部门内部分别开展各种相关演练活动。2012 年 11 月 4 日，学校与陕西省教育厅、陕西省公安厅、西安市公安消防支队以及临潼公安消防大队合作举办了“全省高校 2012 年地震火灾疏散逃生示范演练”活动。演习现场烟雾弥漫，环境逼真，演习人员撤离井然有序，在持续约一个小时的时间里，学生在示范演练过程中表现出色，圆满地完成了演练任务。2013 年 5 月 20 日，在第五个“全国防震减灾日”来临之际，由校团委和西安市无线电管理委员会共同主办了主题为“用无线电波搭建拯救生命的桥梁”——2013 年西安科技大学无线通信应急演练及展示活动。此次活动由校通信与信息工程学院、西安新海中继台 411.800MHz、陕西地震救援队、陕西 EPV 户外救援队、西安秦岭中继台、西安大飞中继台、陕西秦岭无线电俱乐部等单位共同参加，现场组建的应急救援通信网络模拟在重大自然灾害发生时，当常规通信网络受到损坏的情况下，如何通过无线电发挥应急通信保障等功能。该活动激发了全校师生的专业知识兴趣，提高了利用专业知识应对地震灾害的实践能力，丰富了学生的课余生活（见图 9－2）。

图 9-2　相关应急演练活动掠影

## 二、推进安全宣传工作，普及安全应急知识

西安科技大学积极推进各个领域的安全宣传工作，扩大安全应急知识的覆盖范围，推广安全应急知识的普及。例如，学校在学生食堂设置食品安全注意事项和各个季节瓜果蔬菜选取和功效的宣传海报，学生在用餐的时候可以了解相关食品安全知识和食物中毒处理措施，提高了学校师生的食品安全应急能力。在学生公寓每季更换公寓黑板报，宣传安全用电、安全出行、安全防盗、火灾地震逃生技能等一系列的安全知识。在校园宣传栏张贴安全应急教育海报，根据对近期发生的相关安全事故报道，进行安全宣传教育，提高学校师生突发事件的预警能力。此外，学校设立安全宣传月，邀请相关领域的专家莅临指导和开展相关安全知识讲座，各个学院、班级组织安全教育主题的团日活动，广大学生积极参加配合，应急技能和安全知识得到了显著提高(见图 9-3)。

## 三、积极落实心理辅导和心理干预工作，提高学生身心健康水平

西安科技大学积极贯彻落实中央 16 号文件和《教育部、卫生部、共青团中央关于进一步加强和改进大学生心理健康教育的意见》精神，积极开展心理咨询和心理健康水平调查，落实心理辅导和心理干预。学校每年开学期间对新生进行心理健康普测工作，找出普遍存在于新生之中的心理健康问题，有效开展跟踪服务工作，及时疏导学生学习、生活中的负面情绪，排解学生思想困惑，早预防、早发现、早治疗，使新生更好地迎接学习和生活的挑战。同时，各学院以《西安科技大学学生心理健康教育四级网络制度》《西安科技大学学生心理健康普查排查及跟踪制度》等文件为指导，成立了由分管学生工作的学院书记为组长、各年级辅导员为成员的学院心理健康教育指导小组和大学生心理健康中心，并以此为平台建立了学生心理健康“校—院—班”三级联动机制。班级实行一般思想心理动态周报和突发行为异常即报制度，班级团支书和心理委员负责班级一般思想心理异常的监测、周报的撰写上报和突发情况的及时电话报

送。辅导员定期和班级学生开展“一对一”的谈心活动和主题班会活动，深入了解分析学生思想心理状态，以朋友式的交流沟通、以亲人式的关心爱护、以专家式的答疑解惑，及时排忧解难，护航学生成长，服务学生成才（见图 9－4）。

图 9－3　安全宣传活动掠影

图 9－4　心理辅导和心理干预工作活动掠影

### 四、完善健全体质检测工作，指导学生科学锻炼身体

西安科技大学根据陕西省教育厅下发的体育部、国家体育总局关于实施《学生体质健康标准(试行方案)》文件精神，成立由主管教学的校领导任组长，教务处、学工部、体育部、校医院、团委等部门负责人及校体育工作委员会委员为成员的校级领导小组。近年来，学校划拨了300余万元，依托陕西省高水平大学建设专项项目、中央支持地方财政项目等，成立了“学生体质检测中心”“行为安全与安全管理实验研究中心”，购置了体质健康测试仪器及其相关的软件、硬件系统，自2002年以来每年都针对学生开展体质检测工作，通过对学生肺活量、台阶指数、握力、身高体重基本指标、立定跳远等项目的测量，了解学生心肺功能、上下肢力量、呼吸系统等相关情况，从而更好地指导学生进行科学的体育锻炼活动，提高我校学生生理健康水平，保证其在突发事件发生时有充足的体力和灵活的身体协调能力完成自救和他救的工作(见图9－5)。

图9－5　体质检测工作活动掠影

### 五、有针对性地开展安全应急知识竞赛，加强相关理论知识的掌握

安全应急知识竞赛不但有助于加强学生理论知识的掌握能力，加深知识印象，还能提高学生积极、主动地学习安全应急知识技能的热情。学校各个管理部门、院系、班级近几年有条不紊地开展了一系列安全应急知识竞赛，为学校广大教职工和学生提供了一个很好的安全应急知识学习平台。饮食卫生安全一直是学校后勤部门常抓不懈的重点工作，为此，学校针对后勤人员定期开展食品安全卫生知识竞赛，规范食品生产流程，增强食品安全卫生防范意识，把卫生、安全意识落实到实际操作中，保障就餐师生的饮食安全，提供安全、卫生、优质的饮食服务。各个院系每年新生入学都开展消防安全、地震自救以及安全用电等主题的知识竞赛活动。学校计算机学院定期举办网络安全知识竞赛，针对学校广大学生遇到的网络信息安全问题设立答题平台，提高学生的信息筛选和甄别能力以及自我防范意识。班级内部团日活动定期开展消防安全知识竞赛活动，通过日常生活中经常遇到的火灾类型情景模拟，对处理措施和自救他救的问题回答，加深对消防安全的认识，提高火灾应急能力(见图9－6)。

图 9-6　安全应急知识竞赛活动掠影

**六、成立安全管理协会，促进学校安全应急管理工作持续协调发展**

西安科技大学社团联合委员会于 2010 年成立安全管理协会，该协会主要职责在于宣传安全应急知识技能、组织相关安全应急演练和知识讲座活动，动员广大学生积极参加安全应急知识的学习和实践活动。该协会成立至今，已顺利圆满完成消防安全演练、地震自救演练、群体性事件演练、急救演练等一系列安全演练活动，加深了广大学生对突发事件的认识，提高了应对各种灾害和突发性事件的实践能力。此外，学校安全管理协会还联系相关消防部门、地震部门、陕西省应急管理办公室相关人员到我校普及安全应急知识，举办相关安全应急讲座，推广安全防范意识和自救技能。学校安全管理委员平日还会自发组织学生分发安全知识宣传册，开展消防器材使用培训活动，张贴安全用电、安全出行、急救方法等相关海报和宣传画，为创建和谐、健康、安全的校园生活提供了保障(见图 9-7)。

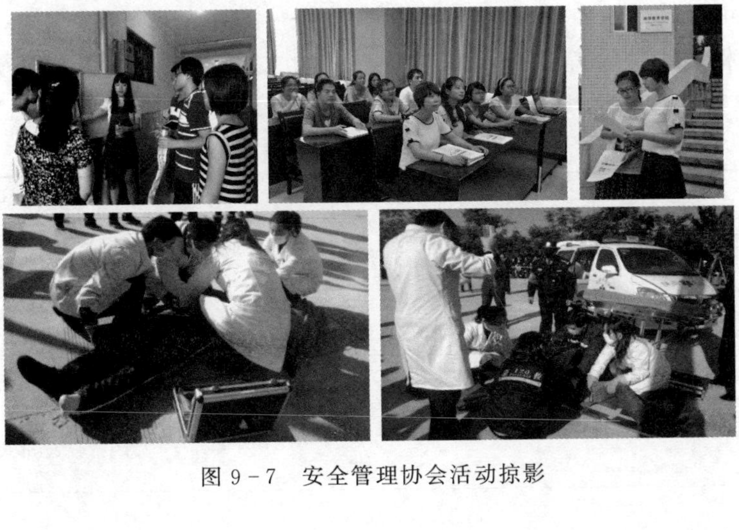

图 9-7　安全管理协会活动掠影

## 9.6 加强实验室建设，搭建大学生应急能力实训平台

实验室一直以来都是教学与科研的阵地与根基。越来越多的学校通过建设实验室，在实践实训环节增强学生的各种能力。实验室功能的拓展与实验内容的创新越来越成为教学科研改革的重要环节。在多年的教学过程中，深深体会到实践教学是提高大学生应急能力的重要环节。

煤矿开采过程存在着五大灾害，随着矿井深度的增加开采难度增大，因此安全问题尤为突出。为发挥西安科技大学学科群的“安全”“地矿”特色，针对安全、采矿等煤矿主体专业及相关专业的大学生群体，学校在培养其应急能力时增加了专业应急能力培养环节，将矿山常见灾害的预防与应急普及到地矿相关专业学生。配套建设地下模拟矿井、工作面三机配套装备、地下工程巷道及支护、矿井通风模拟巷道及监测监控系统、煤层自燃火区探测及胶体灭火装备系统等一系列实验实践教学资源共享平台，为煤矿主体专业及相关专业学生提供各个实习环节、实践教学硬件资源，为相关专业学生的矿山灾害应急能力的提高提供了实验平台。

几年来，学校在实验平台建设方面进行了探索与实践。在学校资金投入和教务处大力支持下，能源学院新建和扩建了“安全工程实验中心”和“采矿工程实验教学中心”，其中“采矿工程实验教学中心”2013 年获批国家级实验教学示范中心。成立了“一所四室”，即一个研究所，四个相关实验室，具体内容如下：

**一、安全管理与风险控制研究所**

2008 年西安科技大学批准成立了安全管理与风险控制研究所（简称安全管理研究所），依托学校安全科学与工程国家重点学科、西部矿井开采及灾害防治教育部重点实验室、西部煤矿安全教育部工程研究中心、陕西省煤矿灾害防治与应急救援技术工程研究中心和国家矿山应急救援技术西安研究中心，主要从事矿山安全管理、安全文化、应急管理、不安全行为测控、安全经济管理等方向的研究。目前该研究所已成为国内独树一帜、有影响力的西部矿山安全管理、应急管理的重要教学研究基地。

近年来，依托安全管理与风险控制研究所，课程组开展了大量行为安全、应急管理方面的课题研究（见表 9－2），主持国家自然科学基金项目、教育部博士点基金和企业委托项目等 16 项，发表相关学术论文 80 余篇，主编、参编了《大学生安全与应急教育》《煤矿应急救援必读》《安全管理学》及《消防安全管理学》（在编）等与应急内容相关的著作 7 部。

**表 9－2　课题组承担的相关研究课题（部分）**

| 序号 | 课题名称 | 课题来源 |
|---|---|---|
| 1 | 基于行为科学的陕西省大学生突发事件应急能力与应急教育研究 | 陕西省级重点教改项目 |
| 2 | 黄陵矿业有限公司应急管理及规划研究 | 企业委托 |
| 3 | 陕西天然气公司渭南分公司应急预案研究 | 企业委托 |
| 4 | 基于生理一心理一行为的矿工不安全行为实验测量与组合干预对策研究 | 教育部博士点基金项目 |

续 表

| 序号 | 课题名称 | 课题来源 |
|---|---|---|
| 5 | 中国情境下煤矿工人不安全行为的结构测量及其产生机制与作用机制分析 | 教育部博士点基金项目 |
| 6 | 煤矿“险兆事件”致因机理与“组合干预”策略研究 | 国家自然科学基金 |
| 7 | 中国情境下煤矿工人不安全行为多层次理论模型构建与度量研究 | 国家自然科学基金 |
| 8 | 石油工人不安全行为实验测量与分析研究 | 陕西省教育厅 2012 年哲学社会科学重点研究基地建设项目 |
| 9 | 华北油田第一采油厂“团队安全型”班组安全文化研究 | 企业委托 |
| 10 | 团队安全型班组安全氛围测量及行为安全管理研究 | 企业委托 |
| 11 | 神华神东煤炭集团人员不安全行为控制方法研究项目 | 企业委托 |
| 12 | 补连塔煤矿“零伤害”保障实施与研究 | 企业委托 |
| 13 | 神华神东煤炭集团公司煤矿管理人员业务知识读本 | 企业委托 |
| 14 | 长庆二采厂与长北合作区 HSE 管理模式对比研究 | 企业委托 |
| 15 | 郭家河煤矿覆岩“三带”分布规律、开采地表移动变形及地面塌陷预警管理对策研究 | 企业委托 |
| 16 | 建筑基坑支护安全管理措施研究 | 海南省建设厅项目 |

## 二、安全人因工程实验室

2011 年学校在中央财政支持陕西高校发展专项资金项目的依托下，西安科技大学成立了安全人因工程实验室，通过同步记录行为发生时人的各项生理参数，设计不同应急场景下的各种实验，观察并分析人在指定环境及场景叠加的情况下由不同行为引起的生理参数的变化情况，为应急场景下预控人的不安全行为提供可量化的数据支撑。开设的实验包括人的安全反应限度实验，人机动作协调实验，人体疲劳测定，职业能力测定实验，不同环境对安全作业行为的影响实验，(应急救援)人员生命健康监测，情绪、压力对安全作业行为的影响实验，应急情境下人的应急反应实验等(见图 9－8)。

图 9－8　安全人因工程实验室掠影

## 三、行为安全与安全管理实验研究中心

2012 年学校在陕西省高水平大学建设专项资金项目的依托下，西安科技大学成立了行为安全与安全管理实验研究中心，购置具有国际水平的行为观察互动分析系统、姿势及伤害评估系统、作业任务分析系统、人体建模评估系统、人体工程学设计分析系统、虚拟现实建模软件、脑电仪、眼动仪、体力作业能力和身体机能评估系统、多项反应测试仪等。旨在形成满足高校师生、矿工心理援助，应急管理、不安全行为辨识与矫正研究等需求，集科学研究、人才培养和咨询服务为一体，在国内矿山行为安全领域特色鲜明、独树一帜的实验平台。

## 四、安全救护装备实验室

2013 年，以安全工程专业认证为契机，西安科技大学建立了安全救护装备实验室，该实验室隶属西部矿井开采及灾害防治教育部重点实验室下属的安全工程实验中心。计划开设的实验包括个体防护用品及装备的使用及演练、应急救护及矿井灾变逃生演练等。实验通过训练基本的救护知识，培养学生的应急救护能力（见图 9 - 9）。

图 9 - 9　安全救护装备实验室掠影

## 五、建筑防灭火实验室

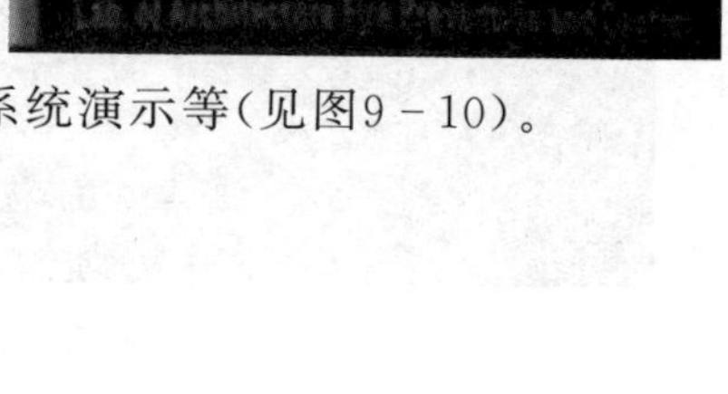


2013 年，西安科技大学建立了建筑防灭火实验室，该实验室隶属西部矿井开采及灾害防治教育部重点实验室下属的安全工程实验中心。计划开设的实验包括建材燃烧性能测定、防火涂料测定、消火栓系统演示、消防报警系统演示、水喷淋系统演示、防排烟系统演示等（见图9 - 10）。

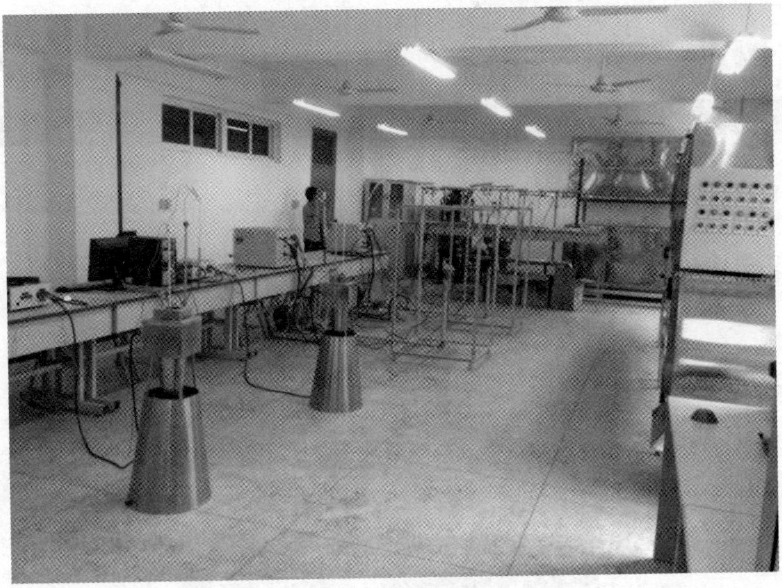

图 9-10　建筑防灭火实验室掠影

以上所有实验室及其仪器设备对全校师生开放，主要为安全工程、采矿工程、地质工程、测绘工程、煤及煤层气工程、矿物加工工程、管理工程等 10 个专业本科生开设相关实验课。同时为大学生科技创新活动服务，也供安全工程专业认识实习、生产实习、毕业实习等实践教学环节使用。此外，各实验室均供相关专业的研究生学习和研究使用，并且承担相应的科研和社会服务。

通过实验室建设，不仅在实践实训环节培养学生应急理念与实践应急能力，而且为本项目的顺利实施提供了有力的实验平台支撑。

## 9.7　开发信息交流平台，实现应急教育信息化

西安科技大学于 2013 年初开始构建应急教育网络信息平台，用于安全与应急管理信息交流、应急教育的信息化。网站经测试，各部分功能已可正常运行，具体功能实现包括以下几方面。

### 一、开放式网络教学平台

在建的开放式网络教学平台可以通过网络课程实现网络资源信息共享。例如开设的公选课“大学生安全与应急教育”“生命教育与行为安全管理”等，可将教学课件、教学视频、教学案例、教案、习题、参考文献等资源网上共享，并可在线考试，提交试卷(见图 9-11)。

学生通过网络课程可以更加系统和全面地学习大学生应急知识，通过学习结合相关案例能明显地提高安全意识，掌握一定的应急技能，从而提高学生的应急能力。

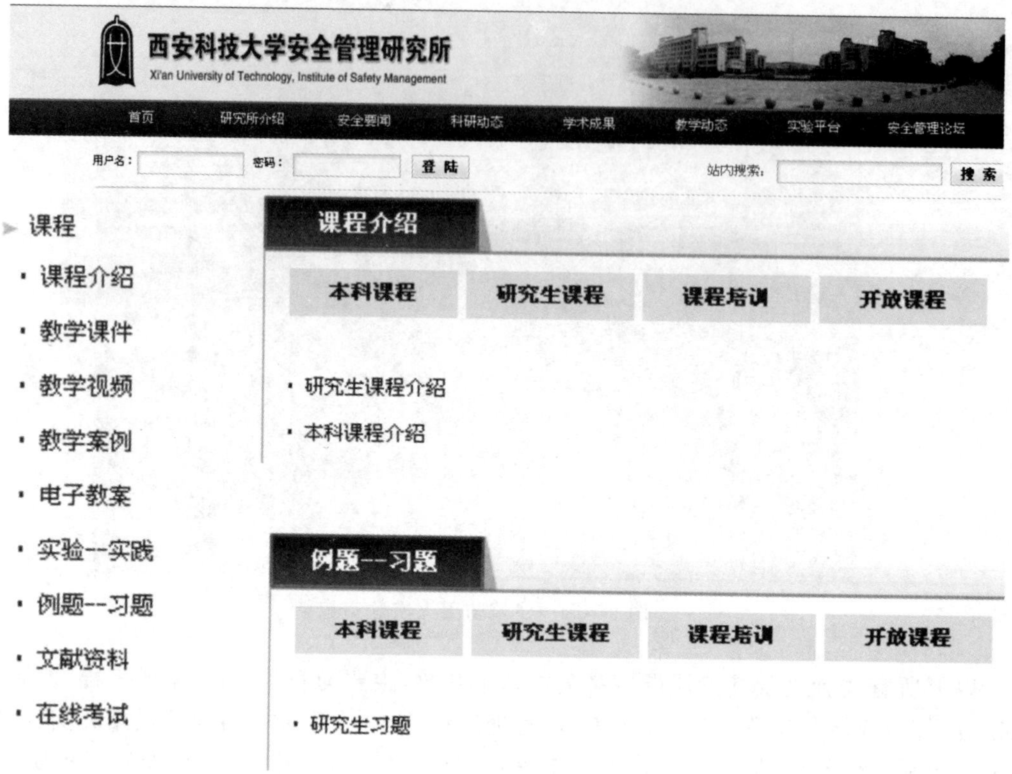


图 9－11　开放式网络教学平台展示

### 二、信息发布平台

开发的信息发布平台可将国内外安全、应急方面的重要新闻及时发布，让学生及时获取相关新闻动态，及时关注各种事故、灾害及其应急救援进展；安全与应急领域的科研动态、笔者所在课题组的研究学术成果及获奖、实验室的重要研究结果等也可进行展示。安全管理论坛可开展师生的课后互动环节，包括课后答疑、提问等。通过网络平台进行信息发布，一方面宣传了西安科技大学与课题组的科研教学成果，另一方面促进了教学互动，形成透明、互动的积极氛围，促进教学相长。

## 9.8　加强应急基础设施和环境建设

### 一、建设“安全社区”，保障安全稳定

社区安全是社会安全、生产安全的基石。每一个家庭和社会成员都生活在社区中，和谐安定的生活与社区安全是息息相关的。通过整合学校社区资源，强化学校社区功能，建设安全社区，大力推广安全文化和安全科技知识，提高了全校师生的安全意识和防范能力。西安科技大学近年来非常重视抗震减灾、预防自然灾害等方面的工作，因此2012年11月受到了西安市抗震设防处、雁塔区科技局及大雁塔街道办事处相关领导的好评，并被授予“雁塔区地震安全示范社区”的称号。图9－12所示为社区部分避灾指示标志和设施。

图 9－12　西安科技大学"平安社区"掠影

## 二、加强电子监控，预防盗窃事故

校园盗窃是大学里经常发生的一种突发事件。随着目前生活水平的提高，大学生丢失的物品也越来越贵重，多以笔记本电脑、数码相机、手机等电子产品和现金为主。这些事件的发生给大学生生活和学习带来了恐慌和不安，从一定程度上导致了不稳定的因素。为了减少类似盗窃案件的发生，西安科技大学在校园主要建筑设施里面安装了电子监控摄像头，各宿舍楼设立了门禁卡，非本校学生不得进入宿舍楼，办公楼新架设了监控摄像头，形成校园安全监控网络。自从采取了以上措施，盗窃案件比率有所下降，收到了相应的成效(见图 9－13)。

图 9－13　校园增设的安全监控掠影

## 三、更新消防设施，提高大学生火灾自救逃生能力

校园火灾事故是主要突发事件之一。大学生由于种种原因经常违章使用大功率电器，如热得快、吹风机、电磁炉、电热毯等，加之部分宿舍楼电线老化，这就导致火灾隐患的产生。针对这些问题，西安科技大学后勤部门加强了对各教学楼、办公楼、图书馆、宿舍、食堂等处的灭

火器材、消防设施等的定期检查、更新维护，包括宿舍、教学楼楼道的应急疏散指示标志、消火栓系统、灭火器、防火卷帘、火灾报警系统等。保证这些设施处于工作备用状态，发生火灾时能够及时启动，利于扑救初期火灾，便于大学生火灾时疏散逃生，避免更大的伤亡和损失（见图9－14）。

图9－14　校园内消防设施掠影

## 四、张贴电梯等安全警示标识，提高大学生乘梯等安全与应急意识

近年来电梯事故频发，因此大学生安全乘梯不容忽视。为了提高大学生安全意识以及应对电梯事故的能力，西安科技大学在校园每个电梯间内张贴了电梯警示标识，便于师生提高防范电梯事故的安全意识，有助于发生电梯突发事件时能够沉着冷静应对（见图9－15）。

图9－15　电梯安全警示标示

## 9.9　本章小结

本章在前文研究基础上，从行为科学角度入手，从探索、建设、完善理论教学、实践实训、实验室建设、课外活动、应急信息交流平台及基础设施平台等多方面进行研究和实践，构建了全方位的大学生应急管理、应急教育和应急能力培养教学新体系。编写了“大学生安全与应急教育”课程教学大纲，并出版了《大学生安全与应急教育》；开设“生命教育与行为安全管理”“大学生安全教育”“大学生安全文化”等公选课，开发网络教学平台，加强行为安全实验室建设；开展应急演练等一系列安全应急活动，实施了大学生应急能力培养教学环节的教学内容、教学方法、教学手段的研究与实践。

# 第10章　工作与结论

本研究以大学生应急能力和高校应急教育与应急管理能力提升作为主要研究内容，所做的工作和得到的结论如下：

1.分析了陕西省高校应急教育与应急管理和大学生应急能力的短板和问题

通过对陕西省内的14所普通高校实际走访、调研、分析，发现陕西省高校应急教育存在应急培训不全面，应急教育课程设置单一，应急演练规模小、频次少，师资队伍不足，应急教育存在滞后性、非持续性和不均衡性等问题；应急管理存在应急设施设置不合理，专门的应急机构设置匮乏，应急预案内容缺乏针对性，应急沟通不便利等问题；陕西省大学生应急能力存在对突发事件的认知能力弱，安全意识淡薄，身心素质低等问题。

2. 提出大学生突发事件应急能力影响因素模型并进行验证

根据文献研究总结、突发事件案例分析以及问卷调查，本研究最终筛选明确了影响大学生应急能力的6个因素，包括应急理论知识、应急操作技能、安全意识、个人特质、应急教育和应急管理，在此基础上提出了大学生突发事件应急能力影响因素概念模型。并进一步对模型进行了验证，得出这6个影响因素的影响大小排序为应急理论知识、个人特质、安全意识、应急操作技能、应急管理、应急教育。高校对于大学生应急能力的提升可以从增强大学生的应急知识着手。

3.得出大学生应急能力测量量表

大学生应急能力测量量表包括三张分量表：个人素质测量分量表、高校环境测量分量表和社会环境测量分量表，共65个项目。其中，个人素质测量分量表包括6个维度：生理状况、个性特征、应急知识、不安全心理、应急意识和人际关系。高校环境测量分量表包括4个维度：高校应急管理、应急沟通与反馈、高校应急教育、高校心理教育。社会环境测量分量表包括3个维度：社会因素、家庭因素和网络因素。

4.大学生应急能力测量量表具有比较好的信效度

信效度较好表明了量表的可行性和科学性。通过对陕西省某高校量表发放的实证研究，证明该量表可以较准确地测量出该校大学生的应急能力状况，从实证的角度验证了该量表的可行性。

5.运用突变理论对高校应急教育与应急管理能力进行了评估

结合文献和走访调研，本研究从应急预防和准备、应急处置、应急恢复3个维度(共10个二级指标、33个三级指标)构建高校应急管理能力评估指标体系，并以陕西省某高校为例，运用突变理论对应急教育和应急管理能力进行了评估，得出该高校应急准备和事后恢复能力较缺乏，应急处置能力评价虽较为乐观，但总体来说高校的应急教育与应急管理能力需要进一步的提升。

6. 构建了基于行为科学的陕西省高校应急教育与管理“321”模式

(1)对大学生应急能力的培养分析。本研究从教学水平、管理水平、大学身自身素质三个因素入手，运用系统动力学方法对大学生应急能力的培养进一步分析，得出高校对大学生应急教育的工作要点：构建稳定的应急教育环境，保障优质的教学质量，做到安全教育与管理相结合。

(2)验证了应急演练对提升大学生应急能力的影响。高校应急演练作为一种综合性应急实战训练，是高校应急教育的一个重要方面，也是实现大学生应急能力培养的重要途径。针对高校缺乏应急演练及应急演练对提升大学生应急能力的重要性，本研究构建了应急演练对提升大学生应急能力的结构方程模型，并进行了验证分析。结果表明：演练资源保障、演练行政支持、演练时间构成、演练性质、演练效果是通过应急演练提升大学生应急能力的 5 个主要因子。

(3)基于本研究针对大学生应急能力、高校应急教育与应急管理提升，提出了高校应急教育与管理“321”新模式：“3”指 3 个层面——组织(学校)、群体(班级、学生会、社团)、个体(大学生)，“2”指两个保障体系——应急教育体系和应急管理体系，“1”指一个最终目标——大学生应急能力提升。

总之，大学生的应急能力培养和高校的应急教育与管理提升是一个长期而复杂的过程，需要持之以恒并采用正确的方法。本研究投入了大量的人力、物力，依据现实问题提出若干建议，以期对高校应急教育与应急管理、大学生应急能力的培养研究与实践提供借鉴。

# 附　表

**西安科技大学安全管理与风险控制研究所出版的著作或统编教材**

| 作者 | 著作或规划统编教材名称 | 出版社 | 年份 |
|---|---|---|---|
| 李红霞、田水承、袁晓芳等 | 大学生安全与应急教育 | 中国铁道出版社 | 2013 |
| 田水承等 | 煤矿主要负责人安全培训教材<br>(国家煤监局组织) | 中国矿业大学出版社 | 2014 |
| 袁晓芳、李红霞等 | 非常规突发事件应急决策理论与方法研究 | 中国矿业大学出版社 | 2014 |
| 景国勋、杨玉中、田水承等 | 安全学原理 | 国防工业出版社 | 2014 |
| 田水承、柴建设、王莉等 | 安全经济学 | 中国矿业大学出版社 | 2014 |
| 韩雪峰、王莉 | 消防工程概预算 | 机械工业出版社 | 2013 |
| 李树刚、门玉明、田水承等 | 安全科学与工程教学与科研新进展 | 中国矿业大学出版社 | 2011 |
| 栗继祖、田水承等 | 安全法学 | 机械工业出版社 | 2011 |
| 田水承、景国勋等 | 安全管理学(国家“十二五”规划教材) | 机械工业出版社 | 2009 |
| 田水承、李红霞等 | 安全管理研究与实践新进展 | 中国矿业大学出版社 | 2009 |
| 栗继祖、田水承等 | 安全行为学 | 机械工业出版社 | 2009 |
| 何学秋、林柏泉、田水承等 | 安全科学与工程(上、下册) | 中国矿业大学出版社 | 2008 |
| 中国科协(田水承参编) | 安全科学与工程学科发展报告 | 中国科学技术出版社 | 2008 |
| 张国枢、田水承等 | 通风安全学(修订版) | 中国矿业大学出版社 | 2008 |
| 罗云、田水承 | 安全经济学 | 中国劳动社会保障<br>出版社 | 2007 |
| 田水承等 | 煤矿应急救援必读 | 中国石化出版社 | 2007 |
| 李红霞、田水承等 | 企业安全经济分析与决策 | 化学工业出版社 | 2006 |
| 田水承等 | 现代安全经济理论与实务 | 中国矿业大学出版社 | 2004 |
| 李红霞等 | 组织行为学 | 中国矿业大学出版社 | 2003 |
| 李红霞、张麟、田水承等 | 企业战略管理 | 中国矿业大学出版社 | 2002 |
| 李红霞、孙红湘等 | 宏观经济学 | 中国矿业大学出版社 | 2001 |
| 何学秋、田水承等 | 安全工程学 | 中国矿业大学出版社 | 1999 |
| 李新东、田水承等 | 矿山粉尘防治技术 | 陕西科技出版社 | 1995 |
| 李新东、田水承等 | 矿山安全系统工程 | 煤炭工业出版社 | 1995 |

# 参考文献


[1] 王慧敏.国内外高校突发事件新闻事件应对的传播策略研究[D].上海:复旦大学,2010.

[2] Coombs T W. Ongoing Crisis Communication Planning, Managing and Responding [M]. Sage Publications. Inc, 1999.

[3] Smith J. School Crisis Management Manual: Guidelines for Administrators[M]. New Publisher, 2001.

[4] Dora M. Evacuation Kit for School Emergencies[J]. School Planning & Management, 1999.

[5] Cordero J, Sandoval L. Empowering the IMF: Should Reform be a Requirement for Increasing the Fund's Resources? [J]. Center for Economic and Policy Research, 2009, 4.

[6] Waugh W L. Living with Hazards Dealing with Disasters: An Introduction to Emergency Management[M]. M. E. Sharpe, Inc, 2000.

[7] 若井弥一.现代教育问题の法的考察 2[M].协同出版社,2012.

[8] Maslach C. Truth about Burn Out: How Organizations Cause Personal Stress and What to Do about it[M]. SanFrancisco: Jossey-Bass Publishers, 2000.

[9] 周贝隆.从"危机"禁忌谈到中国的教育危机[J].科技导报,1994(4):3-8.

[10] 简敏.大学生应对校园突发事件能力构成及培养途径[J].社会科学家,2006(7):89-91.

[11] 何能,沈雕.高等学校学生突发事件诱因及对策探析[J].重庆电子工程职业学院学报,2009,18(1):106-107.

[12] 李秀,张利先.大学生突发事件应急管理体系构建[J].牡丹江师范学院学报(哲社版),2011(5):115-117.

[13] 刘德海,屈丰安,常成德.非传统安全视角下我国高校突发事件应急管理研究[J].电子科技大学学报(社科版),2012,1(14):53-61.

[14] Bryan J D. Behavioral Response of Fire and Smokes [M]. 2nd Edition. SFPE Handbook of Fire Protection Engineering. Society of Fire Protection Engineers, 1995.

[15] Robert R, BlakeJane S. Mouton Corporate Excellence Through Grid Organization Development Ton[M]. Texas: Gulf Publishing Company, 1971.

[16] Blair E H. Achieving a Total Safety Paradigm Through Authentic Caring and Quality [J]. Professional Safety, 1996, 41(5): 24-27.

[17] Adini B, Goldberg A, Laor D, et al. Assessing Levels of Hospital Emergency Preparedness[J]. Prehospital and Disaster Medicine, 2006, 21(6): 451-457.

[18] Onyango M A. Humanitarian Responses to Complex Emergencies [M]// Heggenhougen, Quah K. International Encyclopedia of Public Health. San Diego,

CA：Academic Press，2008.

[19] Tofi N M，White M L，et al. Severe Contrast Reaction Emergencies：High－fidelity Simulation Training for Radiology Residents and Technologists in a Children′s Hospital[J]. Academic Radiology，2010，7(17)：934－940.

[20] Hammad K S，Arbon P，Gebbie K M. Emergency Nurses and Disaster Response：An Exploration of South Australian Emergency Nurses' Knowledge and Perceptions of Their Roles in Disaster[J]. Nursing Journal，2011，2(14)：87－94.

[21] Sullivan D K. 2011 Higher Education Emergency Management Survey [J]. Journal of Chemical Health and Safety，2012，19(4)：36－43.

[22] Woodcocka B，Aub Z. Human Factors Issues in the Management of Emergency Response at High Hazard Installations[J]. Journal of Loss Prevention in the Process Industries，2012，In Press.

[23] 孟惠平，栾天宇，杨延哲. 突发事件对大学生心理和生理影响的调查[J]. 吉林师范大学学报(自然科学版)，2005(4)：42－44.

[24] 郭强，丁晓琴. 应对突发性公共安全事件的知识化策略[J]. 中国科技论坛，2005(1)：16－19.

[25] 张培良. 构建公务员应急能力模型探析[J]. 中国人力资源开发，2005(12)：57－59.

[26] 阎卫东. 火灾情况下疏散心理和行为在不同层次起点学生中的差别研究[J]. 中国安全科学学报，2006，3(16)：9－12.

[27] 董晓梅. 大学生对突发灾害的认知及应变能力调查[J]. 中国公共卫生，2006(6)：660－662.

[28] 苏筠，伍国凤，等. 首都大学生的自然灾害认知调查与减灾教育建议[J]. 灾害学，2007，22(3)：100－104.

[29] 谌宝华，等. 大学新生如何尽快适应大学教育[J]. 教育艺术，2008(1)：10－19.

[30] 李玲，廖邦华，等. 汶川大地震后大学生应急能力及志愿服务意愿调查[J]. 现代预防医学，2009(23)：4490－4493.

[31] 王敏达，等. 大学生群体事件的预防机制与应急处理对策研究[J]. 河北青年管理干部学院学报，2009(5)：29－32.

[32] 邵峰. 监狱人民警察应急处置能力的探析[J]. 法制与社会，2009(22)：159.

[33] 栾文波. 提高行车调度员应急处置能力的对策[J]. 城市轨道交通研究，2009(7)：66－68.

[34] 武淑平，等. 城市燃气系统应急能力评价指标体系的构建[J]. 煤气与燃力，2009，29(4)：47－49.

[35] 邢卓. 校园危机事件与大学生自我应急能力的培养[J]. 航海教育研究，2010(3)：102－103.

[36] 周兰胜，等. 大学生突发事件的诱因分析与对策研究[J]. 长春教育学院学报，2011(9)：77－78.

[37] 刘小龙，赵雯. 大学生群体突发事件应急管理系统研究[J]. 北京航空航天大学学报(社会科学版)，2011(5)：24－29.

[38] 王绍玉. 城市灾害应急管理能力建设[J]. 城市与减灾,2003(3):4-6.

[39] 方铭勇,等. 领导干部应急管理能力素质模型研究[J]. 中国人力资源开发,2012(1):49-52.

[40] 邓丽红,等. 基于皮电、心率和β波的指挥人员应急能力度量[J]. 中国安全科学学报,2012,22(11):170-176.

[41] 辛斯,蔡思婷,等. 大学生消防应急能力现状分析——以广东省大学生为例[J]. 经营管理者,2012(12):262-263.

[42] Toomey S T. Cross-Cultural Face-Negotiation: An Analytical Overview[J]. Pacific Region Forum Presented on April 15, 1992.

[43] Blair E. Culture&Leadership: Seven Key Points for Improved Safety Performance[J]. Professional Safety,2003,48(6):18-22.

[44] Kesici S, Sahin I, Akturk A O. Analysis of Cognitive Learning Strategies and Computer Attitudes, According to College Students' Gender and Locus of Control [J]. Computers in Human Behavior,2009 (25):529-534.

[45] Menezes R G, Subba S H, et al. Suicidal Ideation among Students of a Medical College in Western Nepal: A Cross-sectional Study[J]. Legal Medicine,2012 (14): 183-187.

[46] 陈栩,等. 514 名大学生健康韧性分析[J]. 中国心理卫生杂志,2007,21(7):457-458.

[47] 吴晓伟,等. 大学生网络信息素养能力表设计研究[J]. 情报理论与实践,2009,32(12): 84-88.

[48] 徐志,等. 基于神经网络的应急疏散状态下车辆跟驰模型[J]. 北京工业大学学报,2011,37(6):882-887.

[49] 李新秀. 大学生安全价值观问卷编制及特点分析[D]. 重庆:西南大学,2011.

[50] 杨宏飞,赵贞卿. 城乡居民突发事件应对能力研究——以浙江省为例[J]. 灾害学,2012(3):126-131.

[51] 方星,等. 大型活动志愿者应急应对方式及影响因素研究[J]. 中国健康心理学杂志,2012(8):1209-1211.

[52] 马绍壮,等. 中国大学毕业生就业能力维度结构与测量[J]. 人口与经济,2012(4):34-41.

[53] 衣庆泳,等. 大学生安全意识调查述评[J]. 法制与社会,2013(12):190-191.

[54] 光裕,等. 大学生宿舍冲突管理方式量表的信效度检验[J]. 中国健康心理学杂志,2012(6):945-951.

[55] 王曙光,刘成根. 青年与行为科学[M]. 成都:四川省社会科学院出版社,1988.

[56] 刘继云,孙绍荣. 行为科学理论研究综述[J]. 金融教学与研究,2005(5):36-37.

[57] 唐子畏. 行为科学概论[M]. 长沙:湖南大学出版社,1986.

[58] 刘中宇,周晓. 行为科学理论指导下的高校大学生网络学习行为研究[J]. 中国电化教育,2008(5):46-48.

[59] 叶四山. 教师需要现状调查与教师激励方案的修改[J]. 南昌教育学院学报,2010(6):135.

[60] 宋译.建筑物火灾疏散中人员的行为可靠性研究[D].湘潭:湖南科技大学，2008.
[61] 凌宏伟.高校突发事件的预防与处置研究[D].长沙:湖南大学,2012.
[62] 王诗堂,冷树青.高校突发事件的类型、特征及成因探析[J].湖北教育学院学报，2006(12):70-71.
[63] 董雪梅.高校公共安全突发事件成因分析及应对策略[J].中国行政管理，2009(7):91-94.
[64] 罗云.安全行为科学[M].北京:北京航空航天大学出版社,2012.
[65] 姜莲珍,李为.情绪调节对大学生心理健康的影响[J].东北财经大学学报,2007(1):95-97.
[66] 李阳.高等学校“以人为本”管理理念指导下的教学管理模式构建的探索——以湖南第一师范学院为例[D].南京:中南大学，2010.
[67] 黄强.社会舆论对大学生思想动态的影响研究——以武汉市高校为例[J].青年与社会，2013(4):140-141.
[68] 陈志杰.高校应急事件的特性、成因及对策[J].郑州航空工业管理学院学报(社会科学版),2006(4):138-140.
[69] 张卫东.论社会环境对大学生道德观念和道德行为的影响[J].山东省青年管理干部学院学报,2006,4:78-80.
[70] 张博.高校网络突发事件应急处置系统的研究[D].北京:北京交通大学,2011.
[71] 林仙芝,胡新福.网络游戏对高职院校学生成长的利弊分析[J].淮阴师范学院学报(自然科学版)，2011(3):241-242.
[72] 叶宝娟.责任心的结构维度及量表编制[D].南昌:江西师范大学,2009.
[73] 严宝志.苏南地区民营制造型企业员工工作满意度研究[D].南京:河海大学,2007.
[74] 王君壁.员工职业承诺状况实证研究——以通信行业为例[D].重庆:重庆大学,2007.
[75] 屈婷.矿工不安全行为量表设计及实证研究[D].西安:西安科技大学,2012.
[76] 吴明隆.结构方程模型——AMOS的操作与应用[M].重庆:重庆大学出版社,2012.
[77] 杨如美.英文版循证实践知识、态度、行为问卷及循证实践影响因素问卷的初步修订与应用[D].南京:中南大学,2010.
[78] 杜夏华.大学生积极人格特质及其与幸福感的关系研究 [D].南昌:南昌大学,2009.
[79] 吴明隆.SPSS统计应用实务[M].北京:科学出版社,2002.
[80] 亓莱滨.李克特量表的统计学分析与模糊综合评判[J].山东科学,2006,(4):18-23.
[81] 张烨,袁飞云,康亚明.模糊综合评价在高校学生资助系统中的应用研究[J].现代电子技术,2011(22):35-38.
[82] 田水承,等.安全管理学[M],北京:机械工业出版社,2009.
[83] 田水承,施桂荣,李红霞,等.安全管理研究与实践新进展[C].中日安全会议文集.徐州:中国矿业大学出版社,2010.
[84] 李红霞,等.大学生应急安全管理[M].北京:铁道出版社,2013.
[85] 袁晓芳,李红霞,等.非常规突发事件应急决策理论与方法研究[M].徐州:中国矿业大学出版社,2014.